教育部人文社科青年基金项目
"城乡居民基本养老保险制度政府财政责任可持续性的研究"
(13YJC840012)研究成果

居民基本养老保险制度与政府财政可持续性

郭光芝 ◎ 著

中国社会科学出版社

图书在版编目（CIP）数据

居民基本养老保险制度与政府财政可持续性/郭光芝著.—北京：中国社会科学出版社，2017.6
ISBN 978 - 7 - 5203 - 0612 - 6

Ⅰ.①居…　Ⅱ.①郭…　Ⅲ.①养老保险制度—关系—财政管理—可持续性发展—研究—中国　Ⅳ.①F842.67②F812.2

中国版本图书馆 CIP 数据核字（2017）第 149046 号

出 版 人	赵剑英
责任编辑	卢小生
责任校对	周晓东
责任印制	王　超

出　　版	中国社会科学出版社
社　　址	北京鼓楼西大街甲 158 号
邮　　编	100720
网　　址	http：//www. csspw. cn
发 行 部	010 - 84083685
门 市 部	010 - 84029450
经　　销	新华书店及其他书店
印　　刷	北京明恒达印务有限公司
装　　订	廊坊市广阳区广增装订厂
版　　次	2017 年 6 月第 1 版
印　　次	2017 年 6 月第 1 次印刷
开　　本	710×1000　1/16
印　　张	15.25
插　　页	2
字　　数	235 千字
定　　价	68.00 元

凡购买中国社会科学出版社图书，如有质量问题请与本社营销中心联系调换
电话：010 - 84083683

前　言

在养老方面，我国城镇职工基本养老保险制度实施较早，而农民和城镇居民的养老问题一直是养老保险制度的"短板"。究其原因，主要由于职工养老的责任是由个人和企业共同承担的，而城镇居民和农民的养老保险中没有企业主体的缴费，若没有其他缴费主体的参与，则最终城乡居民的养老资金只能来自其个人缴费的积累，从而无法吸引其参保，影响城乡居民基本养老保险（以下简称"城乡居保"）制度的建立和发展。2009 年和 2011 年国务院先后颁布了《国务院关于开展新型农村社会养老保险试点的指导意见》和《国务院关于开展城镇居民社会养老保险试点的指导意见》，确立了两项制度的试点推行；2014 年出台的《国务院关于建立统一的城乡居民基本养老保险制度的意见》将两项制度加以合并统一，其中规定城乡居民养老保险基金由个人缴费、集体补助和政府补贴构成，从而拓展了缴费主体。因上述意见中没有对集体补助做强制性要求，结合制度运行的实际情况，城乡居保目前的资金筹集主要来自个人和财政两部分。农村和城镇居民养老保险制度自试点以来所取得的成效，充分说明政府的财政参与在制度推行过程中，以及实现城乡养老保险制度的统一和完善我国社会保障体系过程中的重要推动作用。今后一个时期内，城镇居民基本养老保险（以下简称"城居保"）制度的顺利推行有赖于各级政府财政投入的落实到位，政府财政责任的可持续性直接关系到城居保制度的持续性发展。若政府财政责任过低，或无法得到持续落实，那么城居保可能会与旧农保一样，失去其制度的先进性和对居民参保的吸引力，阻碍制度的顺利推行。反之，过高的财政责任虽然能够确保制度推行的顺利开展，但长远来看，必然不符合社会保险的本质和制度推行的初衷，也将影响其他财政项目的投入，从而影响整体经济的发展。因此，城乡居民基本养老保险制度的科学发展，既要确保政府财政的积极参与，同时又不能在养老金支出上过度依赖财政扶持，使制度演变为一项福利政策，增加政府财政风险，影响财政责任的可持续性。

根据意见中规定的各项标准，本书对现有政策规定下政府财政责任进行评估，发现中央财政目前完全有能力承担对基础养老金的拨付，但地方政府所承担的对参保居民缴费补贴责任的落实到位存在风险，尤其是中西部经济不发达地区，财政补贴的短缺会严重影响到城乡居民基本养老保险工作的开展。随着经济社会的发展和居民生活水平的提高，制度各项标准必然会逐年提高，如基础养老金和缴费档次及补贴标准。2015 年，国务院首次将基础养老金提高至 70 元/月，并提出建立制度的正常调整机制，但这一机制尚未出台，且各地具体实施情况差异也较大。为确保城乡老年人口的基本生活水平不随经济的发展而下降，中央及地方政府应在控制财政负担的前提下，探寻制度推行的合意增长方案。

本书运用定性分析与定量分析相结合、规范分析与实证分析相结合等方法，在对国外居民养老保险制度中政府财政责任进行国际比较的基础上，评估城居保制度的设计及政府参与现状，作为本书研究的经验依据和实践依据。在主体部分，本书从国家总体、中央和地方三个层面预测和分析了城居保制度现有规定下未来政府财政责任的可持续性，并根据个人账户精算模型提出制度各要素的合意增长方案，进一步分析了在居民养老金替代率目标水平下各级政府财政责任的变化情况及可持续性。主要研究内容及结论如下：

（1）通过构建现有制度下政府长期财政责任模型得到结论，总体来看，在目前缴费水平固定或缴费档次和补贴增长情况下，国家财政在总量上有能力负担对居民养老的各项资金补贴。决定未来城居保政府财政责任可持续性的关键在于：首先，如何对待和处理制度发展落后地方之间财政责任的不平衡问题，以及如何确保财政资金的有效持续供给；其次，按当前制度的规定，城居保养老金支出中财政补助比重过高，远远超过国外发达国家在居民养老保险制度中的财政补贴比例，强化了城居保的福利性特点，淡化了个人责任，削弱了其社会保险制度的特征，个人缴费没有真正发挥筹资和提高养老金水平的作用。

（2）首先依据意见中的各项标准，结合各地具体实施办法，对地方财政责任的区域分析发现，基于一定的增长率假设，三个地区均有能力承担对缴费参保者的缴费补贴支出，表现为缴费补贴预测额占地方财政收入的比重较低，最高档补贴均不高于2%。其次，由于东部地区比中西部地区多承担当地居民基础养老金一半的补贴责任，总补贴占地方财政收入的比重比中西部地区高，但仍有能力承担；再次，居民养老总补贴对各地财政其他项目支出的挤出程度不大，表现为缴费补贴预测占地方财政支出的比重较小，均未超过2%。最后，若地方财政收入和财政支出出现周期波动，或财政收入和财政支出增长率持续低迷时，三个地区整体上对总补贴的承受能力较强，中西部地区地方之间差异不大，补贴对东部个别地方构成了一定负担，如河北、山东和福建，而该情况下居民养老总补贴对地方财政其他项目的挤出程度仍不大。

（3）通过构建参保居民个人账户的精算模型得到结论，依据意见中的各项标准与各地居民收入水平，存在多种可能影响个人养老金替代率水平的不同因素，包括缴费档次、参保年龄、参保先后及是否补缴保费和有无追加补贴。研究发现，缴费档次越高，同种情况下参保者未来给付期初的养老金替代率水平越高；缴费者的参保年龄越大、参保年限越短，则替代率水平越高；而非满期缴费者补缴保费且有追加补贴时养老金替代率水平较高。参照居民低保的保障水平，若将20%作为居民养老金的替代率下限，可测算替代率目标水平下中央和地方基础养老金的发放标准，与该标准的年增长率，及缴费档次和补贴的年增长率组合后即为城居保制度的合意增长方案。

（4）分析居民养老金替代率目标水平下中央及地方财政责任发现，中央若按调整后的基础养老金标准全部承担基础养老金的发放（东部承担一半），财政收入虽有能力负担，但基础养老金的发放将对中央其他项目的支出造成较高的挤占，表现为其占中央财政支出的比重将超过10%。经比较，替代率目标水平下合理的城居保制度增长方案为中央按2015年70元/月的替代率水平承担地方基础养老金发放

（东部承担一半），剩余部分由地方财政负担，基础养老金标准按当地居民消费支出的平均增长率增加，此方案下中央财政平稳增长时财政承担能力较强，且财政支出占比可降至5%以下。替代率目标水平下，若缴费档次与补贴的增长率为12%，即与居民收入同速增长，则可使居民的缴费能力每年保持相当，在此假设下，地方缴费补贴未来均将低于当地基础养老金的支出，基础养老金标准调整后地方对居民总补贴的财政承担能力除个别地方存在风险（如河北、黑龙江、河南和吉林）外，其余地方均有能力负担，且总补贴对地方其他项目的财政支出不会造成较高的挤占。

综合上述研究结果，本书在第八章提出了促进城乡居民基本养老保险制度中政府财政责任可持续性的建议，包括中央尽快明确制度要素的正常增长机制，积极引导地方有序发展城居保制度；坚持相对公平的理念，鼓励地方因地适宜地推行制度；创新财务运行模式——名义账户制，降低制度推行过程中地方政府的财政责任；出台相关法律，确保各级财政补贴的落实到位等。

目　　录

第一章 导言

第一节 选题的背景

20世纪80年代初开始，我国部分地区便开始对农民的老年生活保障问题进行了有益的探索，但一直到2006年之前，由于缺乏财政投入、有力指导和政策法规规范，这一阶段的农民养老保险探索工作所取得的成就有限。农村社会养老保险不同于城镇企业职工与机关事业单位的养老保险制度，农民在生产劳动中无雇主的身份，决定了政府或集体应在其养老保障中承担一定的责任。从我国目前农村集体组织的经济发展现状来看，由集体与农民个人两方共同筹资与管理，保障农民的老年生活是不现实的。2006年农村养老保险政策的思路开始在部分地区得以转变，新政策变"个人缴费为主、集体辅助为辅，国家政策扶持"为"个人、集体和政府"三方共同筹资，这是中国开始农村养老保险制度探索以来，首次明确公共财政在整个农村社会养老保险制度中需要承担供款责任，确定了未来新型农村社会养老保险制度筹资渠道的基本框架，也完善了政府在农村社会养老保险中的责任行为。2007年10月，党的十七大报告指出要"探索建立农村养老保险制度"，这一时期，各地政府大力支持农村社会养老保险制度的试点工作，使我国地方性新型农村社会养老保险制度的探索得到了空前的发展。截至2008年年末，我国参加农村社会养老保险的人数为5595.1万人。可见，农村社会养老保险制度的发展离不开政府的大力支持，尤其是财政补贴的作用。[①] 2009 年 9 月 1 日，国务院发布了《国务院关于开展新型农村社会养老保险试点的指导意见》，就参加国家新农保的基本原则、任务目标、参保范围、基金筹集、建立个人账户、养老金待遇、养老金待遇领取条件、基金管理、相关制度衔接等方面做了基本规定，同时也明确了国家新农保中中央及地方政府的财政责任。为了体现城乡公平，2011 年 6 月 13 日国务院颁布《国务院关于开展城镇居民社会养老保险试点的指导意见》，城居保制度方案与国家新农保相同，也明确了中央与地方政府在城镇居民养老保障中的财政责任。两项制度的顺利开展与居民的积极参保，不仅表明城乡居民对养老保障社会化的需求，同时也体现了制度的先进性与吸引力，其中最重要的是在制度中政府财政的参与，充分表明政府推进居民养老保障的决心。

城乡居民基本养老保险制度的可持续性发展离不开政府各项责任的落实，尤其是财政补贴的配套到位。但现行制度中个人账户资金来源的规定是否合适、政府财政支持力度是否合理、作用是否明显，这些问题都涉及对城乡居保制度的评估。从目前的经济发展及财政能力来看，首先，中央政府完全有能力承担对基础养老金的拨付，但地方政府所承担的对参保居民的缴费补贴责任可能会无法落实到位，尤其是中西部经济不发达地区，财政补贴的短缺会严重影响到居民养老保险工作的开展，那么政府财政责任在中央和地方政府之间如何进一步划分才更为公平合理？其次，随着经济社会的发展和居民生活水平的提高，养老金必然会逐年提高，同时提高的财政补贴增长比例为多少才能持续发挥制度保障居民养老的作用，而在保证城乡老年人口生活水平同步提高的情况下又该如何控制政府财政负担？最后，从新农保与城居保制度的试点到城乡居民养老保险的统一，制度中一些主要参数如缴费标准、基础养老金发放标准、财政补贴力度等尚未经过精算确定，大多数是经验数据，为了确保制度的顺利实施和可持续发展，应重视精算在养老金标准确定、财政补贴等方面的作用，那么在城乡居保中如何引入精算，主要发挥何种作用也需要深入研究。

---

① 郑功成：《中国社会保障 30 年》，人民出版社 2008 年版，第 83 页。

第二节 研究的目的和意义

新农保和城居保制度推行的已有成效和长远发展都有赖于各级政府持续性的财政投入，但政府的财政责任并非越高越好，过高的财政责任虽然能够确保制度推行的顺利开展，但长远来看必然不符合社会保险的本质和制度推行的初衷，也将影响其他财政项目的投入，从而影响整体经济的发展。反过来，若政府财政责任过低，无法持续地确保各级政府的财政投入，那么城乡居保制度可能会与旧农保制度一样，失去其制度的先进性和对居民参保的吸引力，阻碍制度的顺利推行。因此，城乡居保制度的科学发展，虽然应吸取旧农保制度的教训，维持其制度的先进性，也就是以政府财政投入为保障，但不能使制度演变为一项福利政策，过度依赖财政扶持，这需要在能够确保制度保障居民基本养老作用的正常发挥前提下，采用科学的方法确定城乡居民基本养老保险制度中各级政府财政责任的合理区间，以及随时间推移的合意增长方案。

本书正是在上述观点的支撑下，基于《国务院关于建立统一的城乡居民基本养老保险制度的意见》中的各项政策规定，以改善政府在城乡居民基本养老保险中最主要的财政责任，顺利推进制度的健康和可持续发展为目标，运用多学科理论，通过理论分析、数据比较和保险精算，构建城乡居民基本养老保险制度的目标模式，并对目标模式下政府的财政责任水平进行度量，从公平角度出发着重研究政府财政补贴在区域间的划分。最终提出完善城乡居保制度的科学、合理、可操作性的改善方案及对策建议，为政府在制定制度正常调整机制方面提供理论支持和决策参考。此外，本书基于各种理论和方法的运用，对前述问题做出了科学解答，从而在理论上完善了居民养老和社会保障中政府财政责任等问题的研究，并在推动城乡居民基本养老保险制度的科学和可持续发展方面具有实践意义。

第三节　国内外研究动态

一　国外关于居民养老保险制度的理论综述

针对政府在社会保障中的责任，早在 1941 年的《贝弗里奇报告》中，就明确了"社会保障必须由国家和个人共同承担责任"的原则，但同时他又指出，国家提供的基本生活保障水平不宜定得过高，而应给个人参加自愿保险和储蓄留出一定的空间，可见，《贝弗里奇报告》既确定了政府应承担相应责任，同时也须限定在一定的范围之内。针对政府在养老保障中的财政责任这一问题，目前国外学者越来越关注于政府财政的可持续性问题，尤其是随着世界范围内人口老龄化的加剧，政府财政赤字的增加，以及考虑到代际公平，Svein Olav Daatland（2010）提出应缩减政府的财政补贴，即适当减弱政府的财政责任。

国外也有学者关注我国农村社会养老保险制度问题，早在 1999年盖尔·约翰逊就通过分析四川和辽宁两省 1990 年对农户的调查数据，认为在家庭养老模式下，个人养老储蓄的积累由于投资收益率较低，未来基金的实际价值将会出现贬值的现象。同时他认为，与世界上大多数国家的农民相比，我国农民没有土地所有权，从而年老时无法通过出售土地等方式来满足养老需要，因此，几十年后，我国农村家庭养老模式将无法维持下去，建立正规的社会养老保险制度有其必要性。相对而言，国外发达国家养老保险制度建设起步较早，且相对完善，虽然这些国家中农民在总人口中的比例各有不同，但从 20 世纪 50 年代起，绝大多数国家相继为农民建立了养老保险制度。国外目前针对农民或居民养老保险中政府财政责任的研究很少，但从实际情况来看，这些国家的政府基本都承担了居民尤其是农民养老保险中的部分财政补贴责任，只是在补贴比例上有所区别。如德国的农民养老保险是唯一在一定条件下可获得政府提供保险费津贴的社会保险尽管法国农业人口占总人口的比例不到 10%，但农民养老保险制度已成为法国社会保障制度的第二大分支，得到了政府财政和其他公共保险部门的支持。同样，其他国家如日本、韩国，政府也分别对保费进行了补贴。除此之外，部分国家还单独设立了一个特殊的农业社会保险系统对农民的各种保险工作实施管理，如德国、奥地利、波兰和意大利等（Peter Mehl，2009）。Jongkyun Choi 在 2009 年总结了 OECD 国家个体经营者的养老保障计划，将农民作为个体经营者的一类，从中也对他们在养老保险计划中的缴费与政府补贴进行了说明，但未做比较，同时也没有专门分析政府在居民养老中的财政责任问题。Paul Schoukens 在 2007 年介绍塞尔维亚、阿尔巴尼亚和马其顿三个国家农民社会保障制度内容的同时，对欧洲部分国家在农民社会保险中的财政责任情况进行了描述，虽然相对来说是较为全面介绍政府财政责任的研究，但仍未具体分析农民养老保险制度中的政府财政责任，仅针对农民这个群体从社会保险制度层面对不同国家的财政投入情况进行了比较，同时也没有研究政府财政责任的可持续性问题。

综合来看，国外的已有研究表明政府应在农村社会养老保险中承担必要的财政责任。然而对于应承担多大的责任合理，或财政责任在各级政府之间应如何划分等问题国外学者尚未进行深入探索。

二　国内居民养老保险制度理论研究综述

由于农民比城镇无养老保障居民人数多，且是与城镇居民相对的一类群体，所以，国内学者对农民养老保险的研究比城镇无保障居民的研究多。国内对农村社会养老保险问题的研究基本始于 20 世纪 90 年代，80 年代有个别学者针对开展农民养老保险工作的必要性进行了讨论，也倾向于认为有必要开展，即认为政府有责任建立该项制度。从 90 年代开始，陆续有学者对农村养老保险问题进行了研究，通过在中国知网中以"农村"和"养老保险"为关键字进行搜索，发现从 1990—2000 年有关该问题发表的文章只有 28 篇，主要集中于农民养老保险制度推行困难的问题及如何改善农保方案，并没有涉及政府应在农民养老保险中如何作为。21 世纪后，国内学者对农民养老保险的问题日益关注，尤其是 2003 年中央将"三农"问题正式写入工作报告之后。若以 2009 年《国务院关于开展新型农村社会养老保险试点的指导意见》的颁布和 2014 年城乡居民基本养老保险制度的统一作为分界点对已有文献进行梳理，则可将这些研究大体归纳为以下几个方面：

（一）指导意见颁布之前

1. 农村社会养老保险中政府与市场责任的划分

学者对政府在社会保障中的责任问题研究较多，如邓大松、郑功成、李迎生、李绍光等，他们均认为，政府应承担必要的社会保障责任。针对政府在农村社会保障中的责任，郑功成（2002）认为，政府不应过分强调财力不足来规避对农村居民养老的责任，农村需要社会保障，政府负有主导农村社会保障的责任。陈少晖（2004）认为，对农村社会保障问题的责任缺失，是我国政府在构建中国社会保障制度体系的一个重大缺陷。陈淑君（2009）认为，马克思的"社会扣除理论"以及社会保障的性质，为财政支持农村社会养老保险提供了理论依据，在新型农村社会养老保险的构建中，存在财政严重"缺位"现象。

2. 政府在农村社会养老保险中的财政责任

大多数学者从农保资金的筹集方面研究，认为政府在农保中所应承担的最重要的责任应是财政补贴，在责任水平的高低上学者存在分歧，但都认为政府有能力承担补贴任务。周绍斌（2003）认为，在农保的资金筹集上，政府应承担出资者的责任，这是由养老保障的性质决定的。尚长风（2004）认为，政府对参保农民进行补贴，可以在相当程度上解决缴费难的问题，同时激励农民参保的积极性。陈姣娥（2006）认为，农村养老保险应坚持农民个人、集体和国家三方筹资的原则，国家财政是农保的最后承担者。考虑到国家支持农保时财政收入的承受能力，石杰（2005）认为，可以通过发行养老债券和出售部分国有资产来对农村社会养老保险进行补贴。杨翠迎、米红（2007）认为，农保20年的实践探索未实现全国推行和普遍实施，关键的制约因素是制度设计存在缺陷及资金来源不足，为此建立有限财政责任农保制度，即政府对农保所提供的资金支持及其风险是在特定人群特定时段内的一种限额限时责任，突破现行农保困境，十分必要。卢海元（2008）通过对北京农村社会养老保险试点的研究认为，只要中央投入3%左右的财政收入，以农村为突破口，以不同财政投入方式，全面建立覆盖城乡居民的社会养老保障制度，让城乡居民全面享有社会保障制度是现实可行的。赵殿国（2008）认为，为应对保险覆盖面窄、管理体制未完全理顺等挑战，探索建立新型农村养老保险工作，就必须加大财政投入，坚持个人账户和基础养老金相结合，建立由个人缴费、集体补助和国家补贴相结合的三方筹资方式，体现普惠制原则，具有弹性和包容性，并加强法规建设。周彦虎（2008）认为，政府财政补贴应明确划分中央和地方的责任，体现社会保障的公平性和基本公共服务均等化的要求。财政补贴方式：一是补"进口"，即从缴费环节进行补贴；二是补"出口"，即从发放环节进行补贴。杨德清、董克用（2008）提出，应在中国农村建立"普惠制养老金"，并由政府全额供给的观点。在其他责任方面，陆解芬（2004）认为，政府在农村养老保险中应承担的责任有政策责任、财政责任和法律责任。

3. 政府财政责任的划分

学者主要从中央与地方政府之间、区域之间两个角度对政府在新农保中的财政补贴进行了划分。杨德清、董克用（2008）按照"保基本"的原则，假设农村居民养老金需求水平为人均生活消费现金支出的40%—60%，分别计算东中西地区农村老年人口的养老金需求水平，同时区域责任的划分标准按照中央财政向中西部倾斜的原则，中央、地方财政承担比例分别为东部60:40，中部75:25，西部90:10，以此测算出的中央和地方的财政负担水平，分别占中央财政收入的2.35%和地方财政收入的1.5%左右。郑伟（2009）同时从两个角度出发，认为中央财政应针对欠发达地区农村养老保险工作承担财政兜底责任。

4. 从公平角度出发研究农保中政府责任的缺失

多数学者认为，农保中政府责任的缺失表现为四类不公平，分别是立法不公平、财政不公平、区域不公平和人群不公平。周梁云（2008）从法律角度认为老年人获得国家物质帮助是公民的一项宪法权利，但我国农村社会养老保险法律制度滞后影响了农民养老权益的实现。苏爱民（2009）通过对吕梁市部分县农保工作开展情况的调研，认为"多交多补，少交少补，不交不补"的激励原则，造成经济落后乡村、贫困农民失去享受集体补助和财政补贴的权利，使穷者更穷、富者更富，客观上削弱了财政转移支付的公平性。郑玉明

（2007）在西部地区农村养老保障的基本特点和主要问题的基础上，从公平和谐角度论证了西部农村需要建立社会养老保障制度的迫切性。赵建国（2004）认为，《县级农村社会养老保险基本方案（试行）》规定参加农村社会养老保险的农民年龄为20—60周岁，这使得年龄超过60周岁的农民无法参保，被排斥在该制度之外，参保人员的年龄结构主要以中青年人群为主，存在严重的"保小不保老"倾向。

（二）指导意见颁布之后

指导意见颁布之后，国家新农保方案中明确了政府的各项责任，尤其是财政补贴上规定了中央主要承担基础养老金的支付，地方政府对参保农民给予缴费补贴，并且在东部地区和中西部地区又有不同。各地积极开展试点，有关学者对"国家新农保"指导意见的出台给予了充分肯定，但在具体的制度设计方案上存在争论。

1. 制度设计存在不合理之处

有学者提出指导意见中规定的已满足领取条件的老年人口"可以按月领取基础养老金，但其符合参保条件的子女应当参保缴费"的规定不合理。广西玉林市民政局党组书记梁启波（人民网，2010年4月2日）认为，这种"捆绑销售"存在隐患，他建议可以考虑将政策改为60岁以上老人的子女其中有一名入保，其老人就可以领取每人每月55元的基础养老金，其他子女自愿入保，不实施全员捆绑，这样参保范围很快就能推开。李晓云（2010）充分肯定了缴费方案的设计，但认为缴费方式单一，缺乏层次性。应允许参保农民自由选择除"按年缴费"之外的其他缴费方式。

2. "国家新农保"保障水平偏低

苏东海、周庆（2010）认为，国家规定的55元的基础养老金标准偏低，仅能勉强维持农村老人的生存，并以50岁参保农民为例，选择300元缴费档次缴费10年，60岁后领取的养老金不到80元，即使选择最高的500元档次缴费，60岁后领取的养老金也只接近100元，保障水平很低。

3."国家新农保"中虽然体现了政府的财政责任，但较低的财政补贴对农民的参保激励作用有限

刘颖（2010）认为，财政补贴的持续性支持是新农保成功推行的关键。杨翠迎（2010）对政府财政补贴资金的可持续性提出了质疑，认为政府的这一责任缺乏保障机制。李晓云（2010）在对淄博的新农保实施情况进行调查时，认为"国家新农保"采取个人账户与统筹账户相结合的部分积累模式，其中，个人账户资金来自个人缴费、集体补助和地方政府缴费补贴，这一模式体现了制度设计的合理性，但资金来源中集体补助一项经常是有名无实，尤其对于经济落后地区，作者认为，应适当增加地方政府对"新农保"的财政补贴。

从国内外对政府参与农村社会养老保险的理论研究中，可以总结为以下几点：

（1）农村社会养老保险工作的顺利开展离不开政府的参与，"国家新农保"的顺利试点以至全面覆盖，政府责任承担的可持续性是保证其成功的关键。

（2）政府在农村社会养老保险工作中的主要责任应为财政补贴，保证农保资金的筹集来源。但政府的财政补贴水平并非越高越好，而应是有限的财政责任，在一定的财政负担能力内坚持追求政府补贴的最优化配置，以使政府作用达到最大化。

（3）农村社会养老保险制度中政府财政责任应兼顾公平，考虑到我国经济发展的现状，目前中央应承担财政"兜底"的责任，而在对不同区域的财政补贴上，应对经济不发达的中西部地区有一定倾斜，在倾斜的比例上仍需再计算。

（4）国家新型农村社会养老保险制度仍需深入研究，并结合试点过程中存在的问题，着重从政府财政责任方面对制度加以改善。

（三）城乡居民基本养老保险制度统一后

2014年城乡居民基本养老保险制度统一后，学者对居民养老问题的研究主要关注于保障水平和制度的调整机制方面。在城乡居民养老金的替代率方面，薛惠元等（2014）测算得到城乡居保提供的保障水平只能满足部分选择较高缴费档次且缴费年限较长的居民年老时的基本生活需要，对其他大部分城乡居民而言，无法保障其年老后的基本

生活。亓栋（2014）也认为，城乡居保基础养老金替代率太低，不足以保障老年人的基本生活。米红、项洁雯（2014）借助 ELES 模型计算农民不同需求层次对应的替代率，发现目前农民的养老金替代率，即使加上个人账户养老金的替代率，保障水平仍较低。在城乡居保制度的标准调整和增长机制方面，卢昱昕等（2013）通过分别参考低保标准和恩格尔系数设定目标替代率和测算，认为城乡居民养老保险未来目标替代率的选择应和城乡居民可支配收入挂钩较合适。李红岚等（2014）主要研究了中央对基础养老金最低标准的调整机制，认为首先应将发放标准调整至合理范围后再启动基础养老金的正常调整机制。米红等（2016）认为，城乡居民养老保险的待遇标准可参照贫困线和低保两个指标，经比较采用贫困线作为养老金标准更有利于使城乡居保制度发挥其减贫效应。虽然目前来看，已有学者对制度标准调整后政府财政投入做过预测，但多从总体上分析其财政责任水平，极少有具体到地方财政承担能力的预测和评估。

总体来看，虽然学者对居民养老中政府行为的研究主要集中于资金的筹集问题上，但从研究现状来看，大部分学者没有将居民养老水平、制度增长机制和政府财政责任三者综合起来进行深入的研究和分析。本书运用社会保障学、经济学、保险精算学等相关理论和方法，以评估现有的城乡居民养老保险制度内容开始，对其中涉及政府财政补贴的部分进行测算，分析现行制度中政府的财政责任水平是否合理，并预测养老金替代率目标水平下制度建立正常调整机制后未来政府财政在居民养老工作上的资金投入。在此基础上提出改进、优化和完善城乡居保制度中政府财政责任的对策建议。

第四节　研究思路及研究方法

一　基本思路

本书关于城乡居民基本养老保险制度政府财政责任可持续性研究的具体思路如下：首先，本书明确了全书分析的三个方面的依据，分别是理论依据、经验依据和实践依据。其一，本书总结了政府参与居民养老保险制度的基本理论，并分析政府参与的功能和意义，建立了衡量政府财政责任的指标体系，作为全书研究的理论依据。其二，本书对国外农民社会养老保险制度中政府财政责任进行国际比较，具体在制度模式、政府参与方式、缴费阶段的财政投入、养老金支出中的财政补助四个方面比较，从中获得有利于改善和促进我国政府财政责任可持续性的经验启示，这是本书的经验依据。其三，本书对现有城乡居保制度设计和政府参与的现状进行了评估，主要分析了基础养老金和缴费补贴现有标准下的有效性，以及财政补贴保障机制的可持续性问题，以此作为进一步预测和分析政府财政责任的实践依据。

其次，本书凭借以上三个方面的依据，对今后一段时间内城乡居保政府总体财政投入及财政责任进行预测和分析，并预测和比较了政府财政责任在不同区域间的承担能力及可持续性。其中，前者主要在对未来城乡参保居民人口和国家财政收入及财政支出的预测基础上，构建政府总体财政责任模型，预测未来每年国家财政总投入，分析不同指标值，与国外政府财政责任相比较，评估政府承担居民养老总体财政责任的可持续性；后者在比较我国三个区域社会经济特征的基础上，构建地方社会保障财政负担与区域经济发展水平的关系模型，预测各地区未来社会保障财政负担情况。同时依据各地城乡参保人口预测数据对今后地方在居民养老工作中承担的补贴责任进行预测和比较，分析不同区域地方财政承担能力的风险程度，并考察未来地方社会保障财政负担情况与居民养老财政责任之间的关系，从而评估不同区域地方财政责任的可持续性。

再次，本书通过构建参保居民个人账户精算模型，确定养老金替代率的目标水平，在前文分析的基础上进一步探究居民养老金目标水平下各级财政责任的可持续性。这部分内容包括两大主体：其一为个人账户精算模型的构建与分析，包括确定居民养老金的替代率目标水平，其中包括基础养老金、缴费档次及补贴等要素在内的制度合意增长方案，作为分析各级财政责任的基础；其二为对居民养老金替代率目标水平下各级政府财政责任的预测及可持续性分析，其中包括中央政府、东部地区地方政府、中部地区地方政府和西部地区地方政府的财政责任。

最后，本书基于前文分析，提出促进城乡居民基本养老保险政府财政责任可持续性的政策建议。本书研究思路参见图 1-1。

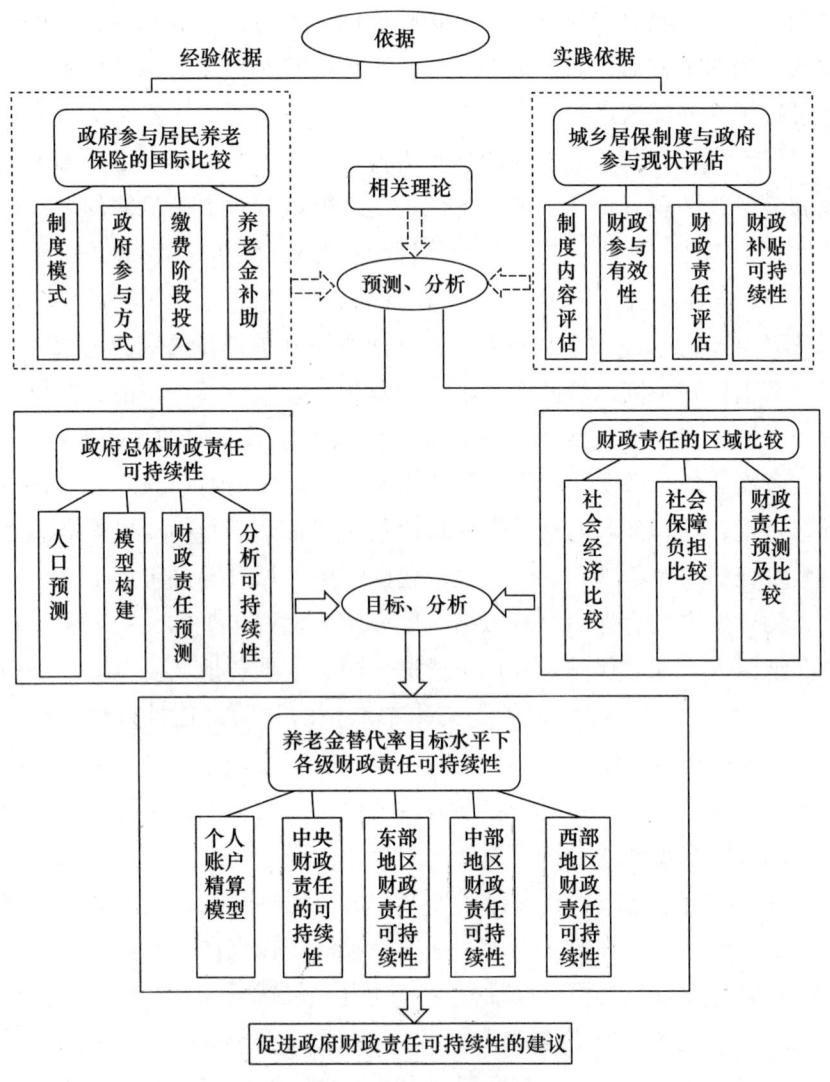

图 1-1　本书研究思路

二　研究方法

本书以社会保障学、西方经济学、财政学、保险精算学、计量经济学等相关理论为基础，研究中采用定性与定量分析、规范与实证分析相结合，并综合使用比较分析等方法。具体方法如下：

（一）定量分析

运用现代统计分析方法研究社会保障的财政责任与经济发展水平的关系，为地方在居民养老工作中政府财政责任和社会保障支出中财政责任的相关性分析做基础。

（二）比较研究

基于国外农村社会养老保险制度中政府财政责任水平的分析，与我国城乡居保制度中政府的财政责任进行比较，以提出适合我国财政责任的合理指标。

（三）精算研究

运用保险精算方法构建个人账户的精算模型，以此为基础提出居民养老金替代率目标水平下基础养老金和缴费档次及补贴的合意增长方案，是分析替代率目标水平下中央和地方财政责任的理论基础。

（四）定性分析

基于各种方法下对我国中央及地方政府财政责任的分析，提出财政投入方面改善和优化制度设计的方案，以及保障城乡居保制度顺利推行和长远发展的其他建议。

第五节　研究的创新点及不足

我国农民和城镇无保障居民的养老问题已经被很多学者所探索和研究，国家新型农村社会养老保险制度和城镇居民养老保险制度的推出，将居民养老方案加以政策化和具体化，同时也提出了新的问题，即如何确保制度合并后科学地、持续地推行，成为一项真正保障居民养老的长远制度。本书正是抓住了该制度推行的核心要素——财政投入，将其作为研究对象，分析如何确保该要素的可持续性，从而保障城乡居保制度的健康发展。这是本书的思路创新，此外，本书的方法创新和理论创新还包括：

（1）本书较全面地比较了农村社会养老保险制度中政府财政责任的国际经验，并总结得出适合我国居民养老保险制度的政府责任水平及责任划分方式。

（2）运用计量经济学工具构建我国不同地区社会保障财政负担与地区经济发展水平关系的模型，为政府财政责任在不同区域间的划分提供理论依据。

（3）建立居民养老政府财政责任模型，可通过该模型预测不同情况下政府的财政投入，也可用于评估长期中城乡居保制度政府财政责任的大小。

（4）运用保险精算理论构建个人账户精算模型，提出我国居民养老金替代率目标水平下，制度各要素包括基础养老金和缴费档次及补贴标准的合意增长方案，并分析了该情况下各级政府财政责任的可持续性，为随着时间的推移，科学推进城乡居保制度的发展提供了政策参考。

本书研究的不足及需要进一步研究的问题主要包括以下三个方面：

首先，本书分析未来居民养老保险制度中中央及地方财政责任时，以全国及各地方不同年龄参保居民人口预测数据为基础，虽然本书考虑了除人口自然增长外的农村人口流动等可能导致农村人口变化的因素，但必定还存在其他未涵盖在内的影响因素，造成参保和领取人数的预测数据存在误差，导致财政责任的分析存在一定偏差。

其次，本书所构建的模型及参数取值主要参照《国务院关于建立统一的城乡居民基本养老保险制度的意见》中的政策规定，及多数地方的实践办法，如不同缴费档次下的缴费补贴额。然而制度的某些要素标准在不同地方的具体执行中差异较大，并不一定与模型中的参数值完全一致，从而使模型的适用存在一定程度的局限性，这有待进一步的分析和解决。

最后，本书虽然提出了居民养老金替代率目标水平下，基础养老金和缴费档次及补贴等制度要素的合意增长方案，尽可能地降低参保者因年龄、参保先后、城乡身份而造成的保障不公平性，但仍无法确保全国 31 个省、市、自治区的参保居民在该方案下的绝对公平，关于制度因素所影响的参保者的公平性问题还有待于进一步探讨和解决。

第二章 政府参与居民基本养老保险制度的理论基础

第一节 居民基本养老保险制度及政府财政责任的含义

我国历来城乡二元化的特点使农民与城镇居民的养老保障长期处于相互独立的状态，而城乡居民基本养老保险制度实际源自 2014 年新型农村社会养老保险和城镇居民社会养老保险两项制度的整合。

一 农村社会养老保险的概念

农村社会养老保险，是指由政府、集体或者社区组织实施，凡是符合投保条件的农村居民都可以参加，在年老时按照养老保险费缴纳状况享受基本养老保险待遇的一种福利性养老保险，其重要的特点是养老保险费由政府、集体、个人等多方负担。在我国，各级劳动和社会保障部门是农村社会养老保险的主管部门，负责养老保险费的收取、建档、汇总、发放等具体管理业务。农村社会养老保险是按照国家的相关政策，由政府负责实施的不以营利为目的，针对有农村户籍的居民，包括一般农民、进城务工或经商的农民、小城镇农转非人员、乡镇企业的职工，他们通过缴纳一部分费用进行参保，当他们达到一定年龄时可领取养老金，从而保障老年基本生活的社会保险项目。[①]

[①] 郑军：《农村社会养老保险政策透析与问题解答》，西南交通大学出版社 2010 年版，第 1 页。

我国所实行的农民社会养老保险制度，即 2009 年《国务院关于开展新型农村社会养老保险试点的指导意见》中规定建立的制度被称为国家新农保，这既区别于地方新农保，又不同于旧农保。其中，新农保即新型农村社会养老保险，这一概念的提出是相对于以前各地开展的农村养老保险而言的。过去的农村养老保险被称为旧农保，与新农保相比，旧农保的特点是农民自己缴费，实际是自我储蓄的保障模式，而新农保与之不同的最大特点是采取了个人缴费、集体补助和政府补贴相结合的模式，筹资渠道由原先单一的个人缴费拓展为三方共同筹资。而地方新农保又与目前的"国家新农保"有所不同，前者是在该指导意见出台之前，我国不同地方农村所开展的模式各异的、具有地方特色的一种农民养老保险制度，它主要在原有旧农保制度的基础上，通过创新账户模式，增强政府投入，而探索出的农村社会养老保险制度，我们称为地方新农保。国家新农保则是自 2009 年该指导意见颁布后，通过文件的形式对我国的农民养老保险制度做出了明确规定，各地方在此基础上开展制度的试点，同时在 2010 年将"建立和完善新型农村社会养老保险制度"写入了《社会保险法》。

二 城镇居民基本养老保险的概念

与农民社会养老保险制度相比，城镇居民基本养老保险起步较晚，它不同于城镇职工基本养老保险，后者的参保对象是指城镇各类企业职工，由用人单位和职工共同缴纳基本养老保险费，个体工商户和灵活就业人员也可参保，但需由个人缴纳基本养老保险费。根据 2011 年《国务院关于开展城镇居民社会养老保险试点的指导意见》的规定，城镇居民社会养老保险是覆盖城镇户籍非从业人员的养老保险制度。

城镇居民养老保险制度的建立是为了解决城镇无养老保障居民的老有所养问题，它的参保对象是年满 16 周岁（不含在校学生）、不符合职工基本养老保险参保条件的城镇非从业居民，可以在户籍地自愿参加城镇居民养老保险。从制度内容来看，与国家新农保较为相似，其基金筹集方式也主要由个人缴费和政府补贴构成。

根据 2014 年《国务院关于建立统一的城乡居民基本养老保险制

度的意见》的规定，我国现行的农村社会养老保险和城镇居民基本养老保险制度虽然在筹资方式上均有国家财政的参与，但这并没有改变其社会保险的本质，与社会福利制度不同，它仍强调个人在保障中的个人贡献。

三　居民养老保险制度中政府财政责任的界定

（一）政府参与城乡居民社会养老保险制度的原因

在养老方面，我国城镇职工基本养老保险制度实施较早，而农民和城镇居民的养老问题一直是养老保险制度的"短板"。在城镇职工基本养老保险制度中，职工养老的责任由个人和企业共同承担，而城镇居民和农民的养老保险缺少企业主体的缴费，若仅依靠集体与个人筹资，在集体的概念与范畴难以确定，同时无法强制其为居民或农民缴费的情况下，将会使得城镇居民和农民最终的养老资金基本来自个人缴费的积累，从而导致城镇居民和农民养老保险制度难以开展和推行，归根结底，最主要的原因在于缴费主体单一。因此，为了解决居民和农民两类人群的养老问题，基本实现养老保险制度在人群上的全覆盖，"国家新农保"和城镇居民养老保险制度先后展开试点，其中政府均承担了第二缴费主体或第二筹资主体的角色，相对应于职工基本养老保险中的企业主体，从而极大地推动了城镇居民和农民养老保险制度的试点和发展，对于完善社会保障制度体系建设具有重要意义。

（二）政府财政责任的界定

城乡居民社会养老保险制度中政府的财政责任主要指各级政府所提供的各项财政补贴。在旧农保制度下，由于筹资模式仅为个人缴费，不存在政府补贴，因此也就不存在政府财政责任问题。而现行的城乡居民社会养老保险制度中，中央政府和地方政府均需承担城乡居民社会养老的部分财政补贴责任。其中，中央财政需承担中西部地区参保者中所有60岁及以上老年人口最低标准基础养老金的发放，及东部地区最低标准基础养老金发放额的一半；地方财政需承担当地缴费参保者的缴费补贴，东部地区还需补贴当地基础养老金发放总额的一半。此外，随着经济发展和城乡居民生活水平的提高，地方发放的高出中央所确定的最低标准基础养老金以上的部分，也由地方财政负担。具体补贴标准将在下文介绍城乡居民社会养老保险制度的内容时予以说明。

（三）政府财政责任可持续性的概念

城乡居民基本养老保险制度政府财政责任的可持续性是指，在未来一段时期内，根据制度的规定，各级政府所承担的财政补贴责任能够得到可持续性的落实，真正发挥推动农民和城镇居民参保和制度发展的作用。城乡居民基本养老保险制度中政府财政责任的可持续性主要来自两个方面的保障：一方面必须确保中央和地方财政有能力承担各自的补贴责任，这是基础，若各项补贴给各级政府造成的财政负担较重，则长期中必将影响政府财政责任的可持续性；另一方面在各级财政有能力承担补贴的前提下，必须确保各项补贴能够落实到位，即要求各级政府坚决执行《国务院关于建立统一的城乡居民基本养老保险制度的意见》中有关补贴的规定。前者需要对各级政府的财政承担能力进行预测分析，后者则需要其他外在强制性力量的介入，如出台法律等。

第二节　政府参与城乡居民基本养老保险制度的基本理论

一　社会二元论

发展经济学中的社会二元理论为我国政府支持农村和城镇居民社会养老保险制度的发展提供了重要的理论依据。在发展经济学文献中，伯克（J. H. Boeke）最先提出了"社会二元结构"理论。在关于印度尼西亚社会经济的研究中，伯克将该国经济和社会划分为传统部门和现代资本主义部门。伯克认为，传统社会在引进西方工业化时，会同时引进西方的生产技术、组织形式和社会精神，从而使原有的社会和经济结构呈现出二元的特征。与传统的农村社会和农业部门相比，现代的城市社会和工业部门在社会文化和经济制度等很多方面存在显著的不同，该差异以直接或间接的方式最终造成农业和工业、农村和城市中的资源配置方式和人的行为准则差异很大。①

刘易斯的二元经济论对社会二元结构进行了较为全面、深入的分析。在此基础上，二元经济理论得到了发展。迈因特（H. Myint）在1985年的《亚洲发展评论》上刊出了一篇名为"组织二元结构与经济发展"的文章，提出了"组织二元结构论"。② 迈因特认为，社会的二元化特征主要还是产生于不发达的组织框架，在二元社会中市场网络发育不健全，且政府的财政和行政制度也不完善。传统部门和现代部门的联系较为松散，这种松散联系主要体现在以下四个方面，相应的是四种不同类型的二元性。

（1）二元产品市场。在欠发达的国家，虽然产品市场通常要比生产要素市场更为完善，但前者的组织结构存在缺陷，这种缺陷的衡量可采用三种价格的差异指标。其一，城市中批发商品的价格与农村居民购买商品的价格之间的差异；其二，同一商品在区域之间的价格差异；其三，农产品价格的季节性差异。

（2）二元资本市场。资本市场的二元性主要体现为利率在有无组织的资本市场中所存在的较大差异。造成利率差异的原因，一方面是由于借贷的信息和交易费用；另一方面是由于不同风险程度的保险溢价。在无组织资本市场中，利率较高且较为分散。

（3）二元劳动市场。劳动力市场的二元性主要是由于劳动力性质的差异，导致现代部门的工资水平较高，而传统部门的收入则较低。

（4）二元的政府财政和行政机构。政府依靠一系列的中间机构实现与农村小经济单位之间的联系，然而，在这种联系的传达过程中，政府管理上的有效性是逐级递减的。在政府的财政上，也存在这种递减的现象，即针对现代部门征税较传统部门容易，且政府对现代部门所提供服务的质量也好于传统部门。

作为发展中国家，中国也同样存在二元经济结构现象，而且这种二元经济结构在新中国成立之前就已存在。新中国成立初期，由于实行高度集中的计划经济，而且优先发展重工业，从而使中国的二元经

① 马春文、张东辉：《发展经济学》，高等教育出版社2010年版，第147页。
② 同上书，第157页。

济及社会结构不断加强。改革开放初期，由于农业开始逐步发展，农村中的非农产业取得了长足进步，以及轻工业和城市第一产业结构的升级，中国的二元经济结构在一定程度上得到了改善。但这种趋势没有持续下去，由于二元经济改善的驱动力趋于减弱，中国经济结构转换的进程出现了反复。首先，经历改革初期农业快速发展后，农村体制改革的激励作用逐渐减弱，农业发展处于停滞的状态，农民收入增长缓慢，使原来已经缩小的城乡差距又开始拉大。其次，乡镇企业达到一定规模之后，增长率开始出现边际递减的趋势。此外，乡镇企业布局分散，相互分离，无法产生足够的集聚效应，从而无法对农村第三产业的进一步发展产生带动作用，对农村第三产业劳动力的就业也形成了阻碍。最后，随着中国财税体制的改革和新税制的实行，乡镇企业税负激增，金融体制改革深化和宏观调控偏紧又恶化了乡镇企业的资金状况。总的结果是不管在经济水平上还是在人们的生活收入上，中国的城乡差距都被进一步拉大，社会矛盾突出，不和谐感明显。

政府参与农村社会养老保障制度的构建与运行，从一定程度上讲，也是为了缩小城乡居民生活水平的差距，缓解社会二元化的矛盾，更深层次的目标是促进中国经济社会的发展。而将农村与城镇居民的社会养老保险制度加以统一，并以相同的制度模式给予财政补贴，有利于减弱我国城乡两极分化的特征，也进一步体现了社会公平的目标。

二 自由市场失灵理论

(一) 公共品理论

公共产品是相对于私人产品而言的，它表现为占有上的非排他性和消费上的非竞争性。[1] 根据公共产品的该特征，社会保障就是一种公共产品或准公共产品，它的公共性主要是指社会保障产品的公共性。农村与城镇居民社会养老保障作为社会保障的一个项目，因此它也是公共品或准公共品。公共品中包括纯公共品、准公共品、俱乐部

---

[1] Samuelson, Paul A., "The Pure Theory of Public Expenditure", *Review of Economics and Statistics*, No. 36, November 1954, pp. 387 – 398.

产品、间接公共品或隐性公共品，社会保障属于哪一种公共品，目前争议较多，但社会保障作为一种公共品具有以下几个特征[1]：

1. 消费上的非价格性或价格偏弱

通常在市场经济中，消费者必须按照商品的市场价格付费后才可获得产品的使用价值，但对社会福利和社会救助的消费无法用金钱购买，因为社会福利主要是由政府提供的，更多的是倾向于纯公共品。而社会救助在总体上呈现多元化的特点，是一种混合型的公共品，它的提供以政府为主，如政府提供最低生活保障的资金。但部分社会救助的物品在供给优惠或减免上则来自多个社会单位，如水电费减免等。

2. 消费中的外部经济性

社会保障的供给可以带动消费，它对社会所产生的外部经济性主要表现在使社会具有一定的购买力，增加社会需求，促进劳动力的再生产和提高劳动者素质。张欣教授认为，扩大社会保障支出所导致的财政赤字最终比初始扩大社会保障支出的数额小得多，他通过建立数学模型得到：若中国增加社会保障支出 100 亿元，可增加产出 155 亿元，但政府财政赤字最终仅增加 40 亿元。同时，由于产出的增加，还创造了更多的就业，促进了经济增长，最终社会保障支出的扩大转变为推动经济发展的一种积极因素。[2]

3. 消费的规模性与不可分性

我国建立小康社会与和谐社会的基础是建立覆盖全民的社会保障体系，因此农村与城镇居民社会养老保险制度是不可或缺的。社会保障既是公共事业，也是规模型产业，社会保障规避风险机制的成本和效率建立在大数法则基础上，通过集聚雄厚的社会保障基金，从而能够通过拥有足够的保险费实现偿付。也就是说，社会保障的覆盖人群越广，保障对象越多，它的保障作用越能够得到体现和发挥。同时，社会保障在发挥保障作用的同时，与公平性原则也不违背，如在对自然灾害损失的补偿上，政府通常按人头实施救济，而不区分贫富差

---

[1]　林毓铭：《社会保障与政府职能研究》，人民出版社 2008 年版，第 231 页。

[2]　林毓铭：《社会保障预期与居民消费倾向分析》，《学术研究》2002 年第 12 期。

别，每个人都平等对待。

4. "搭便车"现象

经济学家把公共品的消费中消费者隐藏自己的真实偏好，希望其他消费者出钱购买使自己可免费消费的心理，称为"搭便车"现象。例如，过去劳保医疗制度设计中的"一人参保，全家受益"缺陷，造成了医疗保险公共品的供给无法通过市场的自发调节达到帕累托有效。在国外，如寡妇津贴，家庭中只要户主是社会保险的被保险人，其家庭成员也可有条件领取保险金，即享受社会保障的派生权益。社会保障公共品的"搭便车"现象使得市场无法自由提供该产品，而只能由政府参与并提供。

5. 消费上的道德风险

社会保障中的医疗保险之所以属于世界级最难以管理的项目，其主要原因就在于医疗保险中存在不可避免的道德风险，如过度使用社会统筹医疗基金导致的医疗费用高涨；养老保险中，通过隐瞒受保人死亡的事实，由亲属继续代领其养老金，导致养老金的浪费；在城市低保中，通过隐瞒家庭收入，甚至假离婚来骗取低保金等情况的存在，都体现了社会保障中较为普遍的道德风险现象，社会诚信的缺失最终演变成社会保险中的欺诈行为。

（二）福利国家经济学对养老金自由市场失灵的讨论

福利国家经济学对养老金的政府提供和市场提供两种方式进行了对比，发现在养老保障制度中自由市场存在失灵现象。[①] 假设有两种可能存在的退休状况：我健康状况良好，能够自己照顾自己；或者我身体状况不佳，需要生活上的照顾。尽管这两种状况在社会政策方面存在许多差异，但经济依据却完全相同，即两者的问题都是我如何才能够把足够的资源转移到未来。

就效率而言，它要求人们所购买的养老金实际水平从社会角度来看是有效率的。自由保险市场实现这种结果所依附的理论条件有三个：（1）必须有正的需求；（2）有提供保险的技术上的可能性；

---

① 尼古拉·巴尔：《福利国家经济学》，郑秉文、穆怀中等译，中国劳动社会保障出版社2003年版，第82页。

（3）必须有以个人愿意支付的价格提供保险的可能性，即要求价格必须超过或等于净供给价格。三个主要的政策问题是：人们究竟为什么投保？国家为什么要使养老金计划的参与带有强制性？国家为什么亲自提供养老金？

我们知道，对于理性的、厌恶风险的人来说，只要缴费的净成本不超过他由此而得到的确定的收益，他还是愿意为养老金缴费的，即购买保险。强制性参与是因为，如果某人不购买养老金权利，那么就会产生外部成本。只有当完全信息、完全竞争和不存在市场失灵的标准假设成立时，自由市场才能有效地提供养老金，而当三个条件不完全满足时，就可能会涉及政府的提供。

养老金领取者 A 活到既定岁数的概率与养老金领取者 B 的概率是相互独立的，且这个概率已知小于1。在死亡率的统计数据上不存在任何逆向选择的问题，因为人们不知道他们什么时候死亡；同时也不存在道德风险的问题，因为对个人来说，自杀要付出很高的代价，而且这种行为对保险公司来说是有利的。

由以上分析可以得出初步结论，即私营养老金的提供不存在技术问题，但它忽略了通货膨胀。只有当一个人能确保他未来养老金的实际价值时，他才会去购买一个无论从数量还是质量上来看都是有效率的未来消费；只有当自由市场能够提供可以预防非预期性通货膨胀的保险时，这种情况才能在毫无干预的情况下出现。这种保险的不可行主要有以下两个原因：（1）未来的通货膨胀水平不是固定的，并且其概率分布也无法预知；（2）通货膨胀是一种共同危机。养老金领取者 A 经历给定的通货膨胀率的概率与养老金领取者 B 的概率并不相互独立，也就是说，一个养老金领取者所面对的通货膨胀率，基本上其余的人也必须面对，不存在获利者弥补损失者的可能性。因此，通货膨胀是一种不可予以保险的风险，从而养老金领取者不能相互提供保障。他们能否通过其他机制获得保障，例如，通过购买价值与通货膨胀同步增长的资产来得到保护，如果实际利润率不受通货膨胀的影响，那么这种机制可以在没有干预的情况下发挥作用。而从经验事实来看，情况并非如此，博迪的研究报告（Bodie，1990：36）指出："在美国，事实上没有任何私营养老金方案能提供退休后的自动通货膨胀保护。"

总体来看，养老金自由市场只能提供有限的指数化，而超出部分的保险最终必须落在政府身上。因此，至少存在效率方面的理由，赞成国家进行干预以帮助自由市场在支付阶段应付非预期性通货膨胀所带来的成本。国家之所以提供这种担保，是因为它能够以现收现付的形式借用当前的税收收入。很明显，如果由政府来提供这种防范通货膨胀的保险，那么它就不是一种真正的保险，而只是一种税收转移形式。因为从效率角度来说，人们要为他们所购买养老金的实际价值作出决策，而且只有国家才能以现收现付的形式提供适当的抵御通货膨胀的担保，所以有理由认为，政府至少要对养老金进行部分干预。对于这种干预仅停留在向自由市场提供通货膨胀补偿金上，还是国家应该在现收现付制或混合体制的基础上亲自介入提供养老金，这个问题目前尚无定论。

从以上公共品理论和福利国家经济学对养老金自由市场失灵的讨论可以看出，农村与城镇居民社会养老保险作为公共品，由自由市场完全提供是无效率的，政府必须以某种形式参与养老保险的提供。

三 国家干预理论

福利国家经济学中的国家干预理论为政府参与农村与城镇居民社会保障制度提供了另一个理论依据。巴尔认为，国家干预的目的是提高经济效率，而干预的途径包括三种：管制、财政和政府生产。[①] 这几项都是市场机制下的政府直接干预；还有收入转移，它发挥了间接的调控作用。

（一）管制

政府通过颁布大量的法规来干预自由市场，其中一些法规更多的是与社会价值有关而非出于经济考虑。但是，部分法规与市场的有效或公平运行有直接关系，尤其是在信息不完全的区域。以质量管制为例，它主要涉及供应方面，如与食物和药品的生产或销售有关的卫生法规、禁止不合格人员从事医生职业的法律，以及消费者保护法等。

---

① 尼古拉·巴尔：《福利国家经济学》，郑秉文、穆怀中等译，中国劳动社会保障出版社2003年版，第82页。

数量管制则通常影响个人的需求，如义务教育、强制机动车保险和强制性的社会保险缴费等。价格管制的例子包括最低工资制和租金控制。在农村与城镇居民社会养老保险制度中政府的管制也主要体现在政府出台法规和指导意见等方面。

（二）财政

国家干预的财政途径方面包括对特别商品的价格实行适当的补贴（或税收支持），或者对个人收入施加影响。价格补贴通过改变个人和公司的预算约束线的斜率来影响经济活动，价格补贴既可以是部分的，如对公共运输或地方当局的住房补贴；也可以是全部的，如英国的老年人免费医药和美国的医疗保障。同样，价格也可通过多种税收来施加影响，如对污染和拥挤问题的征税。农村与城镇居民社会养老保险制度中政府财政干预方面主要体现为中央对基础养老金的发放和地方政府的缴费补贴。

（三）公共生产

管制和财政两种方式都可以改变市场运行结果，但两者均未触动基本的市场机制。除此之外，政府可以接替供给方来提供商品和服务，在这种情况下，政府需要拥有资本投入（如学校校舍和设施），并且雇用必要的劳动力（如教师）。其他公共生产干预方式的例子还包括国防和大部分的医疗保险（在英国）。无论在概念上还是在操作上，财政和生产是两个完全独立的干预形式。

（四）收入转移

收入转移可以和某些特别的支出绑在一起（如教育或住房津贴），也可以分开进行（如社会保障给付）。最好的转移支付形式是一次性总付款，可在产品和要素价格不受外部市场影响的条件下，由此通过改变个人的收入来影响经济活动。但是，具有再分配性质的转移支付实际上并不属于这一种，所以，从效率方面来看，收入转移不能被视为是完全中性的。在农村与城镇居民社会养老保险制度中，中央财政对基础养老金承担责任的区域不同则体现了收入在区域间的转移。

四　社会公正理论

（一）功利主义学说

功利主义学说来源于 20 世纪初期的"新自由主义"，现代的功利主义者与经验的自由主义者有着共同的理性根源。①

功利主义的目的是对"物品"进行分配，以便使社会成员的总效用达到最大化。从广义上理解，物品包括商品、劳务、权利、自由和政治力量。总福利的最大化包括两个方面：物品能够有效地生产和分配，在分配时遵循公正的原则。公平的分配原则如图 2 - 1 所示，即将要分配的全部收入为 AB。个体 A 的边际效用由曲线 aa 表示（从左向右），假定当个体 A 的收入上升时，它的边际效用会减少。个体 B 的边际效用由曲线 bb 表示（从右向左）。当收入被公平分配时，总效用达到最大化。个体 A 的收入为 AC，而个体 B 的收入为 BC。

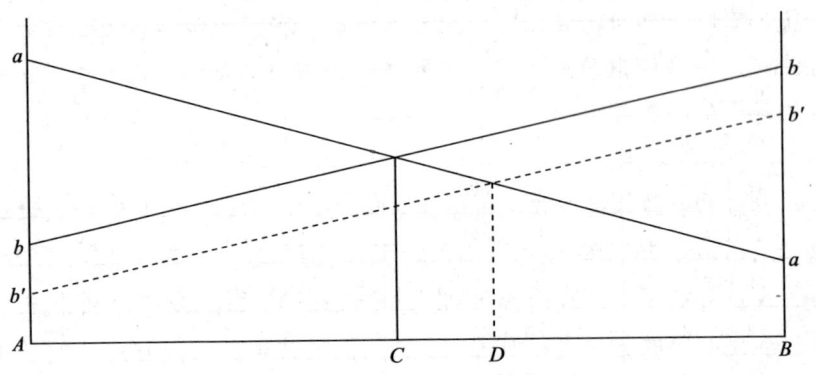

图 2 - 1　功利主义理论中的收入最优分配方式

功利主义追求平等，并认为由国家进行重新分配是正确的，但这需要具备两个条件。（1）个体 A 和个体 B 必须具有相同的收入边际效用函数。如果 B 点的边际效用曲线是 b′b′，那么，要想达到福利最大化，分配必然是不平等的，因为此时个体 A 的收入已经变成了 AD。（2）只有当个体 A 和个体 B 的效用能够用基数的方法来度量时，功利主义才可以完全确定最优的分配方式。

（二）罗尔斯关于社会公正的理论

罗尔斯与诺齐克所主张的自由主义在某些方面是对立的。诺齐克

---

① 尼古拉·巴尔：《福利国家经济学》，郑秉文、穆怀中等译，中国劳动社会保障出版社 2003 年版，第 52 页。

是崇尚自然权利的自由的保护者。罗尔斯认为，自然权利通过立法实现，主要是为了实现社会的公正。此处的公正有两层含义：其一，在道德层面上，基于公正本身的特点而被人们所渴望；其二，制度若想持续地存在，必须被公众认识到它是公正的。因此，罗尔斯认为，公正具有普遍性，不针对特定的文化而具有特殊意义。此外，它来自公众的认识和认同过程。罗尔斯所说的公正原则就是契约者做出的理性和无异议的选择，并且他们的选择对每个人而言都是自由最大化的。

从公正原则上看，罗尔斯是明确反对功利主义的。他认为，功利主义是不合逻辑的，因为在最初状态，功利主义就被理性的契约者所拒绝；他还认为，功利主义是不公正的，因为只要符合总体福利最大化的原则，即使是不公平的，功利主义也很赞成。这两种理论有着完全不同的暗示。假定有一个正常能在不使其他人境况变坏的情况下，至少使一个人的境况变好，这就是帕累托改进。对功利主义者来说，这是理想的情况，即使受益的个体是富裕的。相反，罗尔斯的差别原则会反对这个政策，除非它符合境况较差的人的利益。因此，帕累托效率在罗尔斯主义看来，并不代表着公正。

（三）米勒的社会公正分析

米勒的社会公正分析对罗尔斯的最后批评是，他建立了一个自由的理论而非一般的公正理论。米勒（1976）称一个完全普遍的公正理论是不可能合乎逻辑的。据米勒所述，社会公正应用三个不同的因素：（1）权利，如政治的自由，在法律面前平等；（2）功绩，即对每一个人的行为和素质的认可；（3）需要，即个人实现自己生活计划的前提条件。其中，"功绩"方面主要是指工作干得多的人应得到较多的报酬，"需要"方面则指那些不能完成工作的人也不能挨饿。尽管米勒承认，对社会公正给出一个精确的理论性定义有困难，但他仍主张每个因素都能体现特别类型的道德主张，因而从逻辑上看，坚持某个要素都是一个明显的原则。

上述三个要素中，权利和功绩是能够调解的，如一个人有权利保护他所有的合法所得；同样，权利和需要也是可以兼容的，如有一个人病了，他有权利获得医疗帮助。但是，在功绩和需要两者之间可以产生矛盾：如果我富有且健康，而你穷且有疾病，则或者我缴税（未获得任何功绩）去支付你的医疗费用，或者你因为要保护我的功绩而未获得任何治疗，同时你的需要未被满足。

米勒观点的核心，是突出了社会公正的定义关键取决于被讨论的社会类型。在纯市场经济中，社会公正将以权利和功绩的报酬来定义。而集体主义则根据不同需要把公正界定为分配。

米勒主张公正的不同原则应与社会更广泛的观点联系在一起。他批判功利主义学者和罗尔斯，是因为他们未明确提出权利、功绩和需要这三个主张之间的矛盾，并将它们混淆为一个单独的、模糊的整体。米勒还批判了罗尔斯的一个不明确的观点：罗尔斯认为，存在一个唯一的公正概念，在这个概念上，每个人的定义将趋于一致。而米勒则认为，公正包括相互矛盾的原则，在不同的社会类型之间，它们的重要性相对地也会变化。"从社会中抽象出来的诸多个人，他们假想地做出选择，在这个基础上，构建公正理论的全部精髓是错误的，因为这些抽象的东西缺乏发展公正概念的前提条件"（Miller，1976）如果他们想尽办法做出选择，它必将关系到所获得的文化态度。简言之，除非他们有一些关于社会属性的知识，并因此而选择了一些公正原则，否则，在原初状态的那些契约者将不会被调动。最后，"罗尔斯给出了在现代市场社会中人们的态度和信念，对他们采取的公正概念与在那些社会中占主导地位的概念有些相似，我们不应该感到惊奇"（Miller，1976）。因此，米勒坚持认为，罗尔斯并没有发展社会公正的一般理论，这样的普遍性是不可能的。

综合上述福利国家经济学中关于社会公正的理论，建立农村与城镇居民社会养老保险制度的社会公正性应摒弃功利主义的理论，因为这两项制度的建立不仅要体现社会公正的一方面，还要维护城镇和乡村之间的公平、区域之间的公平，以及人与人之间的公平，使不同地区、不同年龄的人群在步入老年后其基本生活都能够得到保障。

五　再分配的形式——现金/实物给付

城乡居民基本养老保险制度中政府财政责任的体现形式应选择现金还是实物的形式？这涉及福利经济学中再分配的形式问题。现金支付即直接把从富人那里转移来的钱发放给穷人，而实物支付是指把从富人那里转移来的钱通过购买转化为穷人所需的物品发放给穷人，这两种方式应怎样选择呢？在政府支持城乡居民基本养老保险制度时也应考虑该问题。

（一）经济学观点

在以下两种情况下，可暂不考虑消费者主权，而主要从效率角度分析。①

第一，在消费者信息不完善且厂商的决策可能较好的情况下，如果厂商的决策是代表个人利益的，那么，该消费决策会更有效率。这是下面所要讨论的关于"优效型"物品的效率情况，而个人偏好不予考虑，例如，父母不可能选择不让孩子接受教育。

第二，即使在个人偏好可以忽略不计的情况下，只有当个人行为不能影响厂商的决策时，这个决策才会有效率。这就要求：（1）商品不能随便交换。否则，消费者会将产品卖掉而用钱购买其他可以替代的物品。（2）根据家庭收入，这种商品是不容易被替代的。否则，如果提供免费食品，我会用省下的买食品的钱来购买威士忌等商品。（3）不容易抵制这种商品。

另外，还有两个原因可以说明政策制定者为什么不考虑消费者主权。首先，个人力量不同，导致了横向的不公平。在有些国家，女儿的收入被计入其夫家，而儿子的收入则保留在自己父母手中。父母就有可能让女儿受到少一点的教育或吃得差一些。在这样的情况下，父母的选择往往忽略不计，而通过教育补助计划可予以弥补。其次，在供给中断的极端情况下，可能不会顾及消费者偏好（如战争时期的粮食配给）。这里的问题不在于市场配置不充分，而是市场分配不公平现象超出了政策制定者的标准。

用严格的经济学术语来讲，它说明：除非实物转移支付也具有高效率，否则以分配为目的而采用的这种形式将受到严格的限制。

（二）政治经济学的观点

相反的观点认为，以实物形式进行再分配，有时从政治角度看更容易些。

---

① 尼古拉·巴尔：《福利国家经济学》，郑秉文、穆怀中等译，中国劳动社会保障出版社 2003 年版，第 92 页。

霍克曼（Hochman）和罗杰斯（Rodgers，1969）认为，再分配是无私的动机引起的，个人的福利是彼此依存的。若用 U^R 和 U^P 分别代表富人和穷人的效用，Y^R 和 Y^P 是他们各自的收入，假设 R 的效用不仅由他自己的收入而定，而且还依赖于 P 的收入，那么则有：

$$U^R = f(Y^R, \ Y^P) \quad f_1 > 0, \ f_2 \geqslant 0 \tag{2.1}$$

式中，f_1 和 f_2 分别是 U^R 对 Y^R 和 Y^P 的偏导数。这时所产生的外部性是指在其他因素不变的情况下，R 的效用会随着 P 的收入而增长，此时富人向穷人的收入再分配便是合理的：它会增加 P 的效用（因为 P 的收入上升），同时也会提高富人的收益（因为他增加了 P 的收入）。

政治经济学的观点假定再分配时的外部性不是由穷人的收入引起的，而是由他的消费所致。那么就有：

$$U^R = f(Y^R, \ C^P) \tag{2.2}$$

式中，C^P 是指穷人的消费，然而，不是所有穷人消费的增加都会提高富人的效用——穷人对酒的消费就是一例。因此有必要进行分解：

$$C^P = G^P + B^P \tag{2.3}$$

式中，G^P 代表穷人的"良好"消费（如孩子的服装、维持生命的食物），B^P 代表其"不良"消费（如威士忌等），"好"与"坏"由富人来界定。由式（2.2）和式（2.3）可得：

$$U^R = f(Y^R, \ G^P, \ B^P) \quad f_1 > 0, \ f_2 \geqslant 0, \ f_3 \leqslant 0 \tag{2.4}$$

式中，f_1、f_2 和 f_3 分别是 U^R 关于 Y^R、G^P 和 B^P 的偏导数。富人的效用与其自身收入同向变动，与穷人的"良好"消费同向变动，而与穷人的"不良"消费反向变动。在这种情况下，只有当：

$$\frac{\partial U^R}{\partial G^R} - \frac{\partial U^R}{\partial Y^R} \geqslant 0 \tag{2.5}$$

得到满足时，"良好"消费的转移支付才会发生。式（2.5）中第一个代数式表示穷人"良好"消费的增长引起富人效用的增加，第二个代数式代表富人收入的减少引起其效用的减少。

（三）优效型物品

学校教育不考虑父母或孩子的意愿，它是强制性的。如上所述，

如果标准假设成立，那么优效型物品就不存在效率合理性。图 2 - 2
说明从政治经济学角度看，消费外部性是如何对其存在进行解释的。
假定个体 P 的初始预算约束线为 $Y_P Y_P$，则在 a 点达到效用最大化。现
在比较现金与实物两种转移方式。在现金转移支付方式下，P 的预算
约束线向外移至 $Y_1 Y_1$，结果在 b 点达到效用最大化。在实物转移支付
方式下，给其 $Y_2 - Y_P$ 个单位的教育补助，P 的预算约束线移至 Y_2
Y_2，在 c 点达到效用最大化。在这两种方式下，一个理性的穷人会选
择实物转移支付方式，因为 c 点所在的无差异曲线高于 b 点。

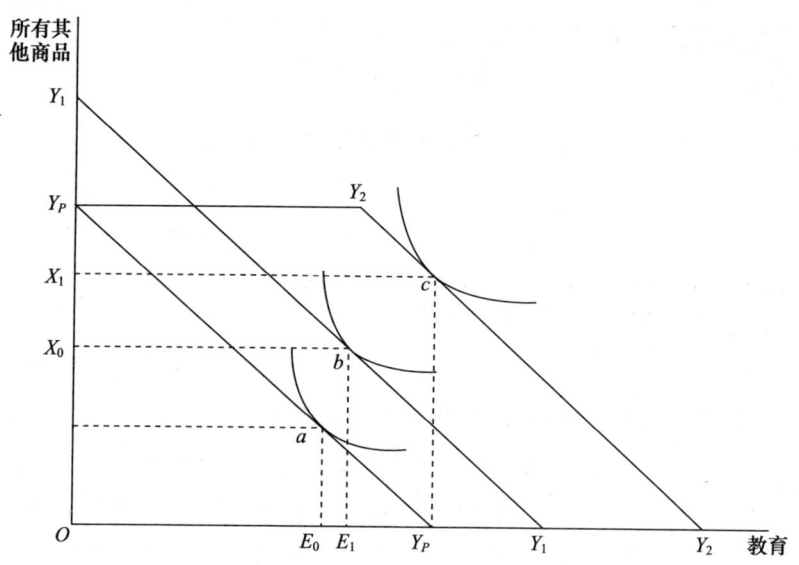

图 2 - 2　现金再分配与实物再分配

另外，从富人角度进行研究。很明显，采用实物转移支付形式时
成本相对较高。也就是说，沿着横轴测量，教育经费采用实物方式，
需支付 $Y_2 - Y_P$ 个单位，而采用现金支付方式，只需支付 $Y_1 - Y_P$ 个
单位。虽然富人因实物方式的转移支付而放弃了较多的收入，但其效
用损失较少。在消费外部性存在的情况下，收入的转移会减少富人的
效用，因为穷人可能用它来进行"不良"消费。而实物方式的转移支
付虽然成本较高，但他们是完全的"良好"消费，在富人看来，还是

有利的。在式（2.4）中，如果 f_2 为正数且值很大，f_3 为负数且值很大，那么富人也许更愿意选择实物形式的转移支付方式。

在这种情况下，即使不考虑公共生产或配置的效率因素，仅仅因为富人和穷人都愿意采用实物转移方式，它带来的社会福利也许会更高。

通过以上有关理论的描述，由于城乡居民基本养老保险的对象——城乡老年人口的消费中所含"不良"消费很少，一般认为通过现金支付的形式较为有效率，而采取实物给付的方式不仅存在效率损失，而且与社会保险的本质在一定意义上相违背，且无法充分满足参保者未来老年生活的需要。

第三节　政府参与城乡居民基本养老 保险制度的功能与意义

一　加快完善我国社会保障制度体系

我国社会保障制度的一个突出特点是"碎片化"严重，主要表现为针对不同的群体设立不同的保障制度，这使在社会保障体系中，部分制度尤其是针对农民的养老和生活等方面制度的缺失与不健全，造成整个体系不完善。党的十七大报告指出，要加快建立覆盖城乡居民的社会保障体系，缩小城乡差距，保障人民的基本生活。而农村与城镇居民社会养老保险制度的建立和统一是加快我国社会保障体系建设的重要体现，也是改善民生、加强社会建设的任务之一。然而，我国农民社会养老保险制度过去的发展历史表明，单靠地方和农民个人的力量，无法有效保障制度的顺利推进，亟须政府在国家层级上的介入，城镇居民养老保险制度也是如此。

国家新型农村社会养老保险制度的推出，从政策层面规定了政府在制度中所需承担的责任，极大地推动了制度的发展，使得长久以来探索无效的农民养老保险制度迈上了新的台阶，推动了农民养老制度的长远发展。同样，城镇居民社会养老保险制度也填补了我国城镇无保障人口的养老保障空白，两者为完善我国社会保障体系的建设做出了贡献。

二　扩大国内需求，促进经济发展

政府参与的城乡居民基本养老保险制度，是普惠所有农村和城镇无保障老年人的一项基本福利制度，其不仅为城乡老年人提供了基本的生活保障，提高了老年人的消费水平，同时，由于为广大的城乡劳动者建立了养老保险，消除了老年生活的后顾之忧，可以调动和刺激广大城乡居民当期消费的积极性，这对经济危机期间拉动内需具有极大的促进作用。与此同时，城乡居民基本养老保险制度的建立也有助于促进金融市场的发育和成熟。我国货币市场、资本市场不成熟，投资风险较大，在遵循安全原则为主的前提下，养老基金投资渠道单一，保值增值困难。建立城乡居民基本养老保险制度后，必将会带来大量的资金，此时，基金的投资运营、保值增值将面临更严厉的考验。在这种压力下，可能促进金融创新，逼迫政府减少金融市场的管制。金融工具的创新和市场自由化的趋势将会给基金的保值增值带来出路。

此外，由于过去农村和城镇没有退休收入的老年人主要依靠家庭其他成员提供生活来源，在经济形势较好时，出门打工的家人可以得到较稳定的收入；但是，在经济形势不好时，会因找不到工作而无法保障自己和家人的生活来源。城乡居民基本养老保险制度的建立使城乡老年人有了生活保障，不必顾虑经济形势的好坏和受其影响，同样使得为他们养老的年轻人也消除了后顾之忧，可以放心地去找工作或者自主创业。这在一定程度上也促进了区域经济的发展。

三　保证城乡公平，体现社会和谐

我国城镇基本养老保险发展较快，覆盖面较广，基本实现了制度层面的全覆盖。而农村社会养老保险自民政部 1992 年颁布《基本方案》以来，没有得到实质性的发展。依据 2009 年全国人口抽样调查数据，在没有建立国家新型农村社会养老保险制度之前，从劳动收入、离退休养老金、失业保险金、最低生活保障金、下岗生活费等 9 项保障内容的人数分布来看，我国 60 岁以上人口收入主要来源于劳动收入、离退休养老金、家庭其他成员供养方面。我国总体上老年人依靠家庭其他成员供养的比例较高，超出了依靠自身离退休养老金的程度。相对来说，城镇老年人的主要收入来源于离退休养老金，即使有较高比例的依靠家庭其他成员供养的城镇老年人口，也有相当比例的人数依靠养老金作为老年主要收入来源。

与全国城镇老年人主要收入来源相比较，农村老年人依靠社会养老保险养老的程度非常低，绝大部分老人仍然主要依赖家庭成员为其提供养老资金。而对于城镇没有退休收入的老年人来说，他们的老年生活也只能选择依靠家庭成员，这使城乡这部分老年人口的基本生活存在很强的依赖性，无法得到有效保障。随着我国经济的发展和城市化进程的加快，政府参与城乡居民养老，使城乡居民基本养老保险制度顺利推进，既缓解了城乡老年人口生活的不公平矛盾，一定程度上也缩小了贫富差距，是推动社会和谐的重要举措。

第四节　衡量城乡居民基本养老保险制度中政府财政责任的指标体系

本书所使用的衡量城乡居民基本养老保险制度中政府财政责任的指标均为相对指标，主要为比重或比例指标，而非绝对指标。在我国城乡经济和居民收入二元化、各地城乡居民收入不均衡以及我国与国外农民、农村现状差异较大的情况下，使用绝对指标无法有效分析城乡居民养老保险制度中的政府财政责任，因此，本书选用相对指标。而在所有相对性指标中，又可分为数量指标和质量指标两类。

一　数量指标

本书衡量城乡居民基本养老保险制度中政府财政责任的数量指标分为总体指标和阶段指标。其中，阶段指标主要是缴费阶段财政投入比重和养老金发放阶段财政补贴的比例。总体指标主要有三个，分别是补贴占财政收入比重、补贴占财政支出比重和养老金支出占政府总补贴比重。

（一）阶段指标

城乡居保的财政扶持体现在两个阶段，分别是参保者的缴费阶段中对保费的补贴和养老金领取阶段对基础养老金的发放。同时，两个阶段的财政补贴责任又分别由中央和地方政府各自承担，因此，考察两个阶段政府具体财政责任，需要分别使用两个阶段的不同指标。

1. 缴费阶段财政责任指标：缴费补贴占保费收入比重

在参保者缴费阶段，地方政府给予缴费补贴，在保险费总收入中，财政补贴占有一定比重。考察缴费阶段财政投入的这一比重，可以分析地方政府的财政责任大小，同时也可反映城乡居民自我保险的贡献。若缴费阶段政府财政投入占保费总收入比重较大，则可推测未来养老金的发放将主要依靠财政补贴，而参保者的缴费贡献较小；反之则相反。该指标的计算公式为：缴费补贴/保险费总收入×100%。

2. 养老金发放阶段财政责任指标：基础养老金占养老金支出比重

养老金发放阶段财政责任指标是从养老金支出的角度，分析基础养老金占总养老金支出比重，从而考察养老金发放阶段的政府财政责任大小。该指标的计算公式为：基础养老金发放额/养老金支出总额×100%。指标值越大，则说明在养老金发放阶段，来自保费收入的部分较少，领取者的养老金主要来自基础养老金，即主要来自中央财政的补贴；反之，则说明中央补贴养老金支出的财政责任较小。如该指标值为50%，则说明领取者的养老金总额中的一半来自基础养老金，即一半来自中央政府的财政补贴。

（二）总体指标

1. 城乡居保补贴占财政收入比重

城乡居保补贴占本级财政收入比重用于衡量各级政府对城乡居保补贴的财政承担能力，若该指标值较高，说明用于城乡居保的补贴占财政收入比重较高，从而政府对补贴的财政承担能力较弱。反之，若指标值较小，则说明政府对补贴的财政承担能力较强。如比重为2%，则说明本级财政收入将有2%用于对城乡居保的补贴，由于该比值较小，因此本级财政对补贴的承担能力较强。

上述指标的计算公式为：中央基础养老金补贴额/当年中央财政收入×100%，或地方城乡居保补贴额/当年地方财政收入×100%，指标计算方式的不同是为了分别研究在城乡居保的补贴责任上，中央政府和地方政府财政承担能力的不同。该指标在具体应用时，衡量中央财政能力的指标分子仅为中央承担的基础养老金补贴总额；东部地区各地方这一指标的分子中包括基础养老金一半的支出与缴费补贴总额；中西部地区指标的分子仅为缴费补贴总额。

2. 城乡居保补贴占财政支出比重

城乡居保补贴占本级财政支出比重用于衡量补贴对本级政府其他财政项目支出的挤出程度大小，若该指标值较高，说明用于城乡居保补贴的财政支出对其他项目支出的挤出程度较大，即城乡居保补贴的支出将在一定程度上影响其他项目的支出；反之，若指标值较小，则挤出程度较小，从而城乡居保补贴对其他项目支出的影响较弱。

与城乡居保补贴占财政收入比重指标类似，计算公式为：中央基础养老金补贴额/当年中央财政支出 ×100%，或地方城乡居保补贴额/当年地方财政支出 ×100%，指标计算方式的不同也是为了分别研究城乡居保补贴对中央和地方政府财政其他项目的挤出程度，该指标在具体应用时，分子计算方式与城乡居保补贴占财政收入比重的指标类似。

3. 城乡居保养老金总支出中财政补贴比重

该指标是从城乡居保养老金支出的角度，分析在领取者的养老金总额中来自政府财政补贴的比重有多大，从而衡量总体上城乡居保养老金对政府财政扶持的依赖程度。若该指标值越大，则说明依赖程度越大，即城乡居民养老保险制度的资金主要依靠政府财政维持。政府财政责任过大，必然影响责任的可持续性，进而影响到制度的长远发展。

该指标的计算公式为：养老金支出中的财政补贴额/城乡居保养老金支出总额 ×100%。其中，分子为城乡居保养老金支出总额中扣除来自个人账户缴费积累部分后的余额，即包括当年发放的基础养老金与缴费阶段缴费补贴在个人账户中积累后的平均领取额。该指标区别于阶段指标中的"养老金发放阶段财政责任指标"，后者仅是对养老金发放阶段财政责任的考察，而此处的总体指标则涵盖了缴费阶段和养老金发放阶段政府财政的总体补贴责任。从指标计算公式的分子也可以看出，虽然两项指标的分母均为"城乡居保养老金支出总额"，但"养老金发放阶段财政责任指标"的分子是基础养老金发放额度；而"城乡居保养老金总支出中财政补贴比重指标"的分子除包括基础养老金发放额度外，还包括来自缴费补贴的养老金发放额。

二　质量指标

质量指标侧重于从城乡居民老年生活的改善角度，研究政府财政投入的成效。本书所采用的质量指标主要包括两个：其一为养老金目标替代率；其二为参保者人均补贴占人均社会保障和就业支出比重。

1. 养老金目标替代率

替代率的种类有多种，使用最多的是目标替代率、平均替代率和交叉替代率，其中，目标替代率是指单个职工退休后的养老金与退休前一年工资收入的比率，表示职工个人退休前后收入水平的变动情况；平均替代率是指全体退休职工的人均养老金与全体在职职工的人均工资之比；交叉替代率是指退休者个人领取的养老金与在职职工平均工资的比率，反映了个人养老金与在职职工工资水平之间的对比关系。[①] 本书使用的替代率概念为目标替代率，即以城乡居民个人为研究对象，分析其养老金的替代率水平。替代率越大，则养老保险水平越高，若政府财政参与城乡居民养老保险工作，则除非个人缴费比例较高（保费收入主要来自农民缴费），否则高层次的保障水平通常伴随着较大的政府财政责任。

养老金目标替代率的理论计算公式为：参保者个人领取的养老金额度/其上年收入额×100%，但考虑到该指标的普适性及城乡居民个人收入统计的难度及复杂性，因此具体使用时该指标的计算公式为：参保者个人领取的养老金额度/全国或地方城乡居民上年人均年收入额×100%，若分母为全国城乡居民上年人均年收入，则替代率指标分析的是全国层面的城乡居民养老保险水平；反之，则为地方城乡居民养老保险水平。

本书在对养老金目标替代率指标具体分析时，还会使用到基础养老金目标替代率的指标，用于衡量基础养老金对60岁及以上城乡居民的保障水平。此外，本书在以下研究过程中还将提出养老金目标替代率指标的合理区间。

---

① 徐颖、李晓林：《中国社会养老保险替代率水平研究述评》，《求索》2009年第9期。

2. 参保者人均补贴占人均社会保障和就业支出的比重

城乡居保参保者的人均补贴占全国人均社会保障和就业支出的比重，可以衡量在总体社会保障和就业支出中，城乡居保参保者的人均补贴水平如何，若比重较高，则说明相对于全国平均水平来说，城乡居保补贴额度较高，国家对城乡居民养老保险工作较为重视，相应地，政府承担了相对于其他社会保障项目较高的财政责任。该指标的计算公式为：（基础养老金补贴＋缴费补贴）／（社会保障支出总额／全国总人口）×100%。

此外，该指标还可派生出两个子指标，分别用于衡量中央财政和地方财政对城乡居保补贴的侧重程度，即：（1）基础养老金补贴／（中央财政用于社会保障支出的总额／全国总人口）×100%；（2）缴费补贴／（地方社会保障支出总额／地方总人口）×100%。

第三章 城乡居民基本养老保险制度中政府财政责任的国际比较

我国城乡居民基本养老保险制度中政府财政责任的国际比较主要与 OECD 国家进行比较。部分成员国家的农民在养老金计划中获得了特殊的待遇，如奥地利、芬兰、法国、德国、希腊、波兰和西班牙等国为农民设立了与其他群体不同的独立的养老保险制度，且多数国家的政府均参与到制度的开展中，表现为在农民参保的不同阶段给予财政补贴，从而提高农民养老保障水平。然而，对于城镇居民养老保险的比较，因 OECD 国家在设置养老保险制度时未单独区分城镇无养老保障的居民，通常的做法是将这部分居民的养老保险纳入全民养老保险制度中，个别国家将城镇无养老保障居民的个别群体纳入单独设立的养老保险制度，如德国，其李斯特养老金计划的目标群体就包括领取失业保险金或降低收入能力的人，以及在家中照料他人者，且在该养老金计划中，政府提供补贴，但因其保障对象并非全部的城镇无养老保障居民，故比较起来无代表意义。因此，本章将主要针对农民养老保险制度，分析国外该制度的模式、政府财政参与的方式及财政责任情况，作为下文分析居民养老保险制度中政府财政责任可持续性的经验依据。

第一节 主要国家农村社会养老保险制度模式及政府的参与

欧盟成员国的农业人口普遍较少，且实行土地私有制，在农产品的销售上政府实施统购的政策，使农民的基本生活得到了较好的保障。此外，欧盟成员国中绝大部分都设立了覆盖农业人口的农村社会养老保险制度。其中，法国和德国建立了专门针对农民的制度和法律，其他国家则通过"扩面"的方式使农民被涵盖到国民养老制度中，仅在具体做法上有所不同。[①] 一般来说，国外针对农民设立特殊社会保障制度的国家，通常将农民的各项福利计划，包括养老保险、医疗保险、伤残保险等都包含在农民社会保障制度中，政府对农民各项福利计划的投入也可反映出政府参与农民养老保险制度中的财政责任。由于数据获取途径的限制，本书在对国外农村社会养老保险制度中政府财政责任进行比较研究时，将会或多或少地涉及农民社会保障制度的其他保险项目。

表 3-1 是 OECD 部分设立农民社会保险制度的国家对农民参保的有关规定。据 2008 年 OECD 贸易和农业总局对成员国有关农业经济、政策及社会保障等问题的调研报告显示，在收到问卷反馈的国家中，有 8 个国家针对农民单独设立了社会保险制度，具体见表 3-2。在其中对农民设立优惠的社会保险制度的国家中，大多数规定农民多样化活动的所得不影响其农场或农业收入，即在社会保障制度安排中农业的定义较为广泛，三个国家（芬兰、德国和日本）特别指出，对农民多样化活动的所得不设限制。与之相反，法国、意大利、韩国和西班牙则规定，农民应在其非农业收入达到总收入的某个比例（通常为 50%）时，停止从社会保障制度中获益。[②]以下为国外主要国家农民养老保险制度的情况介绍。

一 德国的农民社会养老保险制度

德国是现代社会保障制度的起源地，到目前为止，各项制度发展较为成熟，针对农民设立的各项社会保障制度也较为完善。据 2009—2010 年《世界经济年鉴》的资料，2008 年，德国人口为 8210.8 万，国土面积为 35.71 万平方公里，GDP 为 24920 亿欧元，人均 GDP 为

---

① 米红：《农村社会养老保障理论、方法与制度设计》，浙江大学出版社 2007 年版，第 32 页。

② OECD, "The Role of Agriculture and Farm Household Diversification in the Rural Economy: EVIDENCE AND INITIAL POLICY IMPLICATIONS", 2009, https: //www. mendeley. com/ research.

30340 美元。德国经济总量位居欧洲首位，世界第四位，是高度发达的工业国，同时农业经济也较发达。德国有一半的土地用于农业生产，农业机械化程度很高，2008 年农林渔业产值为 195.6 亿欧元，占 GDP 的 0.8%。农业就业人口 85.5 万，占国内总就业人数的 2.12%。

表 3－1　　OECD 其中 9 个国家对农民参与养老保险制度的规定

国家	农民社会保障制度设立情况
奥地利	存在按职业和就业不同而设立的社会保险经办机构，每增加一项额外的非农业活动，农民需参与一项独立的社会保险制度，并强制额外缴费，但设置了保险收入的上限
芬兰	农民有特定的保险机构（"农民保险机构"），没有对农民多样化活动所得的保险上限
法国	对拥有最低面积以上（一半的面积用来建立农场）或每年至少在农场中工作 1200 小时的人设立专门的保险制度，某些多样化的活动，包括加工、包装、农产品的市场销售和农业旅游等均被视为农业活动
德国	农民被涵盖在不同于其他群体的社会保障制度中，所有的农场活动被定义为"农业活动"，对多样化活动的收入所得没有上限规定
爱尔兰	对低收入的农民家庭设立专门的农场协助计划，该计划需进行所得审查，包括来自多样化活动中的收入
意大利	农民通过为其自己和雇员缴纳较一般社会保障体系中的其他职工低的保费而获益，若他们从多样化的活动中获得的收入超过了农业收入，则将失去上述优惠资格
日本	农民向国家基本养老金和农民养老保险基金共同缴费，对农民多样化活动的收入没有限制
韩国	农民通过向国民年金支付较低费率的保费受益，若他们来自多样化活动的收入超过了农场活动的收入，则将失去上述优惠资格
西班牙	特殊的农民社会保障制度适用于小个体户农民和农业从业人员，但要求为农民必须将总工作时间的 50% 用于农业活动，并从农业中获得总收入的 50% 以上；其他职工适用于一般社会保障制度，两项制度于 2005 年融为一体，因此导致农民社会保障制度的消失

资料来源：OECD，"The Role of Agriculture and Farm Household Diversification in the Rural Economy：EVIDENCE AND INITIAL POLICY IMPLICATIONS"，2009。

表 3 - 2　　部分国家针对不同人群设立的特殊法定养老金计划情况

国家	公共部门雇员	个体经营者	农民	农业工人
奥地利	Y		Y	
比利时	Y	Y		
加拿大				
芬兰	Y	Y	Y	
法国	Y	Y	Y	Y
德国	Y		Y	
希腊	Y			Y
意大利	Y		Y	
日本	Y			
韩国	Y			
卢森堡	Y			
墨西哥	Y			
挪威	Y			
波兰			Y	
葡萄牙				
西班牙	Y	Y	Y	Y
土耳其	Y	Y	Y	Y

注：Y 代表有独立的社会保险计划。

资料来源：美国卫生与公众服务部：《世界各地的社会保障计划》，1995 年，华盛顿特区。

德国于 1951 年颁布了农民养老保险法案，象征着开始建立独立的农村社会保险制度。德国农村社会保险制度的特点是具有明显的职业特征，并适用于自我雇用的农民，随着时间的推移，该制度逐步得到了健全和完善。除农民养老保险制度外，针对农民的其他社会保障制度中，德国在 1972 年建立了农民医疗保险，1986 年的《联邦养育子女法》将农民的生育保险涵盖在内；《社会护理保险法》在 1995 年颁布实施后就将农民纳入了保障范围内；1997 年修订后的《事故保险法》中针对农业事故保险均做出相关规定。目前德国针对农民的社会保险项目主要包括养老保险、医疗保险、护理保险、事故保险和生育保险五类，仅无失业保险项目，以上项目可使农民和他们的家庭发生变化时，如老年、家人生病、需要护理、丧失劳动能力和死亡时，得到较为全面的保障。

在农民养老保障方面，据德国 1951 年的农民老年保障法案，独立经营的农业企业主和与他们共同从事农业生产的家庭成员适用特殊的养老保险制度，当农民老年后将庄园移交给继承人时，他们除可拥有保留下来的供自己使用的住房等财产外，还可获得政府发放的部分补充性现金。1995 年 1 月 1 日《农民社会改革法》生效，该法案将农民的老年保障从社会救济领域转入到社会保险领域中。目前，德国的农民养老保险制度包含在农民福利计划中，后者除养老保险制度外，还包括农民残疾人抚恤金制度和遗属抚恤金制度。2005 年，农民福利计划的参保人数为职工参保人数的 1%，该计划总的保费收入为 32 亿欧元。以下是德国农民养老保险制度的主要内容及特点。

（一）参保对象

（1）农业雇主：包括所有的农业和林业雇主，如蔬菜、水果、园林和葡萄酒以及渔业的雇主。

（2）农民的配偶：有农场同等经营权的丈夫或妻子。在缴纳保险费方面，农业雇主和他们的配偶缴纳的数额相同。

（3）与农民共同劳动的家庭成员或他们的配偶：这类保险对象要求必须在农场中从事共同劳动。此处所是指共同劳动的家庭成员有：三代以内的血亲、两代以内的姻亲及与雇主或他们的配偶长期保持类似家庭关系和被雇主或他们的配偶视为家庭成员的保姆。

（二）待遇

农民养老保险的待遇包括年满 65 岁后所领取到的老年抚恤金、丧失劳动能力时领取的津贴，以及在劳动能力受到严重威胁时的康复待遇和在此期间获得的家庭援助。此外，还有当受保险人死亡时所获得的遗属抚恤金和帮助其渡过难关的津贴。

（三）获得待遇的条件

参保者获得待遇的最基本的参保时间要求不少于 15 年。德国参加农民老年保障的人缴纳相同额度的保险费，从而未来达到年龄要求时所领取的年金或抚恤金额度也相同。在德国所有的社会保险制度中，仅农民养老保险可在一定条件下由政府向受保险人提供保险费补贴（这体现了农民养老保险制度中政府的财政责任），该规定主要是由于所有参保者缴纳统一标准保险费的规定，对收入较低的农民来说，存在经济上的困难，政府补贴的规定自 1956 年开始施行。政府向参保者的保费缴纳提供补贴时，主要依据其收入状况决定补贴的额度，通常农民的收入状况来自参保者缴纳所得税时的收入证明。据统计，在所有参加农民养老保险的人中约有 2/3 的人可获得保费补贴。此外，因退休而领取的养老金还需满足一定的年龄条件，目前，对于 1964 年之后出生的农民雇员及其家庭成员领取养老金的法定退休年龄为 67 岁。

（四）资金筹集

德国农民养老保险的待遇发放所需资金主要由农民缴纳的保险费和联邦政府的财政补贴共同筹集。其中，在保险费缴纳的规定上，农民按照统一的保险费标准进行缴纳，即不管农场的规模如何，所有参保缴费者缴纳的保费额度是相等的。对于共同劳动的家庭成员，他们缴纳的保险费是统一保费标准的一半，这部分费用由农业雇主承担缴纳。由于农民缴纳的保费总额有限，加上保费缴纳人数与待遇领取人数之间比例不均衡，联邦政府对农民老年保障基金实施财政补贴，且这部分补贴在总基金中的份额较高。2002 年，全国发放的农民养老金总额约 15 亿欧元，其中来自农民缴纳的保费部分约为 5 亿欧元，联邦政府的财政补贴额约为 10 亿欧元，后者占总养老金支出的 2/3。

（五）管理机构

联邦和各州的农村社会保险经办机构负责对德国的农民养老保险业务进行管理，这些机构属于自治的法人组织，目前德国有 3 个联邦直属和 16 个州直属的农村社会保险经办机构。农场企业及农民的社会保险工作由所在地的农村社会保险经办机构负责管理，若被保险人迁往外地或居住在国外，则通常由最后征收保险费的农村社会保险经办机构管辖。

（六）农民养老保险制度的主要特点

德国农村社会保险制度区别于其国内的一般社会保险制度，前者虽然比职工社会保障制度的成立时间晚，但该制度建立之初的经济、社会和政策环境良好，在经过不断地增补和改善后，目前已发展成为相当全面和健全的社会保险制度，其主要特点有以下几个方面：

（1）覆盖面宽。农业人口几乎全部被纳入到农村社会保险制度的保障范围内。

（2）政府财政扶持。在德国社会保险制度体系所有项目中，仅有农民养老保险制度存在政府财政补贴上的支持。

（3）保障标准高。由于保障待遇的绝大部分来自政府的财政补贴，所以实际上农民获得与城市企业职工相同待遇时，缴纳的保险费却比后者少。

（4）管理机制良好。德国的农村社会保险经办机构的管理职能不仅体现在保险费标准、待遇条件和待遇标准的确定，及发放养老金或其他补贴等方面，而且还体现在依据《社会保险法》相关规定，向受保险人提供权利和义务上的说明、指导和咨询。①

二　法国的农民社会养老保险制度

2008 年年底，法国人口 6245 万人，国土面积 54.39 万平方公里，GDP 为 19501 亿欧元，人均 GDP 为 30413 欧元。法国是欧洲工业大国，经济实力仅次于美国、日本、德国和中国，列世界第五强。法国农业较为发达，2008 年法国农业总产值 669 亿欧元，比上年增长 3.8%。但法国从事农业的人口呈逐年减少趋势，从 1988 年至今已减少一半多，2007 年，统计人数为 102 万人，其中 3/4 的人从事专业农场工作，全家从事农业的人口为 87.6 万，农业雇工为 14.4 万。

1910 年，法国以工人和农民为保障对象，颁布了第一部强制性的养老保险法律，尝试建立统一的养老制度，但这一计划因第一次世界大战的爆发而未能正式实施。第二次世界大战以前，农民养老主要依靠家庭养老方式；第二次世界大战之后，农村开始出现了由农民自发组织的互助会，采用互助的形式养老。1952 年，法国建立了农民养老保险制度，之后 1961 年保险范畴中增加了疾病、残疾和生育，2001 年增加了强制性的人身意外险，2003 年养老保险制度中又设立了补充

---

① 米红：《农村社会养老保障理论、方法与制度设计》，浙江大学出版社 2007 年版，第 34 页。

养老保险。目前，法国养老保险制度体现为高度的职业碎片化特点，占劳动年龄总人口 65% 的私营部门雇员参加基本养老保险制度，而占 3% 的农民、20% 的公共部门人员和 12% 的个体经营者分别参加独立的养老保险计划。[①]

（一）农民养老保险对象

据法国统计局的数据，截至 2010 年 7 月 1 日，法国农业系统涵盖了约 560 万人。这些人大致可分为两类：一类是农场主及其家庭成员，即非雇佣的农业工人；另一类是受雇佣的农业工人。农民的社会保险制度正是针对这些人设立的。

（二）农民养老保险待遇

农民领取养老金水平的高低取决于以下因素：

（1）平均年薪（SAM），该因素可相应地决定历年的缴费水平，是决定养老金高低的关键因素。

（2）参保者缴费期间的相关费率。其中，对于 1947 年后出生的被保险人，其平均年薪由参保人最高的 25 年年薪确定（在规定上限之内）。基础养老金的领取比例为平均年薪的 50%，且该比例随参保者参保季度数的减少而降低。为给予退休者、其配偶或照顾者更好的保障，法国 2009 年的社会保障筹资法案修正和简化了自 1994 年以来所实施的体系调整举措。2011 年 4 月 1 日，对职业生涯全部从事农业生产的被保险人来说，农场管理者与丧偶者的最低养老金为每月 658.63 欧元，农场工人的配偶及其护理人员的最低养老金每年 4 月 1 日进行调整。农业生产的职业生涯不完整的被保险人，最低养老金按其参与农业系统养老保险计划的时间比例发放，最低养老金的上限为每年 9889.81 欧元，即每月 824.15 欧元。

（三）提供养老金的条件

（1）基础养老金：1951 年之后出生的农民，其法定退休年龄为 60 岁；领取基础养老金没有最低参保限制，自 1974 年 7 月 1 日起，

---

① William Tompson, Robert Price, "The Political Economy of Reform: Lessons from Pensions, Product Markets and Labour Markets in Ten OECD Countries", *Sourceoecd General Economics & Future Studies*, No. 7, August 2009, p. 501.

只要参保一个季度即可有资格领取基础养老金。

（2）补充养老金：农业雇员的补充养老金计划是法国农民养老金计划中的强制性部分。1951 年 7 月 1 日之前出生的人，达到 65 岁即可领取全额养老金，不足 65 岁的要相应减少，可领取全额养老金的年龄随参保者的出生时间的推迟而逐渐延长，如 1956 年 1 月 1 日后出生的人，可领取全额养老金的年龄为 67 岁。但某些情况下，如有残疾孩子的父母，或有至少 3 个孩子的父母、照顾者、残疾人等，领取全额养老金的年龄可降低至 65 岁。

此外，享受最低养老金的参保者，若养老金在 2002 年 1 月 1 日前生效，必须提供非受雇人员在农业系统中至少 17.5 年参与最低保险的证明；而养老金在 2002 年 1 月 1 日之后生效的，必须提供参加所有保险计划 150—164 个季度和在农业系统中参加最低保险至少 17.5 年的证明。

此外，由于法国养老保险整体模式融合了德国为代表的"俾斯麦模式"和以英国为代表的"贝弗里奇模式"，既继承了前者的原则——责任与权利对等，社会保险费由雇主和雇员共同承担，根据缴费的多少决定领取保险金的水平；同时又体现了"贝弗里奇模式"的思想，继承了互济的传统，在社会保障资金筹集上，部分来源于政府财政的支持，在农民养老保险资金的筹集上也不例外。

三　波兰的农民社会养老保险制度

1990 年，为了有效地处理农民社会保险方面的事务，波兰政府专门为农民设立了单独的社会保障制度，由农民社会保险基金组织（KRUS）负责管理，具体职责包括对养老保险、医疗保险、残疾人保险和其他福利计划的管理。最近几年有关波兰农民社会保障制度改革的争论，主要源于相对落后的波兰农业部门在很大程度上依赖于社会保险机构的收入转移，后者是一般社会保险制度和农民社会保险制度的管理部门。2000 年，福利金和其他公共转移支付占农户收入的23% 左右，对于大多数农场来说，KRUS 福利金在收入中所占比例较农场收入高。农民社会保障制度的任何财政削减都会对农场家庭的收入造成直接和明显的影响，因此，虽然农民社会保障制度对政府财政造成很大压力，但改革预期将面临很大阻力。

（一）KRUS 保障对象

满足以下条件的农民即可参加 KRUS 制度：拥有至少一公顷耕地或从事农业生产但不需要上述面积的土地；符合条件农民的配偶、抚养者或家庭中的成年成员，但该成员应从农场活动或与农场农业活动相关的其他工作中获取收入。

（二）缴费和养老金

农民每个季度的缴费额度相当于一般社会保障制度下最低工资收入者缴费的 1/3。领取养老金的条件为男性年满 65 岁并缴足 100 个季度（25 年）保险费或年满 60 岁缴足 120 个季度（30 年），女性需年满 60 岁并缴足 100 个季度（25 年）的保险费。在农民达到上述退休年龄时，他们必须放弃自己的耕地，但可以转移给另一位家庭成员继续耕种。KRUS 养老金平均约为一般养老保险制度下最低养老金水平的 124%，农民个人之间的养老金水平差异不大，且仅当缴费额度不相同时会存在差异。

（三）组织机构和资金来源

KRUS 作为农民社会保障的管理机构，不属于特殊用途的基金组织、预算机构或国有企业，而是国家行政机构的一部分，KRUS 的负责人由总理任命，向农业部汇报工作。KRUS 管理若干个不同的基金，其中两个最重要的为养老金基金和缴费基金，前者主要依靠财政补贴，补贴额超过基金支出的 95%；后者大多由农民的缴费形成，主要用于短期的福利项目，如意外事故、疾病和产假福利等。工会和农业组织代表农民理事会监督 KRUS 基金的运作。

（四）政府用于农民社会保险的支出[①]

20 世纪 90 年代，波兰政府支出占 GDP 的比重从 90 年代中期的 46% 平稳地下降到 21 世纪初的 42%—43%，该比例相对于波兰人均收入来说较高。高额的公共开支在很大程度上反映了一个全面但无效率的社会转移支付体系，社会支出约占政府一般开支的 45% 左右。政府财政和经济部门认为，可持续的财政支出要求其做出有助于降低社会支出负担的结构调整，这意味着需要解决 KRUS 体系的预算费用。

---

① 波兰农民社会保障支出，即 KRUS 支出，包括农民养老金和伤残抚恤金的支出。

21世纪初，政府对KRUS的转移支付占该系统总支出的90%，2002年该项支出占国家预算的8%，占GDP的2%，2003年国家对农产品支持性的转移支付仅占KRUS转移支付的15%。

（五）2003年农民社会保障支出的"豪斯纳计划"

2003年9月，为了减少农民社会保障支出对政府财政造成的压力，豪斯纳部长提出改革计划，通过调整开支结构实现这一目标。其中与农民养老保险制度有关的具体措施包括：（1）收紧农民参加KRUS的资格确认，要求最富裕的一部分农民参加一般社会保障制度，并明确"农民"的定义，将在城市部门或"准农业"活动中受雇的土地所有者排除在KRUS系统之外；（2）对于仍参加KRUS制度的较富裕的农民，提高他们与收入有关的缴费水平；（3）将养老金领取水平与缴费历史挂钩，以鼓励农民延长缴费时间；（4）针对非养老金福利实行严格的指数化调整机制，只有当通货膨胀率累积超过5%时才可调整，而不是随物价指数自动调整。

除以上国家外，其他没有建立专门农民养老保险制度的国家在农民养老方面也采取了较为特殊的做法。如亚洲的日本，日本实施的是国民年金型农村社会养老保险制度，虽然农民与其他群体如个体营业者、农业工人等一起被统一的国民年金计划所覆盖，但针对农民的养老保险，在强调其个人责任的同时，国家也承担了部分责任与义务，目前日本政府补贴占农民养老保险费的1/3。

第二节　农民缴费阶段的政府投入比较

通过对国外农民社会养老保险制度中财政扶持方式的研究，发现政府通常会在农民的缴费阶段和养老金发放阶段给予财政补贴。本节将首先比较各国在缴费阶段的政府财政投入水平，与之相对应的是农民在这一阶段的个人贡献。农民养老保险制度中的个人贡献主要体现为农民对保险费的缴纳，通常情况下，若个人保险费占其收入的比例，即缴费比例较低，在没有政府财政补贴或其他方式的扶持时，参保者所领取的养老金水平也较低，从而农民养老保险的保障水平不高。通过对国外发达国家农村社会养老保险制度中个人贡献的比较，发现农民缴费比例通常较本国的雇员和公务员等群体低，但各国比例有所差异。同时，政府在缴费阶段的财政投入也各不相同，然而，两者通常成反比关系，即若个人缴费比例高，则政府投入的比例就相对低。本节主要选取奥地利、芬兰、法国、德国、西班牙五个国家进行比较，农民缴费比例为 8.44%—18.75%，相应地，政府投入占总缴费的比例也高低不同。

一　法国农民缴费比例最低

2005 年，法国自主经营的农民若个人收入低于社会保险计划的收入上限，则其养老保险缴费比例为个人收入的 8.44%，为资助农民养老保险计划的正常运作，将征收农民个人收入的 2.53%[①]作为额外的缴费部分。

二　芬兰农民缴费比例略高

（一）芬兰的养老保险体系

该体系包括全民养老金制度和收入相关型养老金制度。芬兰农民同时被该两种制度所覆盖，在全民养老金制度中，农民与雇员被视为无异的群体而享受该制度的保障。在与收入相关的养老金制度中，芬兰个体经营者与农民的养老保险由其个人缴费，缴费额度取决于经证实的或上报的个人收入。2005 年农民养老保险的平均缴费比例为11%，2006 年为 10.7%，2007 年为 10.7%，2008 年为 10.6%；而同期职工养老保险的平均缴费比例均为 22%。一般来说，农民缴费水平随个人收入的增加而提高，但相对来说，农民缴费水平的这一变化没有职工养老保险灵活。2005 年，低于 53 周岁的农民中，个人收入少于 19822.14 欧元的缴费比例为 10.49%，收入在 19822.14—31149.13 欧元的缴费比例随收入增加而逐步提高，当农民收入高于31149.13 欧元时，其缴费比例达到个人收入的 21.4%。相应地，53周岁及以上的农民的养老保险缴费比例在上述两种情况下分别为11.07% 和 22.6%。

---

① Jarna Bach - Othman，"Pension Contribution Level in France"，Finnish Centre for Pensions，Reviews 2009：12，http：//urn. fi/URN：NBN：fi - fe2015112620106.

（二）政府在缴费阶段的财政扶持

自农民养老保险制度建立以来，国家的缴费补贴一直是农民养老保险缴费资金的主要来源，2005 年的这一补贴额度为 4 亿欧元，是农民养老保险支出的 77%。[①] 据 2005 年芬兰福利研究中心的养老金支出、缴费和资金报告，若按 2004 年的基期价格计算，2020 年，芬兰农民按照《农民养老金法案》缴纳的个人实际缴费预计为 1260 万欧元，政府补贴 4890 万欧元，当年养老金支出为 6000 万欧元；2030 年个人实际缴费预计为 1360 万欧元，政府补贴 4420 万欧元，当年养老金支出为 5630 万欧元。[②]

三　西班牙和奥地利农民的养老保险缴费比例较高

西班牙农民养老保险缴费为农民纳税收入的 18.75%；奥地利农民的全部缴费额度占其个人收入的 22.8%，其中，15% 由农民个人承担，7.8% 为政府补贴作为共同缴费额。即在保费收入中政府补贴所占比例为 34.21%。

四　德国所有的福利计划中，农民福利计划是接受政府支持最多的一项

2005 年，农民养老保险保费总收入的 78% 来自国家补贴，其余来自农民个人的缴费。2005 年德国农民养老保险的缴费为每月 199 欧元，2008 年缴费增加到每月 212 欧元。相对来说，德国的缴费较少。国家按照农民个人的收入层次对其缴费给予部分补贴，当收入增加时，国家补贴将减少，补贴的比例范围是缴费额度的 3.8%—60%[③]，若个人年收入超过限额（2008 年为 15500 欧元），则国家将不给予补贴。

此外，在未专门设立农民养老保险制度的国家，政府也在缴费阶段对农民的养老保险缴费给予了财政补贴。如韩国，农民（包括渔

---

① Marja Kiviniemi, "Pension Contribution Level in Finland", Finnish Centre for Pensions, Reviews 2009：2, http：//urn. fi/URN：NBN：fi - fe2015112620128.

② Peter Biström, Tapio Klaavo, Ismo Risku and Hannu Sihvonen, "Pension Expenditure, Contributions and Funds until the Year 2075", Finnish Centre for Pensions, Reports 2005：3, http：//urn. fi/URN：ISBN：951 - 691 - 037 - 8.

③ Jarna Bach - Othman, "Pension Contribution Level in Germany", Finnish Centre for Pensions, Reviews 2009：11, http：//urn. fi/URN：NBN：fi - fe2015112620141.

民）可获得缴费上的政府补贴，补贴额度取决于个人的收入水平。

第三节　养老金支出中政府财政补助的比较

通常情况下，国外政府除对农民缴费阶段给予财政扶持外，为保障农民老年生活水平，在养老金的领取阶段也通过财政补贴的方式增加养老金额度。本节主要比较奥地利、法国、芬兰、德国、波兰、西班牙政府在农民养老金支出总额中财政投入的比例。一般来说，上述国家的该比例基本在70%及以上。

（1）波兰政府财政支持比例较高。波兰在20世纪70年代建立的特殊的农民养老保险制度显示了与其他国家相比较为极端的情况，农民支付比雇员低得多的缴费，但却获得与雇员类似的养老金福利。农民的缴费不足最低工资收入者在一般制度下缴费的1/3，从而政府的补贴占到了农民养老金总支出的95%以上，2002年特殊农民养老保险制度的支出占GDP的2.1%。2007年农民养老基金收入达到159亿欧元，财政补贴比例为92.1%，个人缴费占7.4%，其他收入占0.5%。

（2）芬兰农民养老金支出的76%及以上来自政府财政。目前，芬兰个体经营者与农民的养老支出资金得到了政府的财政支持，2008年，个体经营者养老金总支出的7%为政府资助，而农民养老金总支出的80%来自政府补贴。政府对农民养老保险制度的大力支持，主要是由于农民参保者中不利的年龄结构（人口老龄化严重）和较低的缴费水平，其中，农民养老保险的平均缴费率仅相当于职工养老保险缴费水平的一半，目前为个人收入的11%。

（3）德国政府投入占农民养老金支出的3/4。农民养老保险的缴费和养老金额度均低于雇员水平的一半，在养老金总支出中，75%来自政府的税收收入，其余25%来自缴费。

（4）奥地利政府向农民养老保障提供相当额度的财政支持，接近农民养老金总支出的3/4。

（5）法国农民在其特殊的社会保障制度中的缴费仅占其社会保障

总支出的 18%，其余由政府财政资金补足。2005 年，法国农民的养老金和配偶养老金总支出中 67% 来自国家补贴。虽然法国农民仅占总人口的 3.8%，但预计到 2040 年，农民养老保险基金的赤字将达到 GDP 的 2%，与私营部门的雇员养老计划基金情况相当。

（6）西班牙较为例外，农民养老金的支出全部来自个人缴费。

第四节　农村社会养老保险制度中政府财政责任的国际经验及启示

基于本章前三节对国外农村社会养老保险制度中政府财政责任的国际比较，本书以下内容包括农民养老保险水平、政府财政支持方式、政府财政负担水平和财政责任的划分四个方面，分析得出我国城乡居保制度中政府财政参与的合理目标。

一　农民养老保险水平的确定

从国外农民社会养老保险水平来看，多数参照职工或雇员的保障水平及农民收入加以确定，但由于个人缴费比例普遍较职工或雇员低，即使政府财政在缴费阶段给予扶持，最终养老金的领取额度仍不及职工或雇员高。与国外普遍采用比例缴费模式相比，我国采用的多档次缴费标准模式主要基于农村居民收入的特殊性及不确定性，因此，我国农民养老保险水平的确立也不适合完全借鉴国外的农民保险水平，而只能采取循序渐进的办法逐步提高，现阶段应主要参考我国其他制度的保障水平。

我国各地经济和农民收入水平相差较大，提出全国标准统一且固定的养老金额度不现实，但可通过新农保养老金与当地农民收入水平的对比关系来确定不同地方养老金标准。因此，本书对新农保保障水平的确定，主要通过替代率这一指标进行分析，从而为本书以下研究居民收入随时间推移而逐步增加时，城乡居保中各项参数及补贴应如何提高提供理论依据。

目前，最低生活保障制度为保障低收入人群的生活发挥了重要作用，低保线的实质是为城镇及农村居民提供最基本的生存保障，而新型农村社会养老保险制度的推出也正是为了保障农村老年居民的基本生活，由此可见，新农保与低保具有一定的可比性。此外，部分地方已将60岁及以上农村低保对象纳入新农保保障范围，因此，对农村低保水平的研究可用于衡量及合理确定农村社会养老保险水平，城镇居民也如此。

城市和农村最低生活保障线都是在按照划定属于低收入家庭范围内，根据抽样调查资料，求出该范围内平均每人全年平均每月各种商品与非商品的实际支出和发生的全部生活费支出额，再减去享受型的日用和文娱费用、旅游费用等计算出来的。从各城市的执行情况来看，最低生活水平线一般为职工平均工资的1/5左右。因此可以认为，养老金与退休前的工资之比为20%[①]，即城镇职工基本养老保险替代率的下限为20%。由于我国各地方经济和农民收入水平差异较大，本书将对农村低保与地方农民人均收入的对比情况，按地区划分进行具体分析，以确定各地方新农保的替代率水平。

从全国各地方的比较来看，农村低保标准相差很大，2010年12月天津市保障标准最高，为每月302.80元，而最低的西藏为64.24元，前者是后者的约5倍。农村低保标准与地方农民人均年纯收入的对比关系如图3-1所示。从图中可以看出，各地方农村低保标准与当地农民人均年纯收入的比例相差较大，比例最低的是湖南17.58%，最高的是海南38.56%，相差20.98个百分点。而低保标准最高的天津为36.07%，标准最低的西藏为18.63%。可见，低保标准的高低并不能完全反映地方对贫困人群的保障水平，标准较低的地方相对于本地农民收入水平来说可能保障水平较高。此外，从图中可以看出多数地方的这一比例集中在20%—30%。

综合以上分析，若将低保作为新农保保障水平的参照，则新农保养老金替代率可参考低保标准与地方农民人均年纯收入的比例关系，此外，我国职工基本养老金额度的计算也是上年社会平均月工资的20%，因此可将养老金替代率的下限设为20%。基于上述假设，则

---

① 邱东、李东阳、张向达：《养老金替代率水平及其影响的研究》，《财经研究》1999年第1期。

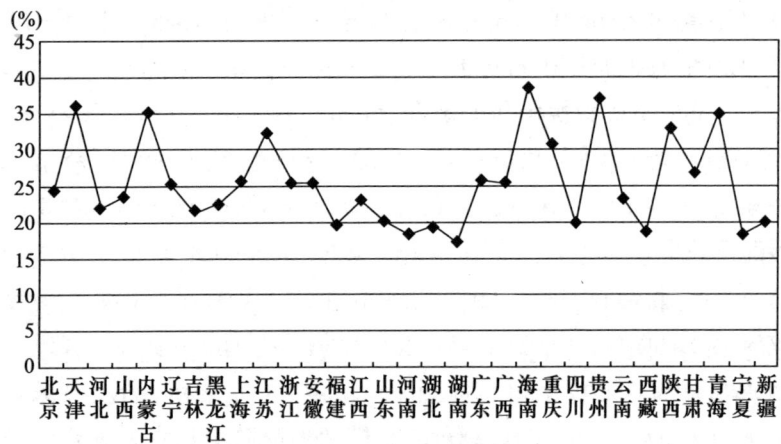

图 3 - 1　2010 年 12 月各地区农村低保标准与当地农民人均年纯收入的对比关系

2009 年 55 元基础养老金的替代率水平明显较低，未来随着标准的提高，以及个人缴费账户的积累，该替代率水平有望提高。

二　政府财政支持方式的选择

从国外政府对农民养老保险的财政支持方式来看，主要从缴费和养老金支出两个阶段给予补贴。若农民缴费比例较低，则未来领取养老金时财政补贴必然较多。而如果在农民个人缴费时政府按一定比例给予补贴，则可在养老金领取时减少补贴额度。按照指导意见的规定，目前，我国城乡居保制度中同时采取上述两种财政支持方式，但有所区别的是，缴费阶段的缴费补贴额度较少，若按照名义账户的办法，则这部分缴费补贴无须立即兑现，在参保者未来领取养老金时才转化为每月的部分养老金，因此，缴费补贴可视为政府暂时的隐性财政责任。而在养老金支出阶段补贴较多的基础养老金则需按照当月符合条件领取者人数立即兑现。

从理论上说，缴费和养老金支出两个阶段补贴的不同组合可达到相同的保障水平，但由于我国目前规定两个阶段的财政支持分别由中央和地方政府承担，因此会造成两级政府财政责任的差异。从国外的经验来看，农民缴费比例通常较低，且在领取养老金时来自财政补贴的比例较大。也就是说，国外政府对两个阶段均有财政扶持，但最终均转化为养老金来源中的政府补贴。这与我国目前国家新农保制度中政府的财政支持方式是一致的。

三 政府财政负担水平的确定

从国外多数国家的做法来看，农民保养老金支出中政府补贴的比例多集中在70%—80%，波兰的这一比例较高为92.1%。因此，通常情况下我国用于新农保养老金支出中的财政补贴不应低于70%，但最高不可超过具有极端情况的波兰的比例。若新农保养老金支出中来自政府财政补贴的比例较低，则对于缴费能力较弱的参保者来说，养老金领取额将可能无法保障其老年基本生活。反过来，若新农保养老金支出中来自政府补贴的比例过高，即政府财政负担水平过高，表现为中央或地方财政支出中用于新农保补贴的比例偏高，这将挤占其他项目的支出，从而影响经济或社会服务等方面的发展。此外，政府财政负担水平过高还会造成其他各项福利的攀升，引致财政资金需求膨胀，财政责任风险加大。因此，为了既能提高农民参保的积极性，确保制度的顺利推行，又不过高地挤占财政其他项目的支出，避免财政风险的出现，应将新农保养老金支出中政府的补贴比例控制在合理范围内，即70%—92.1%。

四 政府财政责任的划分

从国外政府参与农民养老保险制度的经验来看，主要由联邦政府承担，而我国则分别由中央和地方分担。国外的这一财政责任划分方式是否可取，取决于我国与国外的实际情况的相似程度。本书认为，由于国外的财政分权体制与我国存在差异，因此不能直接吸收国外在农民养老保险制度中的财政责任划分方式，而应该根据我国中央和地方财政的实际情况，以及区域间经济发展水平的差异，合理确定我国应采取的政府财政责任划分方式。

中国目前采用的财政体制虽然在财政收入的划分上相对清晰，但在支出责任上缺乏各级政府之间的正式划分。自分税制改革以来，地方财政在重要的社会公共服务领域，如文化科学、教育和医疗卫生等的支出几乎占总支出的90%以上，近几十年来，地方财政也在社会救助和福利方面发挥了越来越重要的作用。基于我国财政分权体制与地方财政在社会保障方面的已有贡献，在农民人数众多、养老任务艰巨的形势下，中央政府应承担必要的财政责任。另外，由于我国经济和财政在区域之间的特征差异较为明显，表现为东部地区经济发达、财政实力较强、农民收入水平较高，而中西部地区经济相对欠发达、财政实力较弱、农民收入水平较低，若新农保的财政补贴责任完全由中央承担，采用统一标准确定不同地区的养老金水平，则会造成新的区域不公平，且中央财政负担也较重。因此，基于我国区域之间的各种差异，中央应承担基础养老金部分，将部分财政补贴责任交由地方承担，有能力的、农民收入水平较高的地区可适当提高当地农民的缴费补贴和基础养老金标准。从而在居民养老的财政责任划分方式上，可坚持目前城乡居保制度的规定，但前提应是各级财政均有能力承担相应的补贴责任，本书以下内容将对居民养老的财政责任及负担问题进行分析。

第四章 城乡居民基本养老保险制度与政府财政责任现状评估

本章在回顾和总结我国政府参与城乡居民基本养老保险制度的历史经验基础上，从政府财政责任角度评估城居保和国家新农保制度的内容，分析制度的优势与先进性，同时指出制度设计中存在的问题。在现有城乡居民基本养老保险制度的规定中，政府财政责任主要体现在基础养老金和缴费补贴两个方面，因此有必要考察这两项补贴所反映出的财政参与城乡居民养老保险的有效性。最重要的是，要掌握制度目前实施过程中各级政府财政补贴保障的可持续问题，这是本书分析城乡居民基本养老保险制度中政府财政责任可持续性的实践依据。

第一节 我国政府参与城乡社会养老保险制度的探索与发展

2011 年国务院颁布的《国务院关于开展城镇居民社会养老保险试点的指导意见》是国家首次针对城镇非从业人员实施社会养老保障，而农民的社会养老保险制度起源时间较早，且发展历程较为复杂，以下首先对我国农村社会养老保险制度的探索和发展进行总结和评价。中国农村社会养老保险自 1986 年建立至今，步履维艰，总体来说，教训多于经验。在全面建设覆盖城乡居民的社会保障体系的今天，国家新农保制度的推出有着重要的历史意义。对过去 20 多年来农村社会养老保险制度的成功与失败进行总结，尤其是在政府财政参与方面的经验和教训，可为促进国家新农保制度中政府财政责任的可持续性提供实证基础。

一　旧农村社会养老保险制度的回顾与评价①

这里说的农村社会养老保险制度是指民政部于 1987 年开始试点、1991 年出台的《县级农村社会养老保险试行方案》，1992 年开始在全国大面积推广与实施的农村社会养老保险制度。

中国在 20 世纪 70 年代中期开始推行人口计划生育政策，该政策的核心是控制家庭生育子女的数量，但允许农村家庭生育两个小孩。尽管如此，对于习惯于家庭养老—儿子养老—土地养老的传统模式的中国农民，难以接受计划生育政策，一度出现逃生、超生现象。为了遏制这种现象，计划生育工作人员开始采取强硬手段甚至是暴力手段，官民之间的矛盾、纠纷四起，甚至不少地方发生激烈冲突。从这些表面上看，似乎老百姓有意抵抗政府，不配合政府，造成干群关系恶化，其实是中国农村老百姓缺乏依靠，存在后顾之忧，不让他们多生孩子，似乎就是断送了他们未来养老的路子。在对农民的养老问题没有有效解决办法的情况下，计划生育政策很难顺利推行。因此，为了配合农村计划生育政策的执行，20 世纪 80 年代中期，国家在"七五"计划中提出了"建立中国农村社会保障制度雏形"的任务，并自 1987 年起开始了农村社会养老保险制度的落实试点。

（一）农村社会养老保险制度的发展演变

从 1987 年试点开始，农村社会养老保险制度的发展大体经历了以下五个阶段：

第一，制度的试点及基本方案的出台（1986—1992 年）。从 1987 年开始，南方农村集体经济发达的地区开始试点农村社会养老保险，但由于受地区经济背景的影响，试点中农村社会养老保险实质是依托乡镇企业、集体经济建立的社区养老保险，通常是以乡镇或村为养老金的统筹单位，保险经费主要来源于乡镇企业的缴费，个人不负担或象征性地缴纳少许费用。这种模式存在不少问题，如以集体经济提供资金为主要资金筹集形式难以持久维持；养老金计发标准没有科学计算依据；以村或乡镇为单位管理养老金缺乏监督和制约机制；并且因

---

① 郑功成：《中国社会保障改革与发展战略》（养老保险卷），人民出版社 2011 年版，第 155 页。

为经济负担因素会出现这种模式难以在欠发达地区推广等问题。民政部正是从其不成功之处认识到这些不足，认为建立农村社会养老保险制度应该由县（市）以上政府颁布办法、组织实施，资金的筹集应该采取以个人缴纳为主等方式，所以，于1991年6月开始在山东省组织了较大规模的试点。山东省牟平县等5个县（市）仅在一个多月的时间内，就有30个乡镇、281个村、38家乡镇企业近8万劳动者参加了保险，缴纳保险费500万元。1991年10月，民政部在山东省牟平县召开了"全国农村社会养老保险试点工作会议"，总结了农民养老保险试点的经验，并在深入调查、研究和总结各地实践的基础上，于1992年1月推出了《县级农村社会养老保险基本方案（试行）》（民办发〔1992〕2号）（以下简称《基本方案》），标志着我国开始积极建立以县级为单位统筹的农村社会养老保险制度。

第二，制度的推广阶段（1992—1998年）。自1992年1月颁布了《基本方案》以后，得到全国各农村地区的热烈响应，农村各地区都积极推行此制度。在1995年达到鼎盛时期，当时全国30个省、自治区、直辖市开展农村社会养老保险的县（市）达1500多个，近5000万人参加。截至1998年年底，全国试点县市已达到2000多个，参保农民人数上升至8200多万人。这一阶段农村社会养老保险业务的发展基本较稳定，农村养老保险初具规模，取得了显著的成绩。

第三，制度治理整顿阶段（1999—2002年）。1998年年底，在政府机构改革中，国家把由民政部管理的农村社会养老保险移交给劳动和社会保障部（即现在的人力资源和社会保障部）管理，但在业务移交过程中出现了有业务无资金积累、账面资金和实际资金不符的现象。为此，国务院在1999年7月下发了《国务院批转整顿保险业工作小组保险业整顿与改革方案的通知》（国发〔1999〕14号），其中农村社会养老保险也被列入清理整顿范围，农村社会养老保险业务呈现出观望、停滞或半停滞的状态。

第四，制度重新发展阶段（2002—2007年）。经过国家一段时间对农村社会养老保险的治理整顿，加之农村养老问题形势严峻，2002年党的十六大报告将社会保障体系纳入全面建设小康社会的目标体系中，并指出，"有条件的地方，探索建立农村养老、医疗保险和最低生活保障制度"。2003 年国家劳动和社会保障部发出通知，要求"加强调研、总结经验、完善政策、典型引路"，积极地促进农村社会养老保险的建立。于是浙江、江苏、福建等有条件的地区开始积极探索农村社会养老保险。2007 年，党的十七大报告明确指出，要"探索建立农村养老保险制度"，各地区积极响应，在政府政策及其财力支持下，各地不断探索和创新农村社会养老保险制度。这一时期各地探索的新型农村社会养老保险我们称为地方新农保。

第五，新型农村社会养老保险制度的出台（2008—2014 年）。2008 年国务院根据地方实践经验，总结归纳地方制度的优点，推出了《关于开展新型农村社会养老保险试点的指导意见》的征求意见稿，2009 年 9 月 1 日，国务院正式发布《关于开展新型农村社会养老保险试点的指导意见》（国发〔2009〕32 号），农民的养老保险得到新一轮的重视与发展，农村社会养老保险制度发生了实质性的转变。因此，我们将 2009 年 9 月出台的《关于开展新型农村社会养老保险试点的指导意见》（国发〔2009〕32 号）之前的农村社会养老保险称为旧农村社会养老保险即旧农保，之后的称为新型农村社会养老保险即国家新农保。

（二）旧农村社会养老保险制度发展取得的成效

虽然农村社会养老保险的发展迂回曲折，但是，经过 20 多年的实践与探索，旧农保还是取得了一定的成绩，大体可以归纳为以下几点：

第一，农村社会养老保险在中国历史上揭开了划时代的一页，它打破了中国长达千年的传统的养儿防老的家庭养老模式，为老百姓提供了认识养老社会化的机会。

第二，农村社会养老保险在推行过程中得到农民的积极参与和支持，说明我国农村有条件开展这项工作，农民养老保险是得到农民认可，深得民心的项目。为我国今后继续开展这项工作打下群众基础，为新型农村社会养老保险在老百姓的认知、农保工作队伍建设、农保基层工作机构建设等方面奠定了一定的基础，有利于制度的运行和农保工作的开展。

第三，农村社会养老保险制度的个人账户制在中国具有一定的现实性。个人账户的积累性，强调养老责任重在个人，奠定了以个人缴费为主的养老保险制度的基调。

第四，各地区在《基本方案》基础上，根据当地实际建设和发展农村社会养老保险，为推行和建设农村社会养老保险做出了贡献，强调了农村社会养老保险制度具体情况具体分析，因地制宜地开展工作的现实性和必要性。

第五，农村社会养老保险艰难的开展使国家和社会认识到政府责任的重要性，政府的关心和决心可推动和促进农村社会养老保险制度的建立和发展，政府在政策实施的过程中也逐步认识到承担财政责任的重要性。

以上旧农保发展的成绩，为国家新农保制度的设计及顺利推行实施奠定了良好基础。

（三）旧农保运行中存在的问题

旧农保在长达 20 年的试点与实施中，发展缓慢，成效不大，主要问题表现在以下几个方面：

第一，制度设计存在缺陷。资金的筹集模式采取以"个人缴纳为主，集体补助为辅，国家政策予以扶持"的原则，由于各地集体经济差异较大，而且极为不稳定，在实际中，集体补助基本上难以保证；"国家政策予以扶持"责任不明确，在实际中国家仅仅起到了组织和管理的作用，而没有给农村社会养老保险有任何实质的资金帮助。基于此，农村社会养老保险实质上是农民储蓄养老保险制度。

第二，完全积累制的缺陷。旧农保实行个人缴费完全积累，缺乏社会保险互济特性。建立个人账户实际上等同于农民个人储蓄行为。在金融市场不完善，保值增值困难的背景下，农民养老保险除了强制个人储蓄，没有其他的作用。

第三，筹资渠道单一。在多数地区农民参加旧农保实质上只是个人缴费，缺乏社会资金帮助，筹资渠道单一。这直接影响到农民 60 岁后养老金的待遇水平，影响老年生活保障水平。

第四，政府责任的缺失。政府在旧农保制度的建立和发展中仅仅起到了制定政策、组织和管理以及实施的作用，没有具体的、实质上的对农民的投入。在我国农民为工业化做出极大的贡献，收入却不高的背景下，政府不但应从组织管理方面，更应该从财政上支持农保事业的发展。

第五，缴费标准设计不合理。旧农保制度试点初期，缴费标准确定为 2 元、4 元、6 元、8 元、10 元、12 元、14 元、16 元、18 元、20 元 10 个档次，供投保人选择。在试点的很长一段时间，不少地方都按照这一缴费标准缴费，致使保险费积累额低，养老金待遇水平也低，养老金的资金额度根本不能保障老年基本生活。缴费和待遇设计，没有体现养老保险代替养儿防老功能，没有起到养老金是老年生活主要经济来源的作用。

第六，制度管理监督水平低。旧农保采取县级统筹，统筹层次低。管理人员没有经过培训，基金管理监督不力。在经历不同部门管理的转换时，出现了较大的漏洞，资金流失严重，直接影响到农民参保的积极性和农保工作的顺利展开。

二　地方新农保制度的实践与探索

随着城市化进程的加快以及老龄化趋势的加剧,农村社会养老保险的实践在各地都遇上了不同程度的制度"瓶颈"。为了促进这一制度的顺利开展，早在 20 世纪 90 年代中期，不少地方政府对农村社会养老保险开展了独具特色的制度创新和改革，不但使农村社会养老保险获得了新生，也为国家新型农村社会养老保险制度的出台奠定了基础。

（一）地方新农保实践模式介绍

在国家出台新型农村社会养老保险试点指导意见前,我国许多农村地区已经在探索新型农村社会养老保险，大多数是在原有制度的基础上，通过创新账户模式，增加政府投入，走出一条具有地方特色的农村社会养老保险之路，我们称为地方新农保。以下以吕梁模式、余姚模式、无锡模式和北京模式四种代表了不同经济水平条件下的实践做法为例，以进一步考察地方新农保实践模式的特点。

1. 吕梁模式①：三方承担的完全个人账户制

吕梁是山西省的一个农业大市，全市有农业人口 288.4 万，占总

---

① 吴永健：《农村社会养老保险实施策略、模式与制度设计》,《"落实科学发展观推进行政管理体制改革"研讨会暨中国行政管理学会 2006 年年会论文集》, 2006 年。

人口的 83.1%。2004 年 9 月 6 日,吕梁市人民政府颁布《吕梁市农村社会养老保险办法(试行)》,实行政府引导,农民自愿参加的农村社会养老保险。采取个人负担、村集体补贴和县乡两级政府补助三结合的筹集方式,是个人、集体和政府三方筹资建立个人账户,储蓄积累与养老保险待遇调整机制相结合的养老保险制度。政府承担起财政责任,鼓励支持当地农业户籍从业人员参加农村社会养老保险。参保农民缴费费用由个人负担、集体补助、政府补助三部分组成。月缴费最低为 50 元,最高为 300 元。县乡两级财政根据实际情况给予补贴,村集体补助根据宽裕型小康示范村和一般型小康示范村的类别不同原则上给予不低于确定档次标准的 30% 和 20% 的补助。被征地人员、独生子女户、双女结扎户可以得到由县市政府、村(居委会)集体、个人共同筹集的一次性社会养老保险补贴费用。相似的做法如陕西宝鸡市,根据 2007 年颁布的《宝鸡市新型农村社会养老保险试行办法》,农村社会养老保险采取个人缴费、集体补助、财政补贴相结合的方式筹集资金,资金全部计入农民养老保险个人账户,实行完全个人账户积累制。在缴纳养老保险费时,财政补贴每人每年 30 元;年满 60 岁领取养老金时,财政补贴每人每月 60 元。又如江苏省如皋市,2007 年 10 月颁布了《如皋市农村社会基本养老保险暂行办法》,规定参保农民个人缴费和财政补贴全部进入个人账户。农民养老保险费的缴费基数最低不低于该市统计部门公布的上年农民人均纯收入,最高不高于上年农民人均纯收入的 300%。缴费比例为 12%,其中个人缴费 10%,市财政补贴 2%。

2. 余姚模式:"个人账户 + 财政兜底模式"

2007 年,浙江省宁波市的余姚市颁布了《余姚市农民养老保障试行办法》,实行缴费标准化的个人缴费方式。参保人员缴费标准为 21000 元、18000 元和 15000 元三个档次,可以选择一次性预缴或者分期预缴。养老保障待遇与缴费标准相对应,分别为每月 210 元、每月 180 元和每月 150 元。参保人员个人缴纳的费用全额计入个人账户,养老保障待遇先从个人账户中支付,个人账户金额不足时由政府财政负担。市财政每年按不低于上年待遇支付的 35% 做出预算安排,注入农民养老保障基金。该项制度实施方便,独立于其他社会基本养老保险制度，但是政府财政负担较重。

3. 无锡模式："社会统筹＋个人账户模式"

无锡位于苏州南部，是经济发展较快的地区，乡镇企业蓬勃发展。2005年，创新农村社会养老保险，采取社会统筹和个人账户相结合的方式建立制度，个人缴费全部计入个人账户；政府补贴和集体补助按一定比例划入个人账户。缴费基数为各市（县）、区上一年度的农民人均纯收入，缴费比例合计为20%。其中，个人缴费比例为8%，市（县）、区、镇财政和村集体经济组织承担的缴费比例为12%。同时，建立农村社会养老保险与企业职工基本养老保险、被征地农民基本生活保障、原农村社会养老保险的转换制度。

4. 北京模式："基础养老金＋个人账户模式"

2007年年底，北京市建立"新型农村社会养老保险制度"。2008年年底，农民参保率达84%，参加保险的农民累计达到110万人。2008年又出台了城乡居民养老保险办法，打破城乡二元结构，实现城乡居民统一的养老保障制度。缴费标准统一化，最低为农村居民上年人均纯收入的9%，最高为城镇居民上年可支配收入的30%，全部计入个人账户。养老金待遇由基础养老金和个人账户养老金组成。基础养老金为每人每月280元，由区（县）财政负担。政策还规定了城乡居民养老保险与城镇职工养老保险的衔接问题。该模式在缴费方式、计发方法、城乡衔接中都有创新。

（二）地方新农保实践的共同特点

虽然地方新农保模式不同，做法差异大，但是他们有许多共同特点，为国家新农保政策的制定提供了丰富的经验和借鉴。

第一，积极发挥政府作用，政府承担财政补贴的责任。旧农保坚持个人缴费为主，集体补助为辅，国家政策扶持的原则。政府财政责任的缺失是旧农保停滞的主要原因之一。地方新农保实践中政府充分认识到财政补贴的必要性，给予资金支持，以激励农民积极参保，确保农村社会养老保险的持续开展。地方财政资金投入和补贴农保的形式多种多样，有直接补贴个人账户的、有财政兜底的、有政府缴纳一定比例保费进入统筹账户的，也有待遇确定的基础养老金方式的，等等。总之，开展地方新农保试点的地方政府都无一例外地通过划拨财政资金的形式支持农村社会养老保险的建立和发展。

第二，账户模式创新，"统账"结合的模式成为趋势。民政部《基本方案》规定资金以完全积累的方式计入个人账户。在地方新农保模式中，许多地区如上海市、江苏省都以"统账"结合的模式为主，有利于城乡制度的衔接工作。这些地区，大都是财政补贴资金进入统筹账户，实行现收现付的财务模式，这种与财政补贴全额进入个人账户的完全积累模式相比，减少一部分基金保值增值的压力。政府按一定比例补贴保险费并进入统筹账户，改变了原有单一储蓄性养老保险和个人责任为主的保障模式，改变了筹资渠道单一的局面，体现了农村社会养老保险的社会互助功能。

第三，参保对象范围放宽，扩大了农保覆盖面。民政部《基本方案》中保险对象设定为非城镇户口、不由国家供应商品粮的农村人口。地方新农保模式中许多地区不局限于农村户口，城镇户口可以选择参加企业职工养老保险或者农村社会养老保险，提供了多项选择，有利于城乡劳动力流动，同时也为社会养老保险的城乡统一奠定基础。如北京的农村社会养老保险已经由城乡居民养老保险代替。

第四，缴费标准提高，待遇计发标准与老年人的生活水平相适应。民政部《基本方案》中参保人员的每月缴费标准设定为2—20元十个档次，待遇水平远远不能满足老年人的基本生活需要。"地方新农保"实践中根据经济发展水平的高低确定缴费标准，一般与农村居民上年度纯收入挂钩，并结合当地农民的生活消费水平来确定缴费金额的多少，以此保障养老金与基本生活需要相适应，真正实现农村社会养老保险确保老年农民基本生活的初衷。

第五，考虑了制度间的衔接，有利于城乡之间的劳动力流动。民政部《基本方案》是为农村人口建立的养老保障制度，随着城市化进程和人口流动的增强，完全孤立的养老保险制度已经不能适应农村社会发展的需要。地方新农保实践将《基本方案》中稳妥处理与部分现行养老办法的衔接细化为处理被征地农民、独生子女户的家庭的养老问题，部分地区还出台了农村社会养老保险与城镇企业职工基本养老保险，被征地农民基本生活保障等不同制度间的衔接办法。虽然做法还不成熟，但是已经说明农村社会养老保险逐步细化、考虑问题更加完善，有利于制度的统一和城乡之间的制度衔接。

（三）地方新农保的实践经验与启示

在近20年的农村社会养老保险试点中，经过各地试点和探索总结，积累了不少经验，这些经验对我国农村社会养老保险制度的完善和发展具有重要的启示意义。

第一，加强政府责任，政府切实履行保护农村居民的职责。农村社会养老保险开展得如何，农民参保积极性的高低，从侧面反映了政府对农村社会养老的重视程度。如上海、北京、陕西宝鸡市、山东、广东取得较大成绩的地区都离不开政府的政策引导、政策具体落实和财政的大力支持。政府的责任感是使农村社会养老保险举办得又好又快的主要因素之一。

第二，加快农村社会养老保险的制度化建设。地方的农村社会养老保险探索，不利于制度的统一和管理。政府关注农村养老问题应该尽快落实到政策的出台，在试点经验的基础上，尽快将农村社会养老保险制度化。这样全国各地都可以依据统一的准则规范地建设农村养老保险制度，消除不同制度的复杂性，避免出现经济发展好的地区越办越好，贫困地区迟迟无法建立的两极分化情况。

第三，稳妥处理不同制度间的衔接问题，确保不同人群的养老保障权利。社会保障是每个公民应享有的权利，不应该因为制度建设的缺陷出现退保的情况。如何处理被征地农民、农民工养老问题值得思考，制度间的转换方法和转换成本都是农村社会养老保险制度建设中需要探讨的。

第四，政府财政负担逐渐加重，资金筹集渠道需要多样化。政府以雇主的身份以财政补贴的方式缴纳部分养老保险费，惠及和保证农村社会养老保险工作的开展和持续。随着老龄化的加剧，财政兜底的养老金计发办法增加了财政负担。同时将来可能出现部分农民工返乡养老的情况，无疑增加了财政的隐性债务。如何保障充足的资金支持来维持农村社会养老保险需要通过多渠道的筹资方式，需要加快发展乡镇企业的经济建设，发挥经济效益，为建设农村社会养老保险提供经济支持。

第五，加强监管力度，增强基金保值增值。我国金融市场不完善，金融工具无法和西方国家相比，由大量参保人员缴纳的养老保险费用是投资运营，促进我国经济发展的极佳资金渠道，但是由于资本市场和货币市场的不成熟，至今基金投资渠道单一，仅能维持银行利率水平。如果出现通货膨胀，当通胀超过名义利率时，基金将不断地隐性缩水。如何保障养老基金的运作将会成为制度建设完成后面临的重大问题，养老金的投资运作或许能够逼迫金融创新，进而发展我国金融市场。

三 统一的城乡居民养老保险制度的基本内容和特点

2009 年首先试点的国家新农保制度吸取了旧农保及地方新农保制度的教训，吸纳和借鉴了旧农保及地方新农保制度的优点及经验，结合我国当前的实际经济实力及农村居民的养老需求现状，在注重可操作性的基础上制定的方案，其继承了旧农保社会化养老的宗旨，并且具有时代特点。2011 年试点的城居保制度内容与国家新农保相似，2014 年国务院发布《国务院关于建立统一的城乡居民基本养老保险制度的意见》将城居保与国家新农保制度进行了合并统一，即为城乡居民养老保险制度。

(一) 城乡居民基本养老保险制度的基本内容

城乡居民基本养老保险制度的基本内容包括指导思想、目标、参保范围、资金筹集、账户模式、待遇水平、监督管理等主要方面。

1. 指导思想和目标

社会保险制度设计的原则有经济原则、社会原则、区位原则和政治原则。城乡居保的基本原则和指导方针为"全覆盖、保基本、有弹性、可持续"，这 12 字体现了社会保险制度设计原则的内容。

从经济方面看，"保基本"的原则表明城乡居保的缴费和待遇标准要与我国经济发展水平和各地财政承受能力相适应。

从社会方面看，城乡居保旨在解决我国城乡居民老龄化的问题，"全覆盖"的原则表明城乡居保的建立和实施应受到全社会的关注，以确保所有未参加其他社会养老保险制度的城乡居民老有所养。

从区域和城乡差异方面看，主要是中西部经济发展水平较低，地方贫富差距大，且同一地区城乡之间居民生活水平也有差别。因此，"有弹性"的原则是指中央确定基本原则和主要政策，地方可以根据当地实际，制定具体实施办法，养老金待遇与当地生活水平相适应。

从政治方面看，主要是指政府承担的责任和增强城乡公平性。政府在关键时期主导国家新农保和城居保制度建立，管理和组织制度的实施，通过财政补贴引导城乡居民参与。"可持续"的原则是在其他三个原则的基础上建立的。政府主导，地方配合，居民个人缴费，各方恪守其职，分担责任，权利与义务相对应，保障城乡居保制度的统一推行。

城乡居保制度建立的目标是为广大农村和城镇无养老保障的老年居民提供最基本的生活保障，全面建成公平、统一、规范的城乡居民养老保险制度，其与社会救助、社会福利等其他社会保障政策相配套，充分发挥家庭养老等传统保障方式的积极作用，更好地保障参保城乡居民的老年基本生活。

2. 参保人群及覆盖面

年满 16 周岁，不是在校学生的非国家机关和事业单位工作人员及不属于职工基本养老保险制度覆盖范围的城乡居民，可以在户籍地参加城乡居民养老保险。参保年龄与劳动合同法中规定的用工年龄相一致。《意见》中提及政府帮助特殊人群参保的行为，对于重残等缴费困难人群，政府应给予资助，帮助其参保。

3. 账户模式和资金筹集

城乡居保采用基础养老金和个人账户相结合的模式，如表 4 – 1 所示。基础养老金由中央财政拨款，地方有能力的可以资助，资金由当期财政支付，现收现付，资金不积累。个人账户资金由个人缴费、地方资助和有能力的集体补助三方组成，基金完全积累。

其中，中央对基础养老金的发放根据区域不同，发放金额也不同。中央制定的基础养老金最低标准为最初每月 55 元（2014 年 7 月 1 日起调整为 70 元）。对于中西部给予 100% 的全额补贴，而东部给予 50% 的补贴。地方可以根据自身财政水平和当地经济水平，适当增加基础养老金的额度。地方人民政府应当对参保人缴费给予补贴，对选择最低档次标准缴费的，补贴标准不低于每人每年 30 元；对选择较高档次标准缴费的，适当增加补贴金额；对选择 500 元及以上档次标准缴费的，补贴标准不低于每人每年 60 元。个人缴费、地方人民政府对参保人的缴费补贴、集体补助及其他社会经济组织、公益慈善组织、个人对参保人的缴费资助，全部计入个人账户。个人账户储存额按国家规定计息。个人缴费分为每年 100 元、200 元、300 元、400 元、500 元、600 元、700 元、800 元、900 元、1000 元、1500 元、2000 元 12 个档次，参保人可自主选择。当地根据实际情况可增设缴费档次，中央根据城乡居民收入增长等情况调整缴费档次。

与城居保和新农保制度不同的是，城乡居保统一后缴费档次由 5 个增加到 12 个，同时对于选择 500 元及以上缴费档次的参保者，地方政府的缴费补贴也相应地不低于 60 元/年，而之前的两项制度中仅规定不低于 30 元/年。

4. 养老金领取条件和待遇水平

年满 60 周岁、累计缴费满 15 年，且未领取国家规定的基本养老保障待遇的，可以按月领取城乡居民养老金。其中，在新农保和城居保实施前已满 60 岁，不用缴费，直接领取基础养老金。46—59 岁城乡居民，按年份缴纳费用，到 60 岁可以按月领取养老金。45 岁以下城乡居民，需要缴费满 15 年，60 岁可以按月领取养老金（见表4-2）。

表 4-1　　　　　　　　城乡居保账户模式和筹资标准

地区	基础养老金		个人账户		
中西部	中央拨款 100%	地方补贴	自缴费用	地方补贴	集体补助等其他资助
东部	中央拨款 50%	地方补贴 50%	地方补贴			
全国	55 元		地方自订	自主选择	最低≥30 元；最高≥60 元	地方自订

表 4-2　　　　　　　　参加城乡居保的居民领取养老金的条件

年龄	按月领取养老金条件
60 岁及以上	只领取基础养老金
46—59 岁	按年缴费，累计缴费不超过 15 年，年满 60 岁可领取
45 岁以下	累计缴费满 15 年，年满 60 岁可领取

这种待遇享受条件的规定避免了因临界年龄的不公平问题，即59岁需要补缴15年的养老保险费，60岁可以直接享受养老金待遇。邻近60岁的农村居民只需缴纳相应年龄的保费即可领取养老金，这消除了临界点年龄的不公平性。养老金待遇由基础养老金和个人账户组成，支付终身。基础养老金每月最低为55元。个人账户资金总额除以139得到每月发放的养老金金额，这与现行城镇职工基本养老保险个人账户的养老金计发系数相同。若参保人死亡，有继承权的人可继承除去政府补贴外的个人账户基金余额。另外，中央依据经济发展和物价变动调整最低基础养老金待遇。

5. 保险基金运营与管理

城乡居保个人账户基金纳入社会保障资金财政专户，收支两条线。各级人力资源社会保障部门负责基金的监管，并定期披露相关信息，加强社会监督。

财政部门、审计部门按各自职责，对基金的收支、管理和投资运营情况实施监督。要积极探索有村（居）民代表参加的社会监督的有效方式，做到基金公开透明，制度在阳光下运行。

6. 其他构成要素

除以上要素外，城乡居保还有以下基本内容（见表4-3）。

表4-3　　　　　　　　城乡居保其他基本构成要素

责任主体	国家和个人
收缴方式	以费为主
基金筹集方式	现收现付＋积累制的混合制
基金运营与管理	政府
利息	人民币一年期存款利率计息

（二）城乡居民养老保险制度的基本性质

1. 制度的基本性质：具有福利性和保险性的双重特征

统一的城乡居民社会养老保险，虽然从规定来看是居民自愿参加的保险型养老制度，筹资以个人缴费为主，权利与义务相对应。但是作为社会保险体系的一部分，政府给予了较大的财政补贴，因而其具有福利性。因此，城乡居保实质上是一种具有福利性的保险型养老保障制度。在城乡居保制度设计中，福利性主要体现在社会统筹部分，即由中央财政提供的每月 55 元的基础养老金；而保险型主要体现在参保人员自主自愿缴费，提前储蓄养老资金形成个人账户，以获得老年生活保障所需的资金。

现阶段城乡居保制度中的政府补贴对制度推行起到了非常关键的作用。政府每月提供 55 元基础养老金，每人每年为 660 元，不计地方政府提供的人均年最低 30 元的财政补贴，城乡居民每年单从政府补贴最低可获得的养老金为 660 元。而城乡居民每年的缴费为 100—1000 元、1500 元、2000 元 12 个缴费档次，其中有一半的缴费档次低于每年 660 元的基础养老金，即每年的缴费低于 60 岁后所领取到的基础养老金。可见，为鼓励、调动城乡居民参保，政府给予较大的惠民政策。可以说，城乡居保是偏向福利性的社会养老保险政策。

2. 基础养老金的性质：是一项普惠制

世界上养老保险制度可以归纳为普惠制养老保险模式（如瑞典）、投保资助型养老保险模式（如美国）和强制储蓄型养老保险模式（如新加坡和智利）。[①] 虽然各国采取的模式不同，但是有许多国家在养老保险的第一层次基本实现了普惠制。普惠制即不论参保人的身份、地位、职位及收入而统一发放一定金额的养老金。如日本有国民年金，英国有老年年金，加拿大有普遍年金，这部分养老金是国家根据税收或者财政预算划拨给国民的。

城乡居保的基础养老金无论参保人选择哪种缴费档次，在 60 岁后符合条件的都可以领取 55 元的基础养老金。参照国外普惠制的做法，可以说我国城乡居保的基础养老金是普惠制的养老金，它是中央和地方政府财政拨款的，没有像有些国家采取由社会保障税的方式专门筹集这部分资金。我国城乡居保每年基础养老金所需资金额纳入了国家和地方的财政预算中，每年留出资金划拨给城乡居民社会养老保险的补贴，是一种完全的社会福利。

---

① 郭士征、钟仁耀：《社会保障学》，上海财经大学出版社 2004 年版，第 135 页。

第二节　城乡居民基本养老保险 制度内容评估

一　城乡居保制度的优势与先进性

国务院将农村社会养老保险命名为"新型农村社会养老保险"，相比旧农村社会养老保险制度，新农保和城居保的确有其优势和先进性，主要体现在账户模式的创新、政府责任的确定、缴费标准的制定等方面。

（一）账户模式的先进性

新农保和城居保采取基础养老金和个人账户相结合的账户模式。该账户模式具有福利和保险的双重性。基础养老金由国家财政全部承担，不积累，体现公平。个人账户由个人缴费、集体补助、地方补贴组成，资金完全积累，体现权利与义务相对应。账户的责任主体明晰，易于操作和管理。基础养老金以出口补贴的形式发放，资金不需要积累，降低管理成本，降低操作难度。个人账户中的地方补贴属于进口补贴，参保人员可以从账户上看到这笔资金，直接增加居民参保的积极性（见图4–1）。

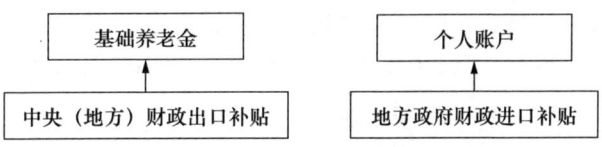

图4–1　新农保和城居保财政补贴方式

我国旧农保采取完全个人账户的模式，实质是个人储蓄型的养老保险，没有体现社会保险的社会性和互助性。新农保和城居保的账户模式具有"统账"结合的特点，克服了旧农保没有社会统筹资金部分的缺点。地方新农保实践中，有继续采取完全个人账户的吕梁模式和余姚模式，但是，其中都加入了政府的财政责任，财政补贴鼓励和调动农民参保的积极性，承兑政府履行农村居民的养老责任。另外，越来越多的地方采取"统账"结合的模式，政府作为雇主的身份承担农村居民部分养老责任。"统账"结合模式是我国城镇职工养老保险经过许多年的实践经验总结的，并取得了较好的效果。在城镇职工养老保险模式得到认可的时候，随着我国城市化的推进，我国农村社会养老保险账户模式正逐渐向此靠拢。同时考虑到将来城乡居保和城镇职工养老保险两种制度之间的转换和衔接，城乡居民养老保险模式的发展总体上是趋向于"统账"结合的模式。

基础养老金作为社会统筹部分，中西部由中央全额拨款，是全国统筹。东部由地方出资50%，统筹层次由地方制定。总体上看，这部分资金统筹层次较高，易于管理。

（二）政府责任的明确性

新农保和城居保体现政府的主导作用，明确划分各级政府的责任。中央政府除了履行管理和政策推行的责任外，重要的是明确其财政责任。中央政府对符合领取条件的参保人支付基础养老金，其中中西部给予全额补贴，东部地区给予50%的补助。除此之外，所有地方政府需对参保人个人账户给予不低于30元和60元的缴费补贴，补贴金额由地方各级财政自行安排，可以根据地方经济水平的不同加大补贴力度，体现灵活性。此外，在个人缴费部分，政府需要承担帮助困难人群参保的责任，让所有符合条件有意愿的居民都能够参加。

政府责任的确定，特别是各级政府财政责任的分工合作，是新农保和城居保区别于旧农保的最大特点之一。由于农民身份的特殊性，国家财政的支持是持续开展农民养老保险的必要条件。其实，政府财政补贴的责任在国内外典型地区农村养老保险制度实践中均已得到证明。

（三）缴费标准的简易性

考虑到缴费金额计算的复杂性，便于城乡居民接受，新农保和城居保采取绝对额缴费的方式。缴费档次目前为12档，参保人可自主选择，同时各地还可根据当地的实际情况灵活地调整缴费档次。体现了便捷性和灵活性。绝对额缴费的方式方便居民直观清晰地了解缴费金额的多少，有利于政策的推广。在城镇职工养老保险采取按工资一定比例缴费的情况下，考虑到制度间的衔接，现行的城乡居保的缴费模式，可能会向城镇职工养老保险靠拢，采取按一定比例的缴费方式。这与如何准确制定缴费标准有关，需要城乡居民人均纯收入等指标的规范化。

（四）先保后救原则的科学性

新农保和城居保制度的推行需要根据国家的经济实力和现实情况逐步进行，采取先让有条件的居民参保，然后救助困难人群，帮助他们参保，如对重度残疾人政府可减免部分缴费的形式让他们参保。该原则考虑到制度从广覆盖到制度全覆盖再到人群全覆盖的进程，考虑到特殊人群的经济状况，先保后救原则体现了效率与公平的统一，既体现了政府对新农保和城居保的有限财政责任支持，也体现了我国当前城乡居保制度推进的思路和理念，因而先保后救的做法具有一定的科学性。

二　城乡居保制度设计中存在的问题

（一）参保动机问题

新农保和城居保制度的目标是解决城乡居民老有所养的问题，并逐步改善城乡老年人的生活。为体现自愿缴费参保的原则，目前共设置了12个缴费档次。从制度实施情况来看，农民普遍选择100元或200元的低缴费档次，城镇居民选择1000元以上的也很少，这一方面反映了城乡居民对制度推行的顾虑，另一方面也反映出制度对城乡居民选择高缴费档次的激励性不足。

《意见》规定："地方人民政府应当对参保人缴费给予补贴，对选择最低档次标准缴费的，补贴标准不低于每人每年30元；对选择较高档次标准缴费的，适当增加补贴金额；对选择500元及以上档次标准缴费的，补贴标准不低于每人每年60元，具体标准和办法由省、直辖市、自治区人民政府确定。"由于对选择较高档次标准缴费居民的鼓励措施是由省省、直辖市、自治区人民政府确定的，在《意见》中没有明确规定；而大部分地区在落实新农保和城居保制度时还没有出台针对缴费档次的具体激励政策，或者激励程度不足，这两方面原因共同造成了居民参保缴费时的保守心态。

（二）城乡公平性问题

国家将新农保和城居保进行统一，从规定来看，两项制度的内容进行了统一，但从之前两项制度的试点来看，城镇地区的基础养老金和缴费水平均高于同区域的农村地区。《意见》规定，"2020 年前，全面建成公平、统一、规范的城乡居民养老保险制度"，制度内容合并后，在目前城乡生活水平存在事实差异的情况下，如何选取合适指标来衡量城乡老年居民的保障水平真正实现了公平和统一，这个问题尚未在规定中得到解答。为避免城乡居保仅是制度形式上的统一，国家和地方应在今后具体实施中探索和出台相关措施，以确保城乡居民养老保险真正意义上的公平。

第三节　财政参与城乡居民基本养老保险制度的有效性分析

与国外政府财政支持农民养老保险制度的方式类似，我国政府在城乡居民的缴费和养老金支出两个阶段均存在财政补贴，但在两个阶段的财政责任划分方式上与国外有所不同。缴费阶段的缴费补贴全部由地方政府承担，而养老金领取阶段则主要由中央财政承担，其中东部地区地方财政承担一半。本节评估城乡居民参保两个阶段财政投入的有效性。

一　基础养老金的有效性分析

（一）基础养老金极具吸引力

新型农村社会养老保险和城镇居民基本养老保险制度推行之初，55 元的基础养老金由国家财政全部承担，是两项制度最大的亮点，也是吸引城乡居民参保的重要政策。与居民缴纳的保费金额相比，以一年最低缴纳 100 元保费为例，退休后一年 660 元的财政补贴养老金收入确实为较可观的一笔收入。以 15 年缴费年限计算，用静态的分析方法，在不考虑任何外界条件变化的条件下，退休后个人缴费分摊到每月可得养老金 10.8 元（100 元 × 15 年/139 个月），此时，55 元财政补贴基础养老金的金额约为其 5 倍。以当时的最高缴费档次 500 元计算 60 岁后每月养老金个人缴费所得为 53.9 元（500 元 ×15 年/139 月），相当于每月 55 元财政补贴的金额。从缴费金额的角度比较 55 元的财政补贴力度，可以看出，55 元的金额在养老金待遇的结构比例中还是占有较大的比例，对于城乡居民参保具有非常大的吸引力。

　　假设不考虑养老金收入是否能够维持城乡居民的老年基本生活，55 元的财政补贴对于参保最低档次缴费的居民是具有较大优惠的，通过计算最低缴费的档次可能是制度推行之初城乡居民的首选，可以最大限度地得到国家的补贴。随着制度的成熟和居民收入水平的提高，会逐渐选择较高的缴费档次。在考虑到城镇尤其是农村居民的收入情况和当地经济发展的情况，现阶段 55 元的基础养老金补贴是高于缴费水平的，即对于最初城居保和新农保制度的推广和实施是有利的，居民容易看清其中的利益，便于制度的推行和实现全覆盖的目标。

　　（二）55 元基础养老金的收入替代率偏低

　　显然，55 元的财政补贴有利于调动城乡居民参保的积极性，而在现实生活中，需要考虑养老金的保障作用，即所享受的养老金待遇要能够满足老年人的老年基本生活需要。55 元的基础养老金是城居保和新农保养老金待遇的主要组成部分。下文通过引入城乡居民年人均纯收入和年人均生活消费现金支出数据，对 55 元的基础养老金的替代率及养老保障作用给予分析。

　　若以个人的目标替代率为考察对象，则 55 元每月的基础养老金标准，除以上年收入即 2008 年我国城乡居民家庭人均纯收入（城镇 15780.8 元，农村 4760.6 元），得到基础养老金的目标替代率水平为城镇 4.18%，农村 13.86%。与城镇职工基本养老保险的替代率比较，以上海市为例，退休城镇职工的统筹部分资金为上年职工平均工资的 20%，即 658.4 元（2008 年上海市社会平均工资为 3292 元）。参照 2008 年上海市城镇居民家庭人均可支配收入 26675 元[①]，统筹部分养老金与家庭人均可支配收入的比例为 29.6%。从数据来看，城乡居民基础养老金对家庭人均纯收入的替代率与城镇职工基本养老保险的替代率相比，还是较低的。但是，由于其出资方的不同，即城居保

---

① 该数据来自《2008 年上海市国民经济和社会发展统计公报》。

和新农保是由国家出资，而城镇职工基本养老保险统筹资金是由企业出资，资金的充足量也不同，所以城乡居保制度基础养老金与家庭人均纯收入的替代率较低是可以理解的。

表4－4为各地城镇和农村地区每年660元基础养老金作为生活消费现金支出和家庭人均纯收入的替代率。

表4－4　　　2009年城居保和新农保55元基础养老金的替代率

单位：元、%

地区	城镇地区					农村地区				
	生活消费现金支出	替代率	家庭人均纯收入	替代率	替代率之差	生活消费现金支出	替代率	家庭人均纯收入	替代率	替代率之差
全 国	11242.85	5.87	15780.76	4.18	1.69	3660.68	18.03	4760.62	13.86	4.17
北京	16460.26	4.01	24724.89	2.67	1.34	7284.65	9.06	10661.92	6.19	2.87
天津	13422.47	4.92	19422.53	3.40	1.52	3825.43	17.25	7910.78	8.34	8.91
河北	9086.73	7.26	13441.09	4.91	2.35	3125.55	21.12	4795.46	13.76	7.35
山西	8806.55	7.49	13119.05	5.03	2.46	3097.54	21.31	4097.24	16.11	5.20
内蒙古	10828.62	6.09	14432.55	4.57	1.52	3618.11	18.24	4656.18	14.17	4.07
辽宁	11231.48	5.88	14392.69	4.59	1.29	3814.03	17.30	5576.48	11.84	5.47
吉林	9729.05	6.78	12829.45	5.14	1.64	3443.24	19.17	4932.74	13.38	5.79
黑龙江	8622.97	7.65	11581.28	5.70	1.96	3844.73	17.17	4855.59	13.59	3.57
上海	19397.89	3.40	26674.90	2.47	0.93	9119.67	7.24	11440.26	5.77	1.47
江苏	11977.55	5.51	18679.52	3.53	1.98	5328.37	12.39	7356.47	8.97	3.41
浙江	15158.30	4.35	22726.66	2.90	1.45	7534.09	8.76	9257.93	7.13	1.63
安徽	9524.04	6.93	12990.35	5.08	1.85	3284.11	20.10	4202.49	15.70	4.39
福建	12501.12	5.28	17961.45	3.67	1.60	4661.94	14.16	6196.07	10.65	3.51
江西	8717.37	7.57	12866.44	5.13	2.44	3309.21	19.94	4697.19	14.05	5.89
山东	11006.61	6.00	16305.41	4.05	1.95	4077.05	16.19	5641.43	11.70	4.49
河南	8837.46	7.47	13231.11	4.99	2.48	3044.21	21.68	4454.24	14.82	6.86
湖北	9477.51	6.96	13152.86	5.02	1.95	3652.57	18.07	4656.38	14.17	3.90
湖南	9945.52	6.64	13821.16	4.78	1.86	3804.97	17.35	4512.46	14.63	2.72
广东	15527.97	4.25	19732.86	3.34	0.91	4872.46	13.55	6399.79	10.31	3.23
广西	9627.40	6.86	14146.04	4.67	2.19	2985.03	22.11	3690.34	17.88	4.23
海南	9408.48	7.01	12607.84	5.23	1.78	2883.10	22.89	4389.97	15.03	7.86

续表

地区	城镇地区					农村地区				
	生活消费现金支出	替代率	家庭人均纯收入	替代率	替代率之差	生活消费现金支出	替代率	家庭人均纯收入	替代率	替代率之差
重庆	11146.80	5.92	14367.55	4.59	1.33	2884.92	22.88	4126.21	16.00	6.88
四川	9679.14	6.82	12633.38	5.22	1.59	3127.94	21.10	4121.21	16.01	5.09
贵州	8349.21	7.90	11758.76	5.61	2.29	2165.70	30.48	2796.93	23.60	6.88
云南	9076.61	7.27	13250.22	4.98	2.29	2990.61	22.07	3102.60	21.27	0.80
西藏	8323.54	7.93	12481.51	5.29	2.64	2199.59	30.01	3175.82	20.78	9.22
陕西	9772.07	6.75	12857.89	5.13	1.62	2979.37	22.15	3136.46	21.04	1.11
甘肃	8308.62	7.94	10969.41	6.02	1.93	2400.95	27.49	2723.79	24.23	3.26
青海	8192.56	8.06	11640.43	5.67	2.39	2896.62	22.79	3061.24	21.56	1.23
宁夏	9558.29	6.91	12931.53	5.10	1.80	3094.86	21.33	3681.42	17.93	3.40
新疆	8669.36	7.61	11432.10	5.77	1.84	2691.79	24.52	3502.90	18.84	5.68

从表4-4的数据计算可以得出：

第一，从生活消费现金支出的角度来计算基础养老金的替代率比从居民家庭人均纯收入角度来计算基础养老金的替代率有较为明显的提高。且同一计算方式下，农村地区因为消费现金支出和人均纯收入都比城镇地区低，从而替代率均比城镇地区高。

第二，从生活消费现金支出计算基础养老金的替代率，农村地区各地替代率差别较大，最高的替代率为30.48%，较低的仍有3个省市低于10%。从城镇职工基本养老保险统筹资金养老金不低于城市个人可支配收入的20%标准来看，基础养老金低于20%替代率有15个省市，可以看出此时基础养老金对于经济较发达地区如北京、上海、浙江，只占其生活消费现金支出的较少部分，基础养老金水平是较低的。其他大部分的省市替代率都略高于20%，经济欠发达的地区基础养老金替代率较高，如贵州、西藏、甘肃的替代率都超过或接近30%。与农民的基础养老金替代率相比，城镇居民基础养老金与生活消费现金支出比重仅为个位数，且呈现出经济越发达，此比重越低的现象，最低的是上海，仅为3.4%。

第三，从农村地区家庭人均纯收入计算基础养老金的替代率，全国平均替代率低于15%，其中有5个省市替代率低于10%。可以看出660元的基础养老金对于北京、天津、上海、浙江、江苏等经济较发达的地区只占收入中较少的一部分；而对于贵州、云南、西藏、陕西、甘肃、青海等经济较不发达的地区，660元的基础养老金占其收入比重较经济发达地区高，尤其是甘肃省。对于城镇居民而言，基础养老金占家庭人均纯收入比重比生活消费现金支出比重更小。

第四，两种方法计算的替代率在不同的农村地区，其差异程度不同。从表中可以看出经济发达的地区如上海、浙江、陕西等省市两种替代率差别较小，而经济欠发达地区如西藏、重庆等省市两种替代率差别较大。这样，以不同的指标依据计算的替代率所得出的结论可能不同，其对基础养老金的养老保障作用及替代性的认识将不同。

第五，对于城镇地区，55元的基础养老金无论是从生活消费现金支出还是人均收入计算，得到的替代率水平都很低，且两类替代率之间差别较小。这说明55元的基础养老金对城镇居民的生活改善程度非常有限。

所以，每年660元的基础养老金对农村居民的保障水平较城镇居民高，而对于不同地区的农村居民影响作用也是不同的，特别是从生活消费现金支出的角度看，对于经济不发达的地区，基础养老金的替代率高，其对老年的保障作用非常大。但是对于经济较发达地区，基础养老金的替代率较低。为了对老年消费起到一定的保障作用，城镇地区和发达的农村地区政府必须通过地方财政补贴的方式加大对基础养老金的补贴，才有可能达到统筹部分不低于现金消费支出20%替代率的目标。

二 不低于30元和60元缴费补贴的有效性分析

（一）30元和60元地方财政补贴的重要性

与城居保和新农保不同，2014年的《意见》中对于缴费补贴的规定，对选择最低档次标准缴费的，补贴标准不低于每人每年30元；对选择500元及以上档次标准缴费的，补贴标准不低于每人每年60元。假设不考虑任何外界条件的变化，同时不计算利息，采用静态分析的方法，地方政府每年30元和60元的财政补贴以15年计算平均

分配到农村居民领取养老金时的个人账户的金额为 3.24 元（30 元 ×
15 年/139 个月）和 6.48 元（60 元 ×15 年/139 个月），在养老金中
所占份额非常低，与每月享受 55 元的基础养老金相比较差别较大。
从提高城乡居民养老金水平的角度分析，30 元和 60 元的缴费补贴吸
引力非常有限，但从缴费补贴能够进入个人账户积累的角度分析，该
规定的最大作用在于调动广大老百姓参保的积极性和选择较高档次缴
费，使年轻居民可以看到参保的实惠，尤其是那些选择最低档次缴费
的参保者，30 元缴费补贴他们得到了 30% 的缴费补贴。

此外，30 元和 60 元缴费补贴构成了城乡居保保费收入的一部分，
占保费总收入比重为 6.98%—23.08% 和 2.91%—10.71%，即 30 元
分别在 400 元缴费档次和 100 元档次下的比重和 60 元分别在 2000 元
缴费档次和 500 元档次下的比重。虽然与西班牙的 34% 和德国的
78% 的比例相比，我国在缴费阶段的补贴比例相对较低，且额度不
高，但它反映了我国政府对城乡居民在缴费阶段的财政投入，是政府
通过财政扶持城乡居民参保的一种重要方式。从这点上看，《意见》
中规定的 30 元和 60 元的地方财政补贴规定对实现城乡居保制度全覆
盖和加速制度的实施具有积极意义。

（二）30 元补贴对欠发达地区居民参保形成吸引力

由于 30 元地方补贴在个人缴费 100 元的档次中所占比重较大，
而经济欠发达地区不少居民会选择较低档次的缴费，这样，在经济欠
发达的地区，每年 30 元的地方财政补贴还是具有相当大的吸引力的，
可以持续吸引符合条件的年轻人加入参保。而对于经济较发达地区，
缴费档次会随着生活水平的提高而提高，这时每年 30 元甚至 60 元的
财政补贴都不具备较大的吸引力，地方政府需要依照财力调节补贴力
度以促使当地城乡居民参保。因此，最低每年 30 元的缴费补贴仅对
鼓励中西部地区农民参保制度起到了一定的推动作用，对经济较发达
地区的吸引力不大。

（三）30 元和 60 元的补贴对个人缴费水平的提高形成阻力

与个人缴费档次相比，每年 30 元和 60 元的缴费补贴具有一定的
吸引力，如与最低 100 元/年的缴费档次相比，是其 30% 的额度，但
与 400 元/年的缴费档次相比，是其 7.5% 的额度；60 元缴费补贴是

500元缴费档次的12%，与2000元缴费档次相比，仅是其3%。通过比较可以看出，根据《意见》目前的规定，若地方财政对居民缴费的补贴固定为30元/年和60元/年，则参保居民在将缴费补贴与个人缴费水平比较后，容易倾向于选择100元和500元的缴费档次，以获得相对而言较高的缴费补贴，从而对提高个人的缴费水平形成了一定的阻力，最终不利于城乡居保养老金待遇水平的提高。

第四节　城乡居民基本养老保险制度现有规定下政府财政责任评估

本节主要采用第二章设立的衡量城乡居民社会养老保险制度中政府财政责任的各项指标，以参保者个人为分析对象，按照2014年《意见》规定的各项标准，评估制度现有规定下中央、地方及国家总体的财政责任情况，为下文预测分析政府未来的财政责任及其可持续性提供参考依据。

一　缴费阶段政府财政责任评估

评估城乡居保缴费阶段政府财政责任的大小，主要使用第二章阶段指标中的"缴费补贴占保费收入的比重"这一具体指标，因缴费补贴由地方政府承担，因此该阶段主要衡量地方财政责任的大小。从各地制度的试点办法来看，有的地方不考虑缴费档次的差异，将100—400元缴费档次的缴费补贴统一设置为30元，500元及以上档次的缴费补贴设为60元，而有的地方则规定档次每提高一档，补贴就增加5元。本书将分别分析两种情况下缴费阶段政府财政责任的情况。

根据"缴费补贴占保费收入的比重"指标的计算公式，缴费补贴在标准固定的情况下即为30元和60元不变，而在另一种情况下则随缴费档次的不同而变化。表4－5是两种情况下各缴费档次对应的缴费补贴占保费收入比重。由表4－5中数据可以发现，（1）同档次下，缴费补贴标准随缴费档次的提高而增大时，缴费补贴占保费总收入比重较补贴标准固定时大，即该情况下缴费阶段的政府财政责任相对较高；（2）缴费补贴标准固定或可变两种情况下，在100—400元和

500—2000 元的缴费档次段内部，参保者选择低档次比选择高档次时政府财政责任大。缴费补贴标准固定时，100 元缴费档次对应的补贴占保费收入比重为 23.08%，而 400 元档次对应的比重降至 6.98%，相差约 16 个百分点；500 元档次对应的比重是 10.71%，2000 元档次对应的比重是 2.91%，相差近 8 个百分点。而在缴费补贴随档次的提高而增加时，随着缴费档次的提高，全档次段内补贴占保费收入对应比重呈逐渐下降趋势，100 元对应的比重为 23.08%，2000 元档次对应的比重为 4.53%，相差近 19 个百分点。

表 4 – 5　　　　　缴费补贴标准两种情况下缴费阶段

政府财政责任情况　　　　　单位：元、%

缴费档次	补贴标准固定			补贴标准不固定		
	缴费补贴额	保费总收入	缴费补贴占保费收入比重	缴费补贴额	保费总收入	缴费补贴占保费收入比重
100 元	30	130	23.08	30	130	23.08
200 元	30	230	13.04	35	235	14.89
300 元	30	330	9.09	40	340	11.76
400 元	30	430	6.98	45	445	10.11
500 元	60	560	10.71	60	560	10.71
600 元	60	660	9.09	65	665	9.77
700 元	60	760	7.89	70	770	9.09
800 元	60	860	6.98	75	875	8.57
900 元	60	960	6.25	80	980	8.16
1000 元	60	1060	5.66	85	1085	7.83
1500 元	60	1560	3.85	90	1590	5.66
2000 元	60	2060	2.91	95	2095	4.53

综合以上分析，当参保者选择最低缴费档次时，政府在缴费阶段的财政责任最大。由于不低于 30 元和 60 元的缴费补贴旨在鼓励居民参保，因此缴费阶段的政府财政责任不宜过大，因此应鼓励城乡居民

选择高缴费档次，而随缴费档次的提高增加补贴额度可作为其中的一种鼓励方式。

二 养老金发放阶段政府财政责任评估

评估养老金发放阶段政府财政责任的大小，主要使用第二章阶段指标中的"基础养老金占养老金支出比重"这一具体指标。按照《指导意见》的规定，东部地区基础养老金支出额度由中央和地方平均分摊，但此处不区分东部地区的地方和中央财政责任，统一分析养老金发放阶段的政府财政责任。2012 年年底，我国已基本实现城乡居民养老保险全覆盖，对于被制度覆盖时已年满 60 周岁的居民，不用缴费可直接领取基础养老金；而对于未满 60 周岁的城乡居民，则需按年缴费至领取年龄，也可补缴。因此需分情况考察在养老金发放阶段政府的财政责任。

首先，对于参保时已年满 60 周岁的居民，所领取到的养老金即为基础养老金，从而基础养老金占养老金支出的比重为 100%，即养老金全部来自政府补贴，该情况下政府的财政责任为 100%。

其次，对于参保时 46—59 岁的居民，由于距领取年龄 60 岁不足 15 年，故称之为"非满期缴费者"。假设其选择不补缴保费，100—400 元档次下缴费补贴标准均为 30 元，500—2000 元档次下缴费补贴标准均为 60 元，则在不考虑利息及其他因素变化的情况下，采用静态计算法得到各年龄缴费参保者 60 岁时领取的养老金额度及基础养老金补贴所占比重，如表 4 - 6 所示。

表 4 - 6　　　　不同年龄的非满期缴费者在不补缴保费情况下
养老金领取阶段的政府财政责任情况　　　　单位：元、%

缴费档次	46 岁		50 岁		55 岁		59 岁	
	养老金月领取额	基础养老金占比	养老金月领取额	基础养老金占比	养老金月领取额	基础养老金占比	养老金月领取额	基础养老金占比
100 元	84.67	82.68	80.16	87.33	74.89	93.47	70.95	98.66
200 元	95.95	72.96	87.98	79.57	78.65	89.00	71.68	97.66
300 元	107.23	65.28	95.79	73.08	82.42	84.94	72.41	96.67

续表

缴费 档次	46 岁		50 岁		55 岁		59 岁	
	养老金月 领取额	基础养老 金占比	养老金月 领取额	基础养老 金占比	养老金 月领取额	基础养老 金占比	养老金月 领取额	基础养老 金占比
400 元	118.51	59.07	103.61	67.56	86.18	81.23	73.14	95.71
500 元	133.18	52.56	113.77	61.53	91.07	76.87	74.09	94.48
600 元	144.46	48.46	121.58	57.57	94.83	73.82	74.82	93.56
700 元	155.74	44.95	129.40	54.10	98.59	71.00	75.55	92.65
800 元	167.03	41.91	137.21	51.02	102.36	68.39	76.28	91.77
900 元	178.31	39.26	145.03	48.27	106.12	65.96	77.01	90.90
1000 元	189.59	36.92	152.84	45.80	109.88	63.71	77.74	90.04
1500 元	246.00	28.46	191.92	36.47	128.69	54.39	81.39	86.00
2000 元	302.41	23.15	231.00	30.30	147.50	47.46	85.04	82.31

注：个人账户缴费按 1.5% 的存款利率计息；基础养老金按 2015 年初调高后的 70 元/月计算。

由表 4-6 可以看出，（1）当缴费档次相同时，随着缴费者年龄的增大，养老金月领取额逐渐减少，而基础养老金在总养老金中的比重趋于增大，即政府在养老金发放阶段的财政责任趋于增大，当缴费参保者年龄为 59 岁，即仅缴费一年时，其每月领取的养老金额度与 70 元接近，而基础养老金占比也最高，接近 100%。（2）对于参保年龄相同的缴费者，选择的缴费档次越高，则 60 岁后领取到的养老金额度越多，基础养老金在总养老金中的比重也趋于降低，即该阶段的政府财政责任随着缴费档次的提高而下降。如对于参保缴费时 50 岁的居民，当他选择最低 100 元的档次缴费时，按照 2015 年基础养老金的水平，他 60 岁后每月可领取 80.16 元，70 元的基础养老金占总养老金的 87.33%；而当他选择最高 2000 元的缴费档次时，基础养老金所占比重降为 30.30%，该比重减小了近 60 个百分点。

最后，对于参保时不足 45 岁及以下的农民，由于距领取年龄 60 岁等于或超过 15 年，故称为"满期缴费者"。此类缴费者不用补缴保费，仅按年缴费即可。由表 4-6 的分析可知，由于满期缴费者的剩余缴费年限多于非满期缴费者的缴费年限，从而其在 60 岁后领取到的养老金中基础养老金所占比例将小于 46 岁缴费参保者在各缴费档次下对应的比例，即在养老金领取阶段政府财政责任较非满期缴费者小。

综合以上分析可知，居民养老金发放阶段政府财政责任随着参保者个人账户中积累额的增多而降低，当参保者领取到的养老金来自其个人账户积累的部分越多，则基础养老金所占的比例就相对较小。因此，在确保基础养老金发挥保障老年居民基本生活的基础上，还是应鼓励城乡居民选择高缴费档次，减少养老金支出对基础养老金的依赖；同时鼓励非满期缴费者补缴保费，增加个人账户的积累额，从而增大养老金中来自个人账户的部分，两者可共同降低养老金发放阶段的政府财政责任。

三　养老金总支出中政府财政责任评估

对养老金总支出中政府财政责任的评估，主要使用养老金总支出中财政补贴的比重，综合了对政府在缴费阶段和养老金发放阶段的总体补贴责任的分析。从上述角度考察政府财政责任的出发点是，虽然政府对城乡居民养老保险制度的财政扶持方式体现为在缴费和养老金发放两个阶段的财政补贴，但当参保者领取养老金时，之前所有的补贴都将转化为养老金的形式发放给领取者。因此分析养老金支出中政府总补贴的比重，即是从养老金支出的角度评估城乡居保中政府的总体财政责任。

从养老金支出角度评估政府财政总体责任，也要将领取者进行分类，与上文相同，领取者分为 60 岁及以上仅领取基础养老金者、非满期缴费者和满期缴费者三类，其中假设非满期缴费者不补缴保费。从而根据"城乡居保养老金总支出中财政补贴的比重"这一指标的计算公式，结合 2014 年《意见》中对各项标准的规定，假设 100—400元缴费档次下的缴费补贴均为 30 元/年，500—2000 元缴费档次下的缴费补贴均为 60 元/年，则在不考虑补贴利息及其他因素变化的情况下，采用静态计算法计算城乡居保养老金支出中政府总补贴额度，以40 岁的缴费者为例，他 60 岁后每月领取的养老金中来自财政补贴的额度为：缴费补贴额 × 20 年/139 个月 + 70 元，再将计算结果与当月所领取的养老金总额相除，得到他所领取的养老金中来自政府补贴的比例。不同类型参保者的这一比例情况如表 4 - 7 所示。

表 4 - 7　　　　　不同类型参保者领取的养老金中政府

补贴部分所占比重　　　　　　单位：元、%

| 缴费档次 | 满期缴费者 | | | | 非满期缴费者 | | | | 无缴费参保者 | |
| | 20 岁 | | 40 岁 | | 50 岁 | | 55 岁 | | 60 岁及以上 | |
	养老金月领取额	养老金支出中政府补贴占比	养老金月领取额	养老金支出中政府补贴占比	养老金月领取额	养老金支出中政府补贴占比	养老金月领取额	养老金支出中政府补贴占比	养老金月领取额	养老金支出中政府补贴占比
100 元	121.52	67.39	91.95	81.64	80.16	90.25	74.89	94.98	70	100.00
200 元	161.14	50.82	108.84	68.97	87.98	82.23	78.65	90.43	70	100.00
300 元	200.77	40.79	125.72	59.71	95.79	75.52	82.42	86.30	70	100.00
400 元	240.40	34.06	142.61	52.64	103.61	69.83	86.18	82.54	70	100.00
500 元	291.91	32.12	164.56	48.69	113.77	65.65	91.07	79.34	70	100.00
600 元	331.54	28.29	181.44	44.16	121.58	61.43	94.83	76.20	70	100.00
700 元	371.17	25.27	198.33	40.40	129.40	57.72	98.59	73.29	70	100.00
800 元	410.79	22.83	215.21	37.23	137.21	54.43	102.36	70.59	70	100.00
900 元	450.42	20.82	232.10	34.52	145.03	51.50	106.12	68.09	70	100.00
1000 元	490.05	19.14	248.88	32.18	152.84	48.87	109.88	65.76	70	100.00
1500 元	688.19	13.63	333.41	24.03	191.92	38.92	128.69	56.15	70	100.00
2000 元	886.32	10.58	417.84	19.18	231.00	32.33	147.50	48.99	70	100.00

由表 4 - 7 可以看出，（1）缴费参保的年龄越小，即剩余缴费年限越长，则养老金支出中来自政府补贴的比重越小。以 100 元档次为例，20 岁缴费参保者在 60 岁后领取的养老金中，有 67.39% 来自财政补贴；而开始缴费年龄为 50 岁的参保者，该比重为 90.25%，55 岁缴费参保者的比重则增至 94.98%。（2）缴费年龄相同的，所选择的缴费档次越高，则养老金支出中来自政府补贴的比重越小。以开始缴费年龄为 40 岁的参保者为例，100 元档次下养老金支出中政府补贴部分的比重为 81.64%，而 2000 元档次下的这一比重降至 19.18%，下降了六成多。（3）与国外政府补贴占农民养老金 70% 以上的比重

相比，按照目前的制度规定，我国城居保养老金支出中的政府财政责任平均水平与国外接近，当居民普遍选择较高缴费档次或缴费年限较长（≥20 年）的情况下，财政补贴所占比重可降至 60% 左右，财政责任水平比国外低。

综合上述分析可知，参照 2014 年《意见》中规定的缴费档次及补贴标准，基础养老金采取 2015 年 70 元/月的标准，则对于选择 100 元和 200 元档次缴费的参保者来说，未来养老金领取额中一半以上来自财政补贴；而对于选择较高档次缴费的参保者来说，这一比重将有所减小。因此，与前两部分的结论相同，提高缴费档次和增加缴费年限都可在一定程度上降低政府财政责任。虽然上文得到了制度现有规定和各种假设情况下不同参保者居民养老金支出中政府补贴部分所占比重，但所有参保者的养老金总支出中有多少来自政府补贴，即城乡居民养老保险制度中政府的总体财政责任如何，以及未来会如何变化，这还需进一步的预测和分析，本书将在第五章中对该问题进行深入研究。

第五章 城乡居民基本养老保险政府
总体财政责任的可持续性

本章作为全书主体研究的其中一部分，在前四章基本理论、经验依据和实践评估的基础上，立足于未来城乡居保养老金支出的视角，通过政府财政责任模型的构建和对预测结果的分析，从养老金支出、财政补助及其比重、财政负担能力、与国外的比较四个方面，衡量和评估城乡居保制度现有规定和不同假设情况下未来政府总体财政责任的可持续性。

第一节 城乡居民基本养老保险制度
参保人口预测

一 2016—2026 年城乡居民基本养老保险参保缴费人口预测

根据《意见》的规定，参保缴费人口为当年参保年龄在 60 周岁以下年满 16 周岁（不含在校学生），且非国家机关和事业单位工作人员及不属于职工基本养老保险制度覆盖范围的城乡居民。由于规定同时要求地方政府对参保缴费者给予不低于 30 元的缴费补贴，补贴进入个人账户，与个人缴费同步积累，当做实个人账户时，缴费补贴额度将直接体现为地方政府的财政责任。

本书以 2010 年第六次人口普查数据为基础，在不考虑现有的生育政策调整对出生人口影响的情况下，2010 年的 0 岁人口符合参保条件（满 16 岁）时的年份为 2026 年，故此处按年龄死亡率推算 2016—2026 年城乡各年龄人口数量，表 5 - 1 是基于以下假设预测的 2016—2026 年符合参保条件的总人数：（1）各年城镇居民为城镇非经济活动人口扣掉在校学生和离退休人员数；（2）农村居民中除在校生外均参加城乡居民养老保险制度。基于以上假设，在《2010 年第六次人口普查资料》的基础上，按照性别和年龄出生率、死亡率可推算2016—2026 年每年各年龄城乡符合参保条件的人口数量，进而汇总得到参保总人数，如表 5 - 1 所示。由表可知，在现有已出生人口的基础上进行测算，得到 2016—2026 年城镇和农村符合参保条件的人数呈逐年下降趋势，但 2016—2021 年农村参保人口数量较为稳定。此外，城乡各年参保人数的差异逐年缩小，至 2026 年差异仅为 248.52 万人。

表 5 - 1　　　　　　　2016—2026 年符合参保条件的人数　　　　单位：万人

年份	城镇	农村	合计
2016	42425.86	39790.00	82215.86
2017	42239.05	39613.71	81852.76
2018	41985.22	39532.29	81517.51
2019	41817.57	39604.15	81421.72
2020	41570.58	39678.88	81249.46
2021	41389.17	39866.65	81255.82
2022	40928.36	39637.75	80566.11
2023	40163.44	39141.77	79305.20
2024	39564.99	38836.29	78401.28
2025	38962.22	38491.85	77454.07
2026	38352.27	38103.75	76456.02

资料来源：根据《2010 年第六次人口普查资料》计算而得。

二　2016—2026 年城乡居保领取养老金人口预测

参加城乡居民养老保险的个人，年满 60 周岁、累计缴费满 15 年，可按年领取城乡居民养老金。参保时已年满 60 周岁的领取者由于不需缴费，仅领取基础养老金；参保时缴费的城乡居民年满 60 周岁后可领取基础养老金与个人账户养老金。根据《意见》的规定，（1）个人账户养老金的月计发标准为个人账户全部储存额除以 139。

也就是说，个人缴费的积累部分将在领取者 60—71 周岁的 12 年领取完，因此当参保缴费者年满 72 周岁后，其领取的养老金将全部来自财政补助。（2）距领取年龄不足 15 年的，应按年缴费，也允许补缴。对于这部分非满期缴费者来说，将存在三种影响政府财政责任的情况，分别为补缴保费但政府追加缴费补贴、补缴保费但政府不追加缴费补贴、不补缴保费。根据上述分析，本书对三类人群分别进行人口预测和统计，分别是：年满 72 周岁的参保缴费者，领取年龄为 60—71 周岁的参保缴费者，未缴费直接领取基础养老金的 60 周岁以上的居民，因新农保和城乡居保制度试点的时间不同，故此部分居民分别是 2009 年满 60 周岁的农民与 2011 年满 60 周岁的城镇居民。另外，因 72 周岁以上的参保缴费者在制度实施过程中出现的时间较晚，分别是 2022 年（农民）和 2024 年（城镇居民），在本书后面章节中再做具体预测和分析，此处表 5-2 和图 5-1 是 2016—2026 年城乡居民中未缴费领取人口和缴费领取人口数量的情况。

表 5-2　　　　　　2016—2026 年符合领取条件的人数　　　　单位：万人

年份	城镇		农村		总计
	无缴费领取者人数	缴费领取者人数	无缴费领取者人数	缴费领取者人数	
2016	3427.03	1942.12	6659.68	5419.69	17448.52
2017	3334.12	2316.36	6333.44	6166.88	18150.80
2018	3209.63	2683.49	5949.50	6846.05	18688.66
2019	3098.76	2937.42	5556.31	7332.25	18924.74
2020	2952.35	3256.19	5230.62	7780.10	19219.26
2021	2769.23	3527.52	4930.89	8072.19	19299.83
2022	2674.01	3907.31	4574.01	8817.76	19973.09
2023	2576.67	4476.56	4184.10	9837.67	21075.00
2024	2452.99	4968.15	3807.19	10684.30	21912.62
2025	2319.65	5461.87	3488.75	11498.30	22768.56
2026	2162.10	5962.47	3157.34	12331.46	23613.38

资料来源：根据《2010 年第六次人口普查资料》计算而得。

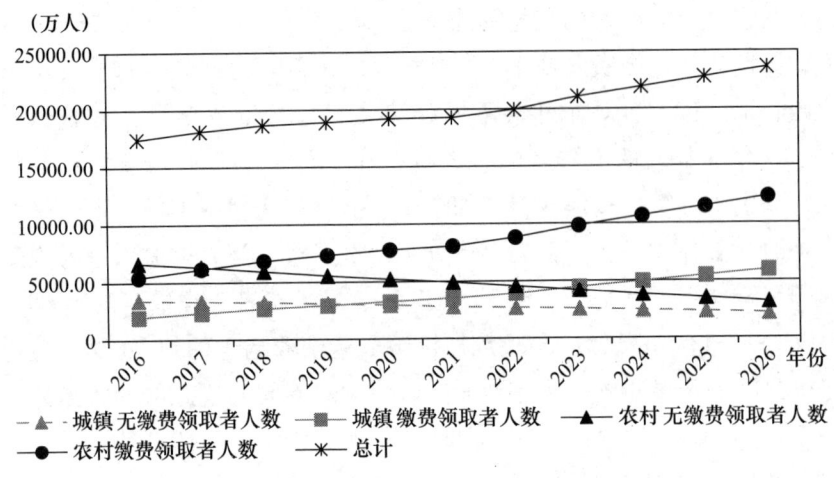

（万人）

图 5-1　2016—2026 年领取人口及不同类型领取者数量的变化趋势

由表 5-2 和图 5-1 可以看出，（1）2016—2026 年城乡居保养老金的领取者总人数逐年增加，2026 年时总人数达 23613.38 万人。（2）农村无缴费领取者和缴费领取者的人数均高于城镇，两者之和农村是城镇的两倍，这与参保缴费人口的差异恰好相反。（3）缴费领取者人数在时间上呈逐年增加趋势，而无缴费领取者人数则逐年减少。2020 年前，城镇无缴费领取者人数高于缴费领取者人数，但之后，后者将高出前者，且差距越来越大，农村的这一拐点出现在 2018 年，比城镇早。

第二节　政府财政责任模型

本节将根据《意见》的规定，结合各地具体实施办法，构建政府财政责任模型，预测未来一段时间内城乡居保养老金每年支出额度、财政补助额度，以及后者占前者的比例变化情况等。由于地方政府对参保缴费者的补贴在其领取前存放于个人账户进行积累，领取养老金时才转化为现实支出，因此，本书将从两个角度分别对城乡居保中政府财政责任进行建模，分别为名义账户制和做实个人账户时的政府财政责任。

一　与模型相关的制度内容

根据《意见》的规定，城乡居民养老保险制度中政府的财政责任体现在三个方面：（1）缴费补贴。《意见》规定居民可选择 12 个档次进行缴费参保，地方政府对参保人的缴费给予补贴，补贴标准不低于每人每年 30 元和 60 元。对于选择较高档次标准缴费的个人，补贴标准未作说明，具体由地方政府确定。从大多数地区的实施情况来看，为鼓励居民参保，缴费档次每提高一档，补贴可增加 5 元，如选择 300 元的缴费档次时，居民可获得的缴费补贴为 40 元。（2）基础养老金支出。符合养老金领取条件的居民，基础养老金由政府提供，其中中西部地区全部由中央政府提供，而东部地区由中央和地方政府各承担 50%。从各地的实施情况来看，大多数地区已逐年提高了基础养老金的发放标准，尤其是经济发达的东部地区，2015 年中央规定的最低标准为 70 元。（3）财政兜底（隐性责任）。由于个人账户养老金的月计发标准为个人账户全部储存额除以 139，因此，个人账户资金领完后，领取者的全部养老金均来自财政支持，这部分财政隐性责任主要针对 72 周岁及以上的高寿人群。

此外，与本书模型有关的规定还包括：（1）关于缴费，新农保和城镇居民养老保险制度实施时，已年满 60 周岁的居民不用缴费，可以按月领取基础养老金；距领取年龄不足 15 年的，应按年缴费，也允许补缴，累计缴费不超过 15 年；距领取年龄超过 15 年的，应按年缴费，累计缴费不少于 15 年。从各地的实施情况来看，一部分地区对居民补缴费部分不追加缴费补贴，而另一部分地区则对在规定期限内补缴的居民给予缴费补贴，如福建、四川、大连等地。（2）地方政府对参保人的缴费补贴，全部记入个人账户。个人账户储存额每年参照中国人民银行公布的金融机构人民币一年期存款利率计息。（3）关于集体补助，虽然《意见》中规定城乡居民养老保险基金由个人缴费、集体补助和政府补贴构成，但同时说明有条件的村集体和社区可对参保人缴费给予补助，而补助标准也由村民委员会召开村民会议民主确定。由于此规定没有对集体补助做出硬性规定，同时很多地方村集体也不具备对参保者进行资助的能力。另外，养老保险基金要求逐步推进省级管理，因此导致村集体和社区没有能力或压力对参保者给予资助，造成城乡居民养老保险基金的来源主要为两个，即个人缴费和政府补贴。

二 模型基本假设及参数说明

根据《意见》的规定，并结合各地的具体实施办法，本书对模型的设定做出以下假设：

（1）财政责任：不区分中央和地方，统一为国家财政责任。

（2）缴费档次：缴费档次共分 12 档，分别为 100 元、200 元、300 元、400 元、500 元、600 元、700 元、800 元、900 元、1000 元、1500 元和 2000 元，且固定不变。

（3）为了便于模型的构建，假设新农保 2009 年时即实现制度全覆盖，城居保 2011 年实现全覆盖，即不考虑两项制度试点的推进比例。

（4）保险费的缴纳：对于制度实施时，45—60 岁的人口，有三种情况：①参保之初统一一次性补缴费且有政府追加缴费补贴；②参保之初统一一次性补缴费但政府不追加缴费补贴；③不补缴费。45 岁以下的人群，每年缴费，至领取前终止。

（5）政府的缴费补贴：随着缴费档次的提高而增加，在最低 30 元的基础上，档次每提高 100 元增加 7.5 元，则选择 500 元档次时补贴 60 元，选择 1000 元档次时补贴 97.5 元，以此类推。

（6）基金来源：假设城乡居民养老金基金的来源为个人缴费和政府补贴，暂不考虑集体补助部分。

（7）假设个人账户计息利率平均为 3.5%，基础养老金在 2015 年 70 元/月的基础上年增长 10%。

（8）人口数据以 2010 年第六次人口普查资料为基础进行推算。

（9）本部分研究的时间段为 2016—2049 年，其中，几个特殊的时间点如图 5-2 所示。2014 年为建立统一的城乡居民养老保险制度的时间，2022 年 72 岁领取者中开始出现参保缴费者，2024 年起新增养老金领取者中开始存在满期缴费者，2036 年起新增领取者不再存在补缴费者，全部为满期缴费者，2049 年为新中国成立 100 周年。

三 政府财政责任模型的设定

城乡居保个人账户做实时，政府每年除对领取者的养老金支出进行财政补助外，地方政府还需对参保缴费者给予缴费补贴，前者体现为名义账户下政府的财政责任，而后者是政府的隐含财政责任。两种情况下，每年城乡居保养老金支出额度和养老金支出中财政补助的比重相同，但财政总补贴及占当年国家财政收入和财政支出比重将有差别。

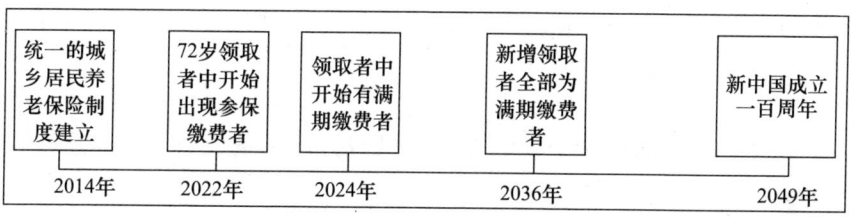

图 5 - 2　本书的研究时段和特殊时点

（一）养老金支付预测模型

（1）制度实施时，年龄在 60 岁及以上，第 t 年每月所支付的养老金额为：

$$Q_{tw} = C_{tw} = 70 \times (1 + g)^{t - 2015} \tag{5.1}$$

式中，C_{tw} 为第 t 年（$2016 \leqslant t \leqslant 2049$）支付的基础养老金，对于不同的领取者额度均相同，$g$ 为基础养老金的年增长率。

（2）制度实施时，参保者不满 60 周岁的，其 60 周岁后支付的养老金包括两部分，分别为基础养老金和个人账户的养老金。

制度实施时，参保者年龄在 45—60 岁（距领取年龄不足 15 年），则其满 60 周岁后第 t 年每月所需支付的养老金分为以下三种情形计算：

①领取者参保时选择补缴保费，且政府对补缴保费追加缴费补贴：

$$Q_{ta} = C_{tw} + \left\{ \left[f + 30 + \frac{7.5(f - 100)}{100} \right] \times \sum_{i=1}^{60-x} \left[(1 + r)^i \right] + A \right\} / 139 \tag{5.2}$$

$i = 1, 2, 3, \cdots, 60 - x$

式中，f 为缴费档次，x 为领取者参保时的年龄（$x \leqslant 59$），r 为一年期存款利率，i 为缴费的计息时间。式（5.2）中，A 为领取者个人账户中一次性补缴费和追加补贴在计息后的额度，$A = \left[f + 30 + \dfrac{7.5(f-100)}{100} \right] \left[15 - (60-x) \right] (1+r)^{60-x}$。

②领取者参保时选择补缴保费，但政府不对补缴费追加缴费补贴：

$$Q_{tb} = C_{tw} + \left\{ \left[f + 30 + \frac{7.5(f-100)}{100} \right] \times \sum_{i=1}^{60-x} \left[(1+r)^i \right] + A' \right\} / 139$$

$$(5.3)$$

式中，A' 为领取者个人账户中补缴费计息后的额度，$A' = f \left[15 - (60-x) \right] (1+r)^{60-x}$。

③领取者参保时选择不补缴保费：

与前两种情形相比，领取者参保时若选择不补缴保费，则支付的养老金中不包括来自个人账户中补缴费或追加补贴的部分，则式（5.2）和式（5.3）中 $A = A' = 0$，即为：

$$Q_{tc} = C_{tw} + \left[f + 30 + \frac{7.5(f-100)}{100} \right] \times \sum_{i=1}^{60-x} \left[(1+r)^i \right] / 139 \quad (5.4)$$

制度实施时，参保者年龄不足 45 周岁（距领取年龄超过 15 年），则其只需按年缴费，满 60 周岁后所支付的养老金公式同式（5.4）。

（二）养老金支出中财政补助支出模型

（1）在制度实施时，已年满 60 周岁及以上人口（未缴费），其每月所领取的养老金全部来自政府补助，故对其财政补助支出额为：

$$C_{tw} = Q_{tw} = 70 \times (1+g)^{t-2009} \tag{5.5}$$

（2）对于参保缴费者，若领取年龄不满 72 周岁，则每月对其支付的养老金总额中由政府财政补助的额度为：

①补缴保费且政府对补缴费追加缴费补贴：

$$Q_{ta} = C_{tw} + \left(30 + \frac{7.5(f-100)}{100} \right) \times \left\{ \sum_{i=1}^{60-x} \left[(1+r)^i \right] + \left[15 - (60-x) \right] (1+r)^{60-x} \right\}$$

$$(5.6)$$

②补缴保费但政府不对补缴费追加缴费补贴，以及不补缴保费（包括参保时不满 45 岁的正常缴费情形）：

$$Q_{tb} = C_{tw} + \left(30 + \frac{7.5(f - 100)}{100}\right) \times \sum_{i=1}^{60-x} \left[(1 + r)^i\right]/139 \qquad (5.7)$$

（3）对于参保缴费者，若其领取养老金时年满 72 周岁，则每月对其支付的养老金全部由政府财政补助，即 $G_{ta} = Q_{ta}$，$G_{tb} = Q_{tb}$，$G_{tc} = Q_{tc}$。

（4）上述为不同情况下对领取者个人的财政补助，计算每月政府财政支出总额时还应将各公式分别乘以不同情况下的人数后加总，从而第 t 年财政每月支出总额为：

$$G_{1t} = \sum_{j=60} G_{taj} N_{tj} \text{ 或 } G_{1t} = \sum_{j=60} G_{tbj} N_{tj} \qquad (5.8)$$

（三）隐含财政责任模型

设第 t 年参保缴费人数为 N'_t，则第 t 年政府对参保者的缴费补贴额为：

$$G_{2t} = \sum \left[30 + \frac{7.5(f - 100)}{100}\right] N'_t \qquad (5.9)$$

城乡居保个人账户做实时，第 t 年政府财政总补贴额为：

$$G_t = G_{1t} + G_{2t} = \sum_{j=60} G_{taj} N_{tj} + \sum \left[30 + \frac{7.5(f - 100)}{100}\right] N'_t$$

或

$$G_t = G_{1t} + G_{2t} = \sum_{j=60} G_{tbj} N_{tj} + \sum \left[30 + \frac{7.5(f - 100)}{100}\right] N'_t$$

$$(5.10)$$

第三节　政府财政责任的长期预测及分析

根据上文模型的设定及参数的赋值，可预测 2016—2049 年城乡居保制度发展过程中针对不同缴费档次的选择，即各年不同情况下养老金支出和财政补助额度以及后者占养老金总支出的比重。依据上述预测结果，本书从四个方面分析城乡居保制度中政府的总体财政责任。

一　城乡居民养老金总支出预测

将本章第一节中预测的领取人口数量代入第二节的模型中，计算得到 2016—2049 年不同情况下每年养老金的月发放额度和财政补助额度。由前文模型的比较可知，补缴费有补贴情况下养老金支出最多，无补缴费下养老金支出最少，补缴费无补贴居中，故此处以 100 元、500 元和 2000 元缴费档次下最多和最少两种情况为例，将符合条件的各年龄参保人口领取的养老金额度加总，得到关键年份两种情况下每年养老金的总支出预测额度，如表 5 - 3 所示。各年农村养老金总支出额度明显高于城镇；随着时间的推进，城乡居民养老金总支出逐年递增，以 100 元档无补缴保费为例，2016 年城乡居民的养老金支出分别为 575. 24 亿元和 1440. 70 亿元，2033 年为 7939. 89 亿元和 14712. 27 亿元，2049 年为 47086. 76 亿元和 90611. 05 亿元；缴费档次越高，是否补缴保费或追加补贴对养老金支出额度的影响越大；未来补缴费且有追加补贴与无补缴保费两种情况下的额度差异先增大后缩小，尤其体现在低缴费档次。

表 5 - 3　　　　　关键年份养老金总支出预测额度　　　单位：亿元

年份	地区	100 元档		500 元档		2000 元档	
		无补缴费	补缴费 有补贴	无补缴费	补缴费 有补贴	无补缴费	补缴费 有补贴
2016	城镇	575. 24	611. 25	604. 90	760. 01	714. 08	1307. 48
	农村	1440. 70	1544. 18	1511. 69	1957. 45	1772. 94	3478. 38
2024	城镇	2215. 71	2302. 54	2431. 45	2805. 48	2701. 12	4656. 42
	农村	4337. 09	4508. 96	4665. 63	5406. 01	5874. 73	8707. 36
2033	城镇	7939. 89	8015. 51	8765. 39	9091. 10	11803. 40	13049. 55
	农村	14712. 27	14876. 44	15900. 65	16607. 84	20274. 18	22979. 81
2049	城镇	47086. 76	47109. 14	50182. 66	50279. 06	61576. 28	61945. 10
	农村	90611. 05	90762. 45	94320. 66	94972. 82	107972. 87	110467. 99

　　图 5 - 3 是 2016—2049 年补缴费有补贴和无补缴费情况下，城乡居民养老金总支出在 100 元、500 元、2000 元缴费档次下的不同变化趋势。从图 5 - 3 中可以看出，（1）随着时间的推移，同档次两种情况下养老金总支出均逐年增加。（2）对于相同缴费档次，养老金支出

在两种情况下的差异随着时间的推移而增大，档次越高差异越明显，但自 2024 年起该差异逐渐缩小。以 500 元档为例，2016 年两种情况下养老金支出相差 600.87 亿元，2024 年相差 1119.78 亿元，之后差异逐渐缩小，2049 年缩小为 748.57 亿元。这主要由于自 2024 年起，新增养老金领取者中开始出现满期缴费者，而两种情况下养老金支出的差异仅存在于可选择是否补缴费的群体（非满期缴费者），自 2024 年起这部分人数逐渐减少。（3）对于不同缴费档次，同年两种情况下养老金总支出额度随着缴费档次的提高而逐步增加，2016 年无补缴费时 2000 元档比 100 元档高 2630.44 亿元，补缴费有补贴时两者相差 471.08 亿元；2049 年相应地差额分别为 34541.50 亿元和 31851.34 亿元。

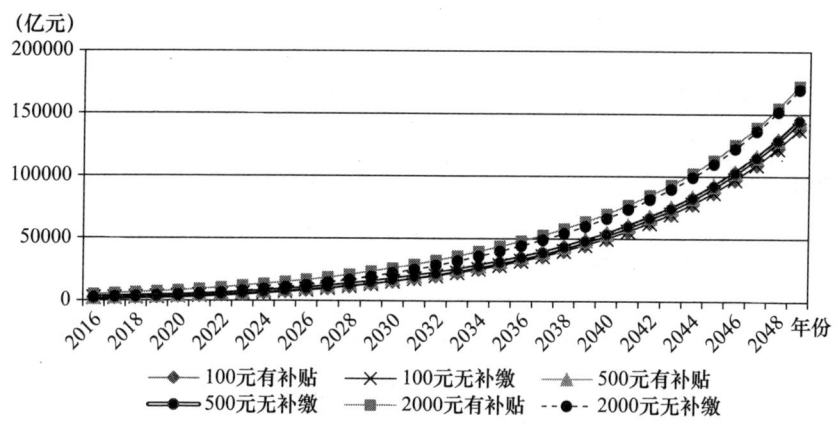

图 5 - 3　2016—2049 年不同档次下养老金总支出预测情况

二　城乡居民养老金支出中财政补助的预测

据前文模型公式可知，当领取者中不存在 72 岁及以上的参保缴费者时，有补缴无补贴和无补缴情况下政府补助相同。由于 2009 年农村年龄最大的参保缴费者（59 岁）到 2022 年时满 72 岁，城镇参保居民满 72 岁为 2024 年，所以，农村 2016—2021 年、城镇 2016—2023 年有补缴无补贴和无补缴情况下政府补助相同，相应地，自 2022 年和 2024 年起，前者高于后者的补助额度，而有补缴有补贴时的政府补助额均高于前两种情况。经计算，如表 5 - 4 所示，2016—2049 年，同一缴费档次同种情况下的财政补助额度逐年增加；各年补缴费有补贴的情况下比无补缴费的财政补助额度高；随着缴费档次的提高，不同情况下的财政补助额度也随之增加。2016 年财政补助城乡居民养老金的支出额为 1993 亿—2172 亿元，2049 年增加到 136115 亿—138086 亿元。具体如表 5 - 4 所示。

表 5 - 4　　　　关键年份养老金总支出中财政补助预测额度　　单位：亿元

档次	100 元档		500 元档		2000 元档	
	无补缴费	补缴费有补贴	无补缴费	补缴费有补贴	无补缴费	补缴费有补贴
2016 年	1992.53	2024.72	1999.56	2063.93	2018.87	2171.77
2022 年	4708.53	4764.46	4732.67	4844.51	4799.03	5064.66
2024 年	6426.22	6485.92	6464.20	6583.60	6568.62	6852.20
2033 年	22183.82	22239.15	22324.32	22434.99	22710.71	22973.54
2040 年	49317.78	49367.05	49558.60	49657.13	50220.83	50454.84
2049 年	136115.14	136155.24	136589.9	136670.1	137895.65	138086.13

图 5 - 4 是 2016—2049 年 100 元、500 元与 2000 元缴费档次下，城乡居民养老金总占支出中财政补助比重情况。由图 5 - 4 可知，缴费档次越高，同种情况下养老金总支出中来自财政支持的比重越小。具体来看，（1）对于相同的缴费档次，补缴费有补贴比无补缴保费情况下财政补助占养老金总支出比重低，这种差异尤其体现在高缴费档次下，如 2016 年 2000 元无补缴时的比重为 81.18%，而补缴费有补贴时的比重为 45.38%，相差 35.80 个百分点；（2）随着时间的推移，补缴费有补贴情况下财政补助比重呈上升趋势，而无补缴保费情况下的比重先下降后上升，拐点出现在 2031 年，与该时间新增领取者中几乎全部为满期缴费者有关；（3）相同档次不同情况下财政补助比例最终趋于接近，尤其表现在 2031 年后新增领取者几乎全部为满期缴费者时，又由于可选择是否补缴费者（参保时距领取年龄不足

15 年）人数的减少，最终使两种情况下财政补助比重的差异逐渐缩小，至 2049 年三个缴费档次对应的财政补助比重分别趋于 99％、97％、80％左右。

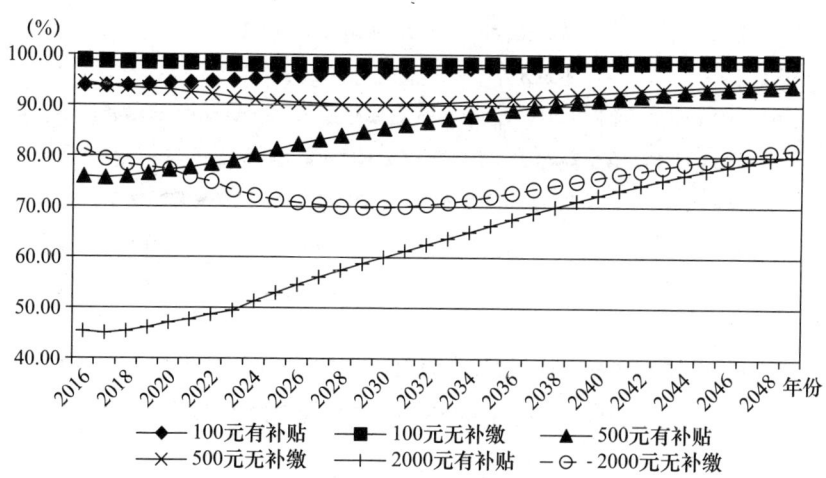

图 5 - 4　2016—2049 年养老金总支出中财政补助占比情况

若以 500 元缴费档次为例，财政补助占城乡居民养老金支出比重取两种情况的中间值，则不存在长寿风险（领取者中不含有 72 岁及以上的参保缴费者，2016—2021 年）时的这一比重为 75％—95％；存在长寿风险（2022—2049 年）时的比重为 78％—95％。图 5 - 5 是我国与 OECD 设有专门农民养老保险制度，即区分城镇和乡村养老保险制度的国家该比重的比较，从图 5 - 5 中可以看出，我国城乡居民养老金支出中财政补助比例偏高，只有当领取者参保时选择不低于 500 元的缴费档次，才会在近期内接近波兰的补助比重。上述财政补助占比情况的比较也说明我国城乡居民养老金支出主要依靠财政支持，尤其是缴费档次低于 500 元时，个人的贡献微乎其微。

三　做实个人账户下的政府财政总补贴

以上是对 2016—2049 年城乡居民养老金发放时财政补贴实际支出情况的预测，即个人账户实行名义账户制时的财政总补贴情况。当个人账户做实时，政府财政总补贴还应包括当年计入参保缴费者个人

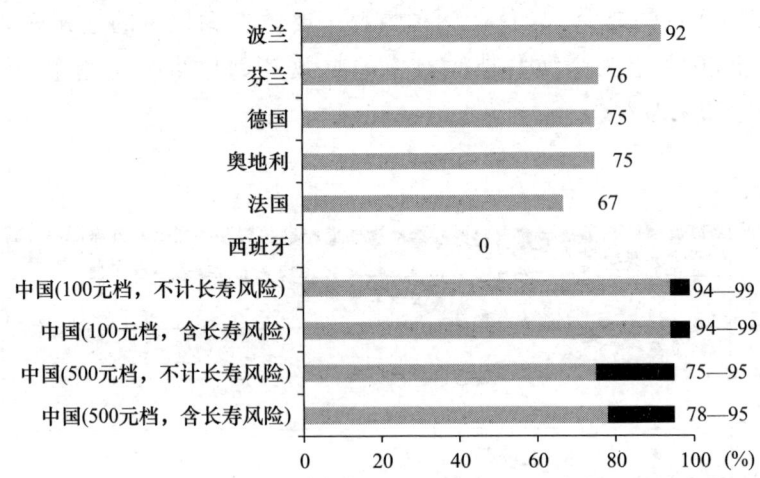

图5-5 城乡居民养老金支出中财政补助占比与OECD设有专门养老保险制度的国家补助农民养老比例的比较

账户中的缴费补贴，这部分名义缴费补贴额如表5-5所示。政府名义缴费补贴额的变化趋势与参保人口数量的增减保持一致，总体上呈现下降趋势，但十年间差异不大，2016年缴费补贴额度最高，500元档次下补贴总额为493.30亿元，2000元档次下为1171.58亿元。将地方政府承担的名义缴费补贴额与财政补助城乡居民养老金发放的额度加总，则2016年财政总补贴额将增加至2263亿—5957亿元，2026年增加到8833亿—10178亿元。

表5-5　　　　　　　　**2016—2026年政府名义缴费补贴额**　　　　　单位：亿元

档次	100元档	500元档	1000元档	2000元档
2016年	246.65	493.30	801.60	1171.58
2017年	245.56	491.12	798.06	1166.40
2018年	244.55	489.11	794.80	1161.62
2019年	244.27	488.53	793.86	1160.26
2020年	243.75	487.50	792.18	1157.80
2021年	243.77	487.53	792.24	1157.90
2022年	241.70	483.40	785.52	1148.07

续表

档次	100 元档	500 元档	1000 元档	2000 元档
2023 年	237. 92	475. 83	773. 23	1130. 10
2024 年	235. 20	470. 41	764. 41	1117. 22
2025 年	232. 36	464. 72	755. 18	1103. 72
2026 年	229. 37	458. 74	745. 45	1089. 50

从政府名义缴费补贴与实际财政补助支出的比较来看，名义缴费补贴占总补贴的比重自 2016 年的 10.27%—32.02% 逐年下降，2026年降至 2.58%—11.01%。可见，地方政府所承担的缴费补贴这一隐性财政责任将随着制度的推行而逐渐减小，因此，名义账户制比做实个人账户对地方财政责任的影响也将随着时间的推移而减弱，但前者在制度推行初期可有效降低地方政府的财政责任。一方面是由于参保缴费和领取人数的变化，另一方面每人每年 30—142.5 元的缴费补贴本身额度就不高，在做实个人账户情况下，政府对城乡居保的财政总补贴将趋于主要补助养老金的发放。

四　政府财政总体负担能力分析

根据我国 1991—2014 年国家财政收入和财政支出的基础数据，按平均增长率可推算出 2016—2049 年我国财政收入和财政支出额，两者的平均增长率均为 18.07%。本书以无补缴费和补缴保费且追加补贴两种情况为例，分析政府财政对城乡居民养老金财政补助的负担能力。由前文分析可知，2016—2049 年 100 元档次下无补缴费时财政补助额最低，2000 元档次下补缴费有补贴时财政补助额最高，图 5－6为 2016—2049 年养老金支出中财政补助最高和最低额度占当年政府财政收入和财政支出比重。

由图 5－6 可知，养老金支出中财政补助最高和最低额度分别占财政收入和财政支出比重均呈下降趋势，高缴费档次对应的比例高于低缴费档次，最终各比重趋于接近。财政补助占政府财政收入比重2016 年最高为 1.02%—1.11%，财政补助占政府财政支出比重 2016年最高为 0.94%—1.03%，两项比重 2049 年最终趋于 0.29% 和0.27%。若考虑到政府对当年参保缴费者的名义缴费补贴，以 2000

元档补缴保费且追加补贴为例，财政总补贴最高额占当年财政收入和
财政支出比重 2016 年分别为 1.71% 和 1.58%，较无名义缴费补贴时
分别高 0.60 个百分点和 0.55 个百分点。2025 年两项比重降至
0.99% 和 0.91%。比较后可以发现，做实个人账户或名义账户制下，
财政总补贴额度的变化对国家财政负担的影响不大。

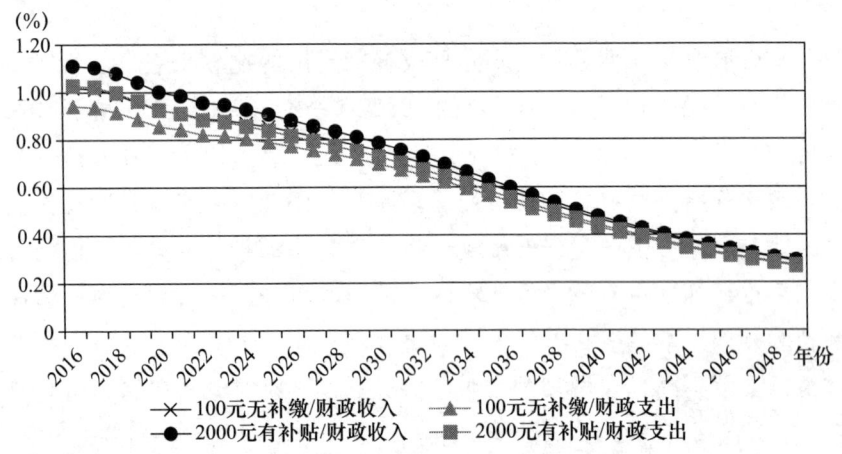

图 5-6 2016—2049 年养老金支出中财政补助最高和最低额度
占政府财政收入和财政支出的比重

我国财政收入和财政支出自 1978 年以来经历了七次周期波动，
本书采用理论界对经济周期研究的方法——"谷—谷"划分法，以财
政收入和财政支出增长率作为划分标准，从而财政收入和财政支出每
4—6 年波动一次，具体如图 5-7 和表 5-6 所示。波动幅度最大的是
1978—1981 年，财政收入增长速度的峰谷值相差 28.30 个百分点，财
政支出相差 40.38 个百分点；波动幅度最小的是 1988—1992 年，财
政收入增长速度的峰谷值相差 5.87 个百分点，财政支出相差 4.15 个
百分点。而最近的一次财政周期波动是 2011—2014 年，财政收入增
长速度最高和最低分别为 25.00% 和 8.64%，相差 16.36 个百分点；
财政支出的增长率最高和最低分别是 21.56% 和 8.25%，相差 13.31
个百分点。若自 2016 年起，财政进入下一个财政波动周期，且每六
年波动一次，相邻两个周期的波动与 2004—2010 年和 2011—2014 年

相同，仍以 100 元无补缴和 2000 元有补贴两种情况为例，测算城乡居民养老金支出中的财政补贴占财政收入和财政支出的比重。补贴占财政收入比重最高为 1.06%，占财政支出比重最高为 1.04%，与国家财政收入和财政支出以平均增长率增长时的比重相差不大，因此，从财政总量来看，政府对城乡居民养老金的财政补助处于国家财政可负担的能力范围之内。

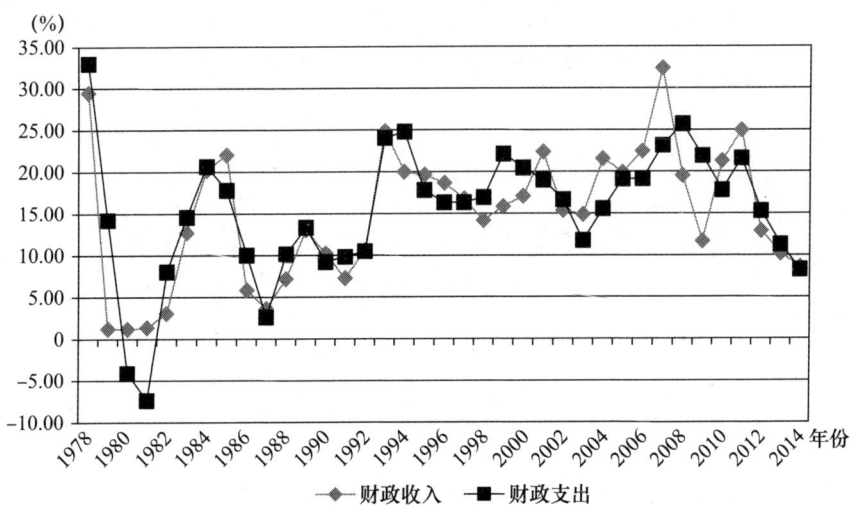

图 5-7 1978—2014 年我国财政收入和财政支出增长率情况

表 5-6 1978 年以来我国历次财政周期情况

周期序号	周期时间	峰点增长率		谷底增长率		持续年数
		财政收入	财政支出	财政收入	财政支出	
1	1978—1981 年	1978 年的 29.48%	1978 年的 33.02%	1980 年的 1.18%	1981 年的 -7.36%	4 年
2	1982—1987 年	1985 年的 22.03%	1984 年的 20.68%	1982 年的 3.11%	1987 年的 2.60%	5 年
3	1988—1992 年	1989 年的 13.05%	1989 年的 13.35%	1988 年的 7.18%	1990 年的 9.20%	6 年
4	1993—1998 年	1993 年的 24.85%	1994 年的 24.78%	1998 年的 14.16%	1996 年的 16.32%	6 年

续表

周期序号	周期时间	峰点增长率		谷底增长率		持续年数
		财政收入	财政支出	财政收入	财政支出	
5	1999— 2003 年	2001 年的 22.33%	1999 年的 22.13%	2003 年的 14.87%	2003 年的 11.78%	5 年
6	2004— 2010 年	2007 年的 32.41%	2008 年的 25.74%	2009 年的 11.72%	2004 年的 15.57%	7 年
7	2011— 2014 年	2011 年的 25.00%	2011 年的 21.56%	2014 年的 8.64%	2014 年的 8.25%	4 年

第四节 政府对城乡居民基本养老保险 总体财政责任的可持续性分析

从第三节对政府财政责任长期预测结果的分析可知：（1）城乡居民养老金支出和财政补助额度均随缴费档次的提高和时间的推移而增加，财政补助所占比重最终趋于80.09%—98.85%，养老金主要靠财政支持，500 元及以下档次的个人贡献微乎其微；（2）补缴保费有无追加补贴和无补缴费情况对财政造成的负担，在制度推行初期有较大差异，但随着时间的推移，尤其是在新增领取者全部为满期缴费者（2031 年）后差异开始减弱，直至趋同；（3）做实个人账户与名义账户制比较，财政总补贴额度的增加幅度不大，同时对国家财政负担的影响也较小；（4）若国家财政收入和财政支出平稳增长，将有能力在总量上负担对城乡居民养老金的财政补助。

前文对未来城乡居民养老金支出及财政补助的预测，其前提假设是每年的缴费档次和缴费补贴固定不变，但随着经济的发展和居民收入的提高，缴费档次将越显偏低。因此，本书将进一步分析缴费档次和缴费补贴增长时的财政补助情况，并与前文进行比较，得出政府负担城乡居民养老财政责任的可持续性结论。

为体现城居保和新农保制度并轨后各项标准的统一性，假设缴费档次和缴费补贴均自 2016 年起以每年 5% 或 8% 的增长率同步提高。若增长率为 5%，2025 年缴费档次提高到 163—3258 元，养老金总支出为 7734 亿—19669 亿元；2049 年缴费档次提高到 525—10507 元，总支出为 146449 亿—328820 亿元。增长率为 8% 时，2025 年缴费档次增加到 216—4318 元，养老金总支出为 7840 亿—23658 亿元，2049 年缴费档次增加到 1369—27380 元，总支出增加到 163808 亿—639064 亿元。以最低和最高缴费档次下无补缴费和补缴费有补贴两种情况为例，关键年份的养老金支出情况如表 5-7 所示。

表 5-7 缴费档次和补贴同步增长时关键年份养老金总支出预测额度 单位：亿元

| 年份 | 5% 增长 | | | | 8% 增长 | | | |
| | 最低档 | | 最高档 | | 最低档 | | 最高档 | |
	无补缴费	补缴费有补贴	无补缴费	补缴费有补贴	无补缴费	补缴费有补贴	无补缴费	补缴费有补贴
2016	2017.46	2163.92	2512.09	4925.88	2018.38	2169.02	2527.14	5009.89
2021	4189.54	4495.38	5983.95	11024.36	4210.89	4573.04	6335.74	12304.34
2026	8953.44	9390.99	15208.72	22419.93	9100.22	9696.72	17627.80	27458.57
2031	18167.82	18703.51	34732.62	43561.15	18777.16	19617.90	44775.01	58631.07
2036	33596.21	34236.27	67484.61	78033.35	35362.47	36518.97	96593.93	115653.99
2041	58932.51	59675.74	120870.85	133119.77	63254.20	64800.23	192095.59	217575.24
2045	91848.62	92672.76	191283.73	204866.15	100380.30	102299.11	331892.27	363515.82
2049	146448.98	147361.88	313775.14	328820.41	163807.48	166186.48	599856.53	639064.26

若缴费档次与缴费补贴以每年 5% 的增速增长，2025 年养老金支出中财政补助额为 7509 亿—8490 亿元，2049 年增加到 138135 亿—148489 亿元；增速为 8% 时，2025 年财政补助额为 7509 亿—8490 亿元，2049 年增加到 142140 亿—169124 亿元。图 5-8 为在补缴保费且政府追加缴费补贴情况下缴费档次和缴费补贴同步增长时财政补助占养老金支出比重的变化情况。由图 5-8 可知，（1）缴费档次相同

而增长速度不同时，财政补助比重在制度推行初期差异较小，但随着时间的推移，增长速度不同导致比重的差异趋于增大；（2）对于同一缴费档次，增长速度越高，则财政补助所占比重越低。对于最低缴费档次，年增长率为 5% 时，财政比重趋于 94% 左右，增长率为 8% 时，比重趋于 86%；对于最高档次，年增长率为 5% 时，财政比重趋于45% 左右，增长率为 8% 时，比重趋于 26%。可见，即使缴费档次逐年提高，选择最低档次缴费时居民养老金仍主要依靠财政补助，而选择高档次缴费则会使财政补助比重下降较多。此外，若缴费档次和补贴以不低于 5% 的年增长率同步增长，居民选择高档次缴费时居民养老金对财政补助的依赖程度将低于其他国家的平均水平。因此，若缴费档次和缴费补贴随时间推移可实现逐年增长，将降低居民养老金对财政补助的依赖，增加个人贡献比例。

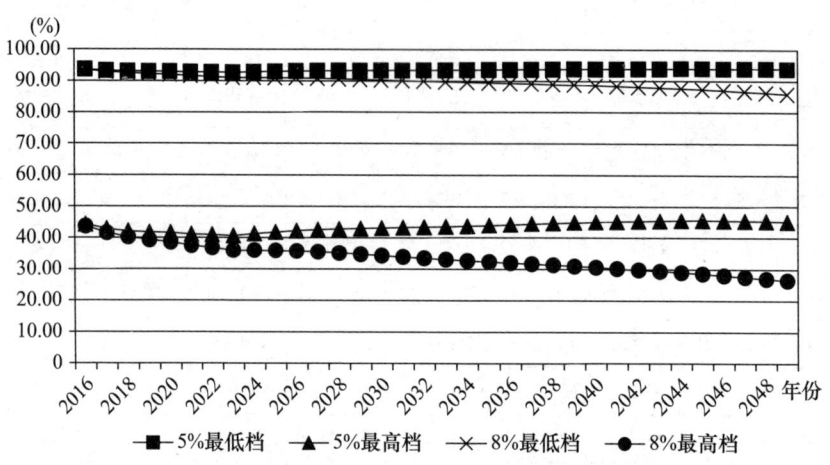

图 5-8　补缴费且有补贴情况下缴费档次和补贴同步增长时
居民养老金支出中财政补助的比重

若考虑政府对当年参保缴费者的名义缴费补贴，当缴费档次和缴费补贴同步增长时，2016—2026 年政府名义缴费补贴和财政总补贴额也逐年增加。增长率为 5% 时，2016 年政府名义缴费补贴额为 258.98亿—1230.15 亿元；财政总补贴为 2251.86 亿—3411.23 亿元，2026年分别增加到 392.30 亿—1863.41 亿元和 9034.92 亿—11335.33 亿元；增长率为8%时，2016年政府财政总补贴为2259.47亿—3451.97亿元，2026年分别增加到9211.29亿—12347.36亿元。

当缴费档次和缴费补贴同步增长时，若国家财政收入和财政支出以1991—2014年的平均增长率平稳增长，则养老金支出中财政补助额占当年财政收入和财政支出比重均逐年下降，如图5-9所示。以2000元缴费档次有补贴的情况为例，年增长率为5%时，财政补助占政府当年财政收入比重由2016年的1.11%降至2049年的0.32%，占财政支出比重由1.03%降至0.29%；年增长率为8%时，上述两项比重最终分别降至0.36%和0.33%。若考虑政府对当年参保缴费者的名义缴费补贴，财政总补贴占当年财政收入和财政支出比重略有增大，但均未超出2%。

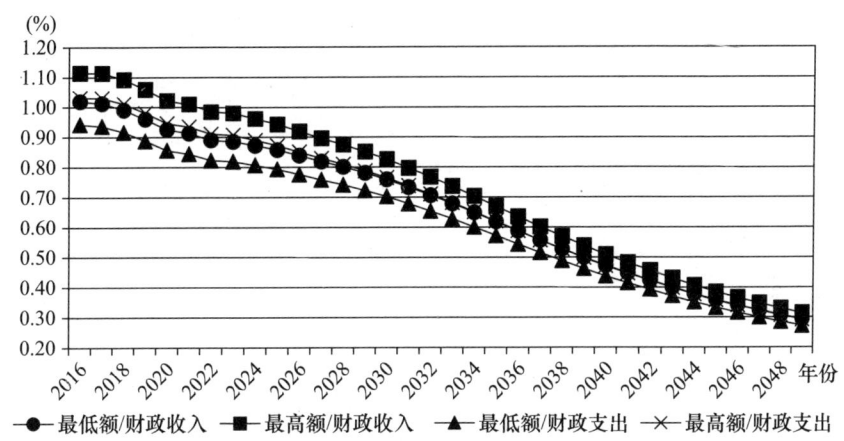

图5-9　缴费档次和补贴标准年增长率为5%时财政补助
占财政收入和财政支出的比重

综合上述分析可以发现：（1）总体来看，在现有缴费水平或缴费档次和补贴增长情况下，国家财政在总量上有能力负担对城乡居民养老的各项资金补贴。决定未来政府财政责任可持续性的关键在于：如何对待和处理地方财政责任的不平衡问题，以及如何确保财政资金的有效持续供给。（2）若居民普遍选择低缴费档次参保，将使居民养老金支出的财政补助比重过高，从而强化城乡居民养老保险的福利性特点，淡化个人责任，削弱其社会保险制度的特征，个人缴费没有真正发挥筹资和提高养老金水平的作用。居民养老金长期依赖财政扶持，势必会造成各项福利的攀升，引致财政资金需求膨胀，财政责任风险加大。（3）资金的可持续供给是城乡居民养老保险制度持续发展的关键，社会化筹资原则是实现资金持续供给的有力保证。虽然《意见》规定有条件的村集体或社区应当对参保人缴费给予补助，但现实中该规定很难真正落实，使居民养老基金基本由个人缴费和政府补贴构成。而单靠政府财政助推居民养老制度，缺乏风险分担，将使这一制度缺乏稳定性。因此，促进城乡居民养老保险制度政府财政责任的可持续性，应首先确保该责任的合理性，避免制度对财政的过分依赖。此外，城乡居民养老保险作为一项社会保险制度，也应强调个人的保障责任，避免将该制度演变为一项福利政策。

第六章　城乡居民基本养老保险政府
财政责任的区域比较

中西部地区经济和居民收入均落后于东部地区，这是不争的事实。从城乡居民基本养老保险制度的内容来看，中西部地区居民的基础养老金全部由中央财政承担，而东部地区由中央和地方各负担一半，这体现了制度在地区上的倾斜。但是，对于需地方财政提供的缴费补贴，中西部地区财政是否有能力承担，三个地区地方政府承担居民的财政责任如何？本章将就此类问题进行深入分析。

《意见》中对东部、中部、西部地区省、直辖市、自治区的划分标准，即我国国民经济发展规划纲要对我国区域经济做出的划分标准，将全国 31 个省、直辖市、自治区按照东部、中部、西部地区划分，其中，东部地区有 11 个省、直辖市，主要包括北京、天津、河北、辽宁、江苏、上海、浙江、福建、山东、广东、海南；中部地区有 8 个省、直辖市，主要包括山西、吉林、黑龙江、安徽、江西、河南、湖北、湖南；西部地区有 12 个省、直辖市、自治区，主要包括内蒙古、四川、重庆、贵州、云南、广西、西藏、陕西、甘肃、宁夏、青海、新疆。本书将按以上标准具体研究城乡居民养老保险制度中不同区域地方政府的财政责任。

第一节　城乡社会经济特征的区域比较

一　人口特征

（一）人口规模大和分布情况不均衡

截至 2014 年年底，东部、中部、西部地区城乡居民各有 5.66 亿

人、4.28 亿人和 3.68 亿人，其中，农村人口分别为 2.04 亿、2.11
亿和 1.94 亿，中西部城乡居民总数和农村人口占全国相应人口比重
分别为 58.26% 和 65.38%，中西部地区的农村人口比例较东部地区
高。而中西部地区土地面积占我国国土总面积的 85% 以上，因此，从
数据比较来看，中西部人口分布较东部分散。从表 6 - 1 可以看出，
中西部地区农村人口发展呈现出以下几个特点：（1）中部和西部地区
农村人口占地区总人口比重逐年下降，总体上平均每年降低 1.4 个百
分点，表明中西部地区农村人口城镇化水平在逐年提高；（2）中西部
地区农村人口占该地区总人口比重每年均高于全国水平，说明中西部
地区农村人口规模大，人口城镇化水平相对仍较低；（3）中西部地区
农村总人口在全国农村总人口中的比重最近五年有所下降，但基本维
持在 65%—66%。因此，总体来看，中西部地区农村人口规模较大，
城镇化水平不高，且其城镇化速度不如东部地区快。

表 6 - 1　　　　　　中西部地区农村人口占比情况

年份	全部人口（万人）			乡村人口（万人）			乡村人口占该地区总人口的比重（%）			中西部地区乡村总人口占全国乡村人口的比重（%）
	全国	中部	西部	全国	中部	西部	全国	中部	西部	
2010	134091	42277	36069	67113	23119	21121	50.05	54.69	58.56	65.92
2011	134735	42374	36222	65656	22462	20650	48.73	53.01	57.01	65.66
2012	135404	42511	36428	64222	21898	20131	47.43	51.51	55.26	65.44
2013	136072	42671	36637	62961	21482	19792	46.27	50.34	54.02	65.56
2014	136782	42848	36839	61866	21060	19389	45.23	49.15	52.63	65.38

资料来源：根据《中国统计年鉴》（2015）计算整理所得。

（二）人口结构已呈老龄化状态，且老龄化速度快、程度较城镇
严重

按照国际人口通用标准：一国 60 岁及以上人口数占总人口数的
10% 以上，或 65 岁及以上人口数占总人口数的 7% 以上，则该国人口

为老年型人口（或称该国进入了人口老龄化行列）。我国已于 1999 年
正式进入国际公认的老龄化社会。按照该标准分析三个地区居民人口
结构状况，如表 6 - 2 所示，最近八年全国及三个地区 65 岁及以上人
口所占比重均高于 7%，表明我国已全面进入人口老龄化行列。从图
6 - 1 可以看出，三个地区人口老龄化结构不均衡，2011 年之前，东
部地区各年均高于全国平均水平，而中西部地区则低于全国平均水
平；2011 年及之后，中西部地区老龄化超过东部地区，尤其是西部地
区老龄化速度最高。2014 年年底，全国、东部、中部和西部地区 65
岁及以上人口占该地区总人口的比重分别为 10.06%、10.04%、
9.71% 和 10.52%。

表 6 - 2　　　　　全国及三个区域 65 岁及以上人口及占比情况

单位：万人、%

年份	65 岁及以上人口				65 岁及以上人口所占比重			
	全国	东部	中部	西部	全国	东部	中部	西部
2007	12357	5112	3873	3371	9.36	9.77	9.06	9.12
2008	12673	5252	3954	3467	9.54	9.92	9.24	9.34
2009	12967	5344	4040	3583	9.72	10.02	9.42	9.62
2010	11883	4928	3713	3230	8.87	8.96	8.79	8.96
2011	12299	4978	3912	3410	9.13	8.93	9.18	9.37
2012	12720	5194	4027	3499	9.40	9.26	9.43	9.57
2013	13170	5449	4078	3642	9.68	9.66	9.52	9.90
2014	13768	5699	4176	3892	10.06	10.04	9.71	10.52

注：65 岁及以上人口数量是根据人口抽样数据除以各年的抽样比计算所得。

资料来源：本表根据《中国统计年鉴》（2007—2014）数据计算整理所得。

将三个地区城镇、农村老龄化程度进行比较，发现全国及三个地
区的农村 65 岁及以上人口所占比重均高于城镇，2014 年东部地区农
村老龄化程度最高为 12.48%，西部地区与全国平均水平接近，中部
地区最低为 10.73%。2014 年城镇老龄化程度西部地区最高，中部地
区次之，西部地区最高，故地区内城乡之间西部地区差异最小，城镇
仅比农村高 1.76 个百分点，差异最大的东部地区为 3.82 个百分点。

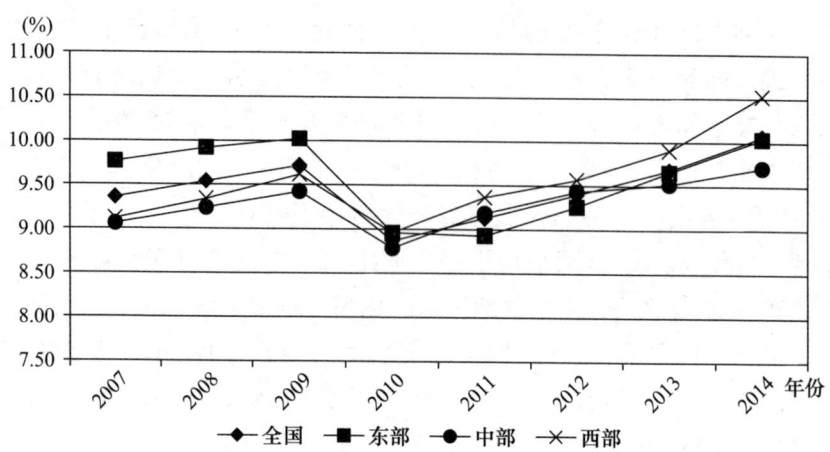

图 6 - 1　全国及三个地区 65 岁及以上人口所占比重情况

二　经济特征

（一）东部地区经济总量和经济发展速度高于中西部地区

图 6 - 2 是 1993—2014 年三个地区与全国人均 GDP 情况。由图 6 - 2 可以看出，三个地区人均 GDP 呈增长趋势，东部地区最高，最近几年中部地区略高于西部地区，两地区每年均低于全国人均 GDP。经计算，2001 年东部地区加总后的人均 GDP 为 12967.67 元，中部地区为 6455.30 元，西部地区为 5171.66 元，而全国平均水平为 8622 元；2014 年，东部、中部和西部地区分别增长到 66960.52 元、39097.17 元和 37487.16 元，东部地区人均 GDP 接近于中西部地区的加总量，当年全国平均水平为 46507.49 元。从图 6 - 2 中也可以看出，虽然三个地区人均 GDP 均逐年不同程度地增长，但由于东部地区经济发展速度高于中西部地区，与中西部地区之间的差距随时间推移而呈现增大的趋势。

从各地区内部省、直辖市、自治区的相互比较来看，三个地区内部经济发展也呈现不均衡的现象。2014 年，东部地区人均 GDP 最高（天津市）与最低（海南省）的省份相差 64937.18 元，中部地区相差 15875.48 元，西部地区相差 44555.21 元。可见，东部地区虽然绝大部分地方（除河北和海南外）人均 GDP 高于全国平均水平，但内部各地方之间经济发展不均衡现象也最为严重，其次为中部地区，西

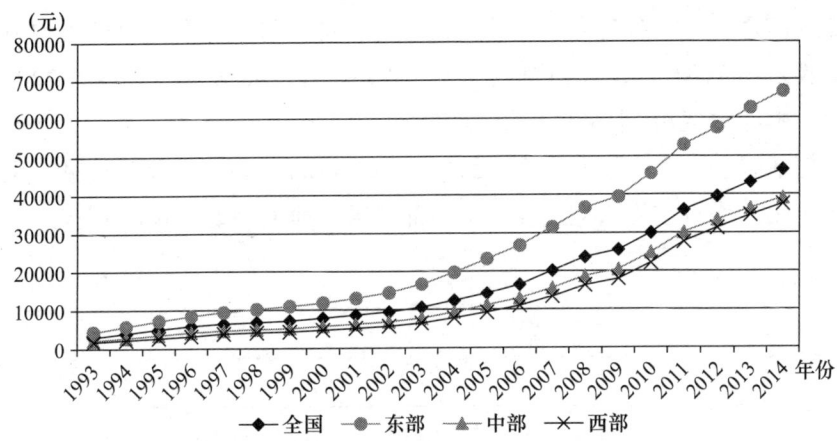

图 6 - 2 1993—2014 年全国及三个地区人均 GDP 水平

资料来源：根据中经网统计数据计算整理所得。

部地区人均 GDP 普遍偏低。

（二）中西部地区财政收入水平较东部地区低，且收支缺口大

由图 6 - 3 全国各省地方财政收入和财政支出占该省 GDP 的比重①可以看出，（1）财政收入所占比重东部地区普遍高于中西部地区，除三个省份外，东部地区该比例均高于 10%，2014 年上海最高达到 19.46%。从三个地区财政收入所占比重的平均水平来看，2014年东部地区财政收入占 GDP 比重最高，为 11.62%，其次是西部地区，为 11.49%，中部地区最低，为 9.55%。（2）财政支出所占比重中西部地区普遍高于东部地区，2014 年西藏自治区财政支出超过地方GDP 总量，比重超过 100%。计算三个地区财政支出占 GDP 比重的加权平均水平，东部地区平均为 14.91%，中部地区为 20.27%，西部地区最高，为 28.09%。将各地区财政支出和财政收入占 GDP 比重比较后可知，西部地区财政收支缺口最大超过 15%，其次为中部地区，财政负担最小的为东部地区。

从人均财政收入与人均财政支出水平来看，如图 6 - 4 所示，2014 年东部地区人均财政收入普遍高于中西部地区，人均财政支出西

---

① 由于数据分析使用的《中国统计年鉴》（2015）中无财政决算数据，此处的财政收入和财政支出均指财政预算收入和财政预算支出。

部地区最多。按各省人口比重加权平均后可以得到，东部地区人均财政收入为 7781 元，人均财政支出为 9982 元，人均财政缺口为 2202元；中部地区分别为 3733 元和 7926 元，人均财政缺口为 4193 元；西部地区为 4309 元和 10531 元，人均财政缺口为 6222 元。可见，东部地区人均财政收入远远高于中西部地区，而人均财政缺口最小。

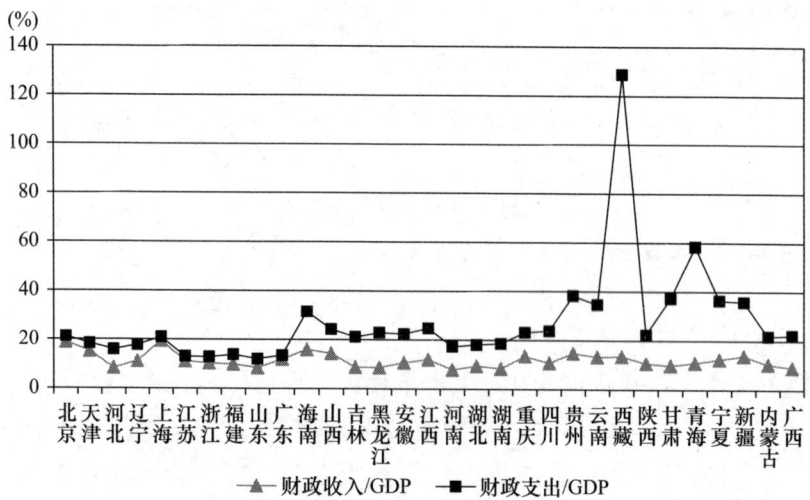

图 6 - 3 2014 年全国各省地方财政预算收入和财政支出占 GDP 的比重

资料来源：根据《中国统计年鉴》（2015）计算整理所得。

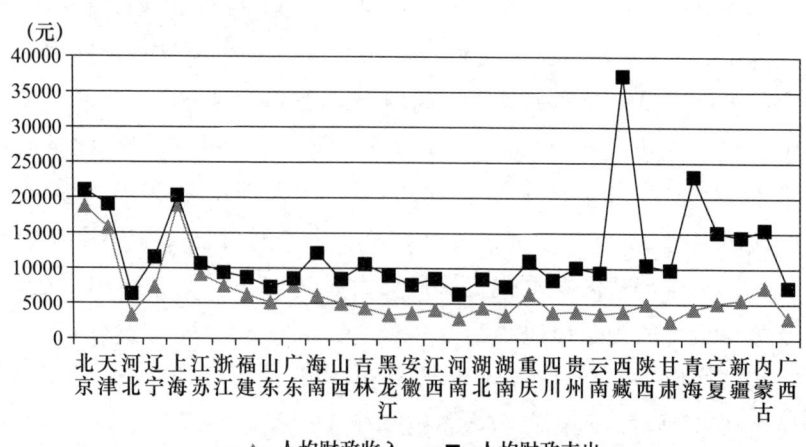

图 6 - 4 2014 年全国各省人均财政收入与人均财政支出情况

资料来源：根据《中国统计年鉴》（2015）计算整理所得。

（三）中西部地区居民人均收入和消费水平普遍低于东部地区

东中西部地区各省城乡居民人均年纯收入均呈逐年增加趋势，2003—2014 年，城镇居民收入平均增长率为 11.81%，增长率最高的是内蒙古，为 13.58%；最低的是西藏，为 8.96%，三个地区在农民收入的增长率上差异不大。与城镇居民的收入相比，2003—2014 年，农村居民人均可支配收入的平均增长率为 13.48%，增长率最高的是陕西，为 15.28%；最低的是广东，为 10.63%，地区之间的增长率平均水平差异不大。从城乡居民收入的绝对水平来看，东部地区最高，中西部多数省份的收入普遍偏低。经计算，2014 年东部地区城乡居民年人均可支配收入为 33947.30 元和 14497.55 元，高于全国的 28843.85 元和 10488.88 元，中部地区为 24267.31 元和 10118.88 元，西部地区为 23853.17 元和 8134.08 元。从地区内部各省份来看，2014 年东部地区除河北和海南省外，其他地方城乡居民人均收入水平均高于全国；中西部地区各省份城镇居民收入均低于全国平均水平，仅中部地区吉林省和湖北省的农村居民人均收入略高于全国，中西部地区其余省份均低于全国农村居民人均收入平均水平。因此，我国城乡居民人均收入在地区之间的贫富差距较大。

从居民人均消费支出比较来看，三个地区也随时间推移而逐年增加，东部地区人均支出水平最高，其次为中部，西部地区最低。2014 年，全国城镇和农村居民的人均年消费支出分别为 19968.08 元和 8382.57 元，通过对各省居民年人均消费支出加权平均后得到，东部地区城乡居民的支出额度为 23843.92 元和 11050.08 元，高于全国的 19968.08 元和 8382.57 元；中部地区为 16338.63 元和 7934.19 元，西部地区为 17087.02 元和 7202.56 元。从地区内部各省份来看，地区之间城乡居民消费支出的差异与收入的差异有类似之处，但也有不同，表现在东部地区除河北、山东和海南三省外，其余地方城镇居民人均消费支出均高于全国平均水平，而中西部地区除内蒙古外，其余省份均低于全国平均水平；农村居民的人均消费支出在区域内的差异也较为明显，其中东部地区除四个省份（以上三个再加辽宁省）外，其余均高于全国平均水平，中西部地区中仅湖北、湖南和内蒙古农民的人均消费支出较全国平均水平高。可见，地区间和地区内部省份之间在居民的收入和消费支出方面均存在较大差异。

三　社会特征

（一）中西部地区比东部地区贫困状况严重

贫困发生率是指贫困线以下的人口占该地区总人口比重，它是衡量地区贫困程度的一个重要指标。据对全国31个省市区16万户居民家庭的抽样调查，按2010年年人均收入2300元的国家农村扶贫标准测算，2014年全国农村贫困人口为7017万人，比2013年减少14.9%，贫困发生率为7.2%，比2013年下降1.3个百分点。从区域上看，全国农村贫困人口的51.3%分布在西部地区。2014年东部、中部、西部三个地区的贫困发生率分别是2.7%、7.5%、12.4%，比上年分别下降0.6个、1.3个和2.1个百分点。三个地区贫困人口分别是956万、2461万和3600万，分别比上年减少了215万、408万和609万，下降幅度分别为18.4%、14.2%和14.5%。① 可见，中西部地区比东部地区贫困状况严重，且扶贫改善速度没有东部快。

从地区内部省份的贫困状况来看，2014年贫困发生率在5%以下的省市有8个，均属于东部地区，分别是北京、天津、上海、江苏、浙江、福建、山东、广东；在5%—10%的省份有13个，其中东部地区3个，分别是河北、辽宁和海南，中部地区除山西外的7个，西部地区3个，分别是内蒙古、重庆和四川；10%—15%的有5个，除山西外其余全部属于西部地区，分别是广西、陕西、青海、宁夏。15%以上的有5个，分别是贵州、云南、西藏、甘肃和新疆。② 可见，我国的中西部农村分布了全国绝大多数的贫困人口，这增加了地方财政对低保的开支，从而加重了地方财政负担。

（二）中西部地区少数民族分布较多，风俗和生活方式差异大

中西部地区由于地理交通的限制，各地农村的文化传统和风俗习惯保留得比较完整，虽然随着近几年经济开发程度的加大等因素，农民的生活方式有所变化，但相对东部地区来说变化不大。从中西部地区内部来看，各地在风俗习惯上存在很大差异。

---

① 《中国住户调查年鉴》（2015）。
② 同上。

中西部地区是少数民族分布较多的地方，据 2010 年第六次人口普查数据，经测算，中西部地区少数民族人口占全国少数民族总人口的 84.15%，其中，中部地区占 12.88%，西部地区占 71.27%，东部地区占 15.85%。因此，少数民族多分布在西部地区，东部地区和中部地区相差不大。从地区内部民族人口结构来看，东部地区少数民族人口占该地区总人口的 3.21%，中部地区为 3.39%，西部地区为 22.02%。可见，西部地区人口中少数民族人口比例较高，而东中部地区较小。虽然西部地区少数民族人口分布较多，但不同省份之间差异也较大，少数民族人口比例最小的陕西只有 0.51%，而最高的西藏为 91.75%。此外，西部地区的少数民族种类较多，大部分少数民族分布在西部地区的人口数在该民族总人口中的比重都超过了 50%。

少数民族地区由于地域、语言、文化、观念、教育等因素的制约，贫困发生率普遍偏高，并且脱贫能力较弱。这对城乡居民基本养老保险制度推进中要求居民缴费参保和提高缴费档次造成了一定的难度，而在这些地区推行居民养老保险制度对于提高少数民族老年人的生活水平，减轻他们对低保的长期依赖，维持社会稳定和维护民族团结具有重要意义，同时也是构建和谐社会的重要内容。

第二节　地方社会保障财政负担与区域经济发展水平的关系研究

社会保障支出作为财政支出的一部分，给各地方财政造成了一定的负担。目前，我国不同省市区的经济发展水平不均衡，而社会保障支出的财政负担情况也有较大差异，并且两者都随时间的变化而有所改变。对两者之间关系的考察，可以反映出各地方已有社会保障各项支出对地方财政的负担情况，有利于本书在此基础上进一步分析地方对城乡居民养老支出的财政承担能力。

一　社会保障财政负担水平的区域差异分析

社会保障的财政负担大小能够反映一个地区政府在社会保障中的财政责任。在分析这一财政负担的地区差异之前，首先明确它的含义。据《中国统计年鉴》的资料，2006 年及其以前的社会保障支出包括社会保障补助支出、抚恤和社会福利救济支出、行政事业单位离退休经费。2007 年及其之后的社会保障支出统称为社会保障和就业支出。① 故本书所采用的社会保障支出的数据，2006 年及其之前为上述三个分项支出的加总，2007 年及其之后即为《中国统计年鉴》中社会保障和就业支出一项。社会保障财政负担的计算公式为：社会保障支出的财政负担＝社会保障支出/财政支出。国内部分学者以这一比例的大小来衡量社会保障水平的高低，本书主要以该指标衡量地方政府在社会保障中的财政责任。社会保障支出的财政负担越小，说明地方政府在社会保障中的财政责任也越小；反之则越大。图 6－5 是 2010—2014 年我国 31 个省、直辖市、自治区的社会保障财政负担情况。

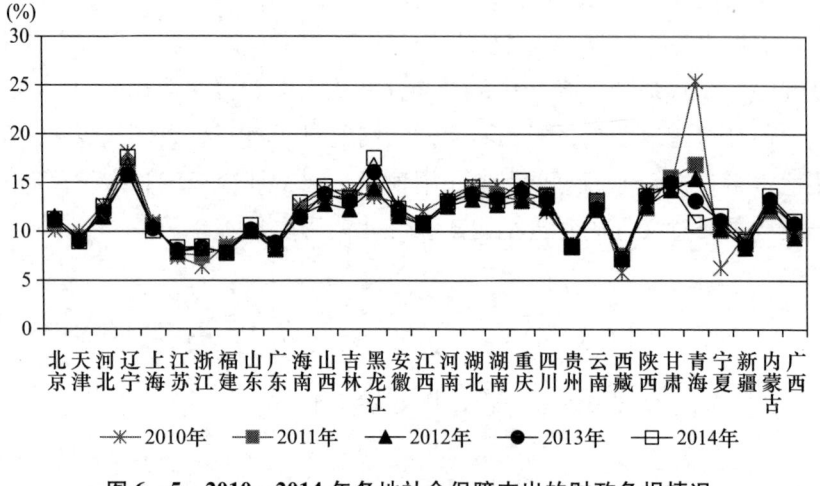

图 6－5　2010—2014 年各地社会保障支出的财政负担情况

资料来源：根据《中国统计年鉴》（2008—2015）计算整理所得。

从图 6－5 中可以看出，近五年东部地区除辽宁省外，其他地方社会保障支出的财政负担比在 5%—13%，比中西部地区大部分省份低；中部地区之间差异不大，集中在 10%—18%；西部地区内部差异较大，最低的西藏保持在 5%—8%，而最高的青海为 10%—26%。

---

① 本部分社会保障支出是指政府用于社会保障事业的各项支出，包括社会保障补助支出、行政事业单位离退休经费和抚恤与社会福利救济费。

从时间趋势上看，我国各地方社会保障支出的财政负担随时间推移，除个别省份保持相对稳定或上升外，绝大部分省份都有不同程度的下降，其中中部地区普遍下降最为明显。东部地区的天津市由 2010 年的 10.00% 下降至 2014 年的 9.00%，中部地区的湖南由 14.67% 下降至 13.19%，西部地区的青海由 25.49% 下降至 10.98%。若把时间放宽到近十四年来考察，则可发现各地方的社会保障财政负担均有较大幅度的波动。

以 2014 年的数据为例分析各地方社会保障支出及其财政负担差异。从图 6-6 可以看出，2014 年四川省社会保障支出额度最高，为 927.01 亿元，西藏支出最低，为 85.98 亿元，两者相差 841.03 亿元；从社会保障财政负担比来看，辽宁省最高，为 17.63%，西藏最低，为 7.25%，两者相差 10.38 个百分点。可见，我国各省、直辖市、自治区不仅在社会保障支出的总量上差异较大，社会保障的财政负担也有很大不同。社会保障和就业支出的总量与社会保障的财政负担在一些地方不对等的现象，主要是因为各地方的财政实力不同，即公式中分母财政总支出不同。本书使用社会保障的财政负担这一相对概念指标，比社会保障支出的总量指标能更好地反映地方政府在社会保障支

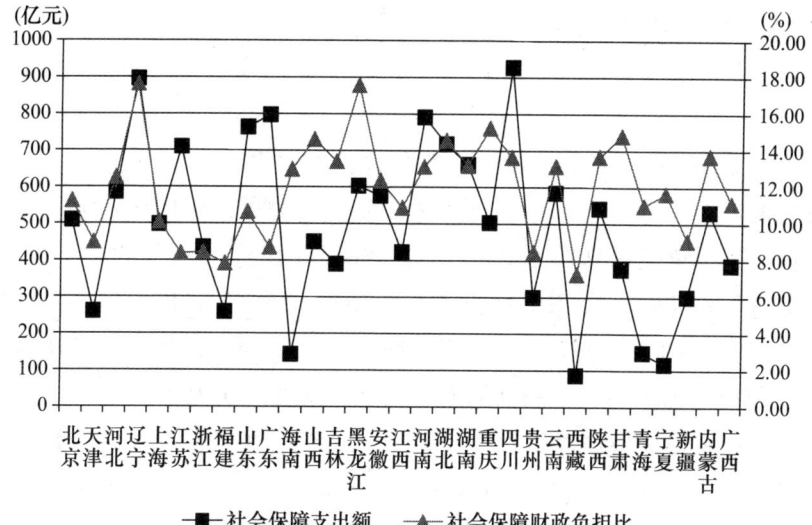

图 6-6　2014 年我国各地方社会保障支出额及其财政负担比

资料来源：根据《中国统计年鉴》（2015）计算整理所得。

出上的财政责任。

以上是我国各地方社会保障财政负担的区域差异情况，接下来，本书将对影响这一差异的因素进行分析。现实中的影响因素很多，既包括客观因素如自然灾害等，又包括多种主观因素，如各地方政府对社会保障和经济建设的财政偏好不同，由于此类因素无法进行量化，本书暂且不予考虑。接下来研究影响社会保障财政负担区域差异的经济增长因素，利用 Eviews 6.0 软件对全国各省、直辖市、自治区 1998—2014 年的面板数据进行计量分析。

二　地方社会保障财政负担与区域经济发展水平的关系模型

(一) 数据与数据检验

本部分所采用的数据均来自中经网统计数据库。由于年鉴中对社会保障支出的项目分类在时间上前后不一致，所以，本书在计算社会保障支出的财政负担时，1998—2006 年的社会保障支出包括社会保障补助支出、抚恤和社会福利救济支出、行政事业单位离退休经费；2007—2010 年的社会保障支出即为社会保障和就业支出。另外，为了排除通货膨胀的影响，1998—2014 年的人均 GDP 均以 1997 年的价格为不变价格，按 CPI 指数进行了调整，进而得到各省、直辖市、自治区每年的人均 GDP 增长率。

本书中设社会保障支出的财政负担为变量 Y，31 个省、直辖市、自治区的人均 GDP 增长率为变量 X。由表 6 - 3 对变量的描述性统计结果可知，1998—2014 年我国 31 个省、直辖市、自治区的社会保障财政负担平均为 13.0%，即平均有 13.0% 的财政支出用于社会保障事业。其中负担最高的是 2005 年吉林的 26.02%；最低的是 1998 年上海的 2.74%。人均 GDP 增长率的平均值为 11.4%，即我国 31 个省、直辖市、自治区人均 GDP 增长率平均每年为 11.4%，其中，最高的是 2004 年山东的 41.2%；最低的是 1998 年广西的 - 5.7%。

在利用面板数据建模时，首先要进行单位根检验，以分析数据的平稳性。本书利用 LLC、Fisher - ADF、Fisher - PP 方法对变量 X 和 Y 进行检验，表 6 - 4 是面板数据单位根检验的结果。对三个检验结果的 P 值进行综合分析，结果表明，本书所用面板数据中各个序列都为平稳序列。

表 6 - 3　　　　　　　　　　变量的描述性统计

项目	Y	X
平均值	13. 02543	11. 44944
中位数	13. 27000	10. 85936
最大值	26. 02000	41. 21680
最小值	2. 740000	- 5. 673302
方差	5. 003984	5. 537619

表 6 - 4　　　　　　　　　面板数据单位根检验的结果

检验方法	变量 X		变量 Y	
	检验值	P 值**	检验值	P 值**
LLC	- 7. 41463	0. 0000	- 10. 6834	0. 0000
Fisher - ADF	99. 5845	0. 0017	146. 363	0. 0000
Fisher - PP	108. 615	0. 0002	192. 368	0. 0000

注：** 表示在 10% 的置信度水平上拒绝原假设。

（二）模型构建

为了研究我国各地方社会保障的财政负担与经济发展的关系，建立适合面板数据的一般模型如下：

$$y_{it} = \alpha + \beta x_{it} + u_{it}, \ i = 1, \ 2, \ \cdots, \ 31; \ t = 1, \ 2, \ \cdots, \ 11$$

式中，y_{it} 为社会保障支出的财政负担，单位为 %；x_{it} 为 31 个省、直辖市、自治区的人均 GDP 增长率，单位为 %。以上模型的建立描述了社会保障支出的财政负担与各地方人均 GDP 增长率的线性关系。

在对面板数据进行建模时分为三种类型：①共同模型（所有个体的时间序列模型都相同）；②固定效应回归模型；③随机效应回归模型，每种模型的回归结果不同。共同模型假定不同个体从时间上看不存在显著性差异，并且不同截面之间也不存在显著性差异；固定效应模型是假设解释变量中不包含一些影响被解释变量的不可观测的确定性因素，即无法观测到的地区差异构成的残差项与自变量相关；随机效应模型是假设解释变量中不包含一些影响被解释变量的不可观测的确定性因素，即由无法观测到的地区效应构成的残差是随机分布的，并与自变量严格不相关。使用最小二乘法 OLS，在 Eviews 6.0 软件中对我国 31 个省、直辖市、自治区 1998—2014 年的社会保障支出财政负担与人均 GDP 增长率的数据进行回归，结果如表 6-5 所示。

表 6-5　社会保障支出的财政负担与人均 GDP 增长率的总体回归结果

系数	共同模型	固定效应模型	随机效应模型
α	11. 09911 *** (18. 10291) (0. 613112)	11. 13644 *** (32. 56158) (0. 342012)	11. 13507 *** (13. 19873) (0. 843647)
β	0. 168245 *** (3. 489084) (0. 048221)	0. 164985 *** (6. 073398) (0. 027165)	0. 165104 *** (6. 089270) (0. 027114)
R^2	0. 034666	0. 749566	0. 098856

注：（1）上标 ***、** 和 * 分别表示系数估计值在1%、5%和10%的水平上显著。
（2）括号中数字分别为 t 统计量和标准误差。

由各系数的 t 值来看，解释变量是显著的，表明人均 GDP 的增长率对社会保障支出的财政负担有显著影响。在共同模型和固定效应模型之间选择时，我们得到的检验结果如下：

F 检验：$F = 29.40 > F_{0.05}(30, 309)$，$P = 0.00$

从 F 检验可知，应选择固定效应模型。我们再利用 Hausman 检验对固定效应模型和随机效应模型做出选择，结果如下：

Hausman 检验：$\chi^2 = 0.005098$；$Prob > \chi^2 = 0.9431$

从该检验结果可知，应采纳随机效应模型的估计结果。回归方程应为：

$$y_{it} = (u + \alpha_i) D_i + 0.\underset{0.027114}{165104} \times x_{it}$$

经过计算得到我国 31 个省、直辖市、自治区各自回归方程的具体形式，按常数项大小进行升序排列后得到表 6-6。

表 6 – 6　　我国 31 个省、直辖市、自治区社会保障财政负担与
人均 GDP 增长率的回归方程（按常数项升序排列）

省份	回归方程	省份	回归方程
1 浙江	$Y_{ZJ} = 3.288733 + 0.165104 \times X_{ZJ}$	17 河南	$Y_{HEN} = 12.257650 + 0.165104 \times X_{HEN}$
2 西藏	$Y_{XZ} = 3.617353 + 0.165104 \times X_{XZ}$	18 云南	$Y_{YN} = 12.402037 + 0.165104 \times X_{YN}$
3 上海	$Y_{SH} = 4.850398 + 0.165104 \times X_{SH}$	19 新疆	$Y_{XJ} = 12.488575 + 0.165104 \times X_{XJ}$
4 贵州	$Y_{GZ} = 6.442378 + 0.165104 \times X_{GZ}$	20 四川	$Y_{SC} = 12.736233 + 0.165104 \times X_{SC}$
5 江苏	$Y_{JS} = 6.443834 + 0.165104 \times X_{JS}$	21 陕西	$Y_{SX3} = 12.795324 + 0.165104 \times X_{SX3}$
6 广东	$Y_{GD} = 6.532533 + 0.165104 \times X_{GD}$	22 甘肃	$Y_{GS} = 13.079360 + 0.165104 \times X_{GS}$
7 北京	$Y_{BJ} = 7.455367 + 0.165104 \times X_{BJ}$	23 湖北	$Y_{HUB} = 13.326555 + 0.165104 \times X_{HUB}$
8 福建	$Y_{FJ} = 7.793447 + 0.165104 \times X_{FJ}$	24 安徽	$Y_{AH} = 13.678160 + 0.165104 \times X_{AH}$
9 山东	$Y_{SD} = 7.865220 + 0.165104 \times X_{SD}$	25 湖南	$Y_{HUN} = 14.465392 + 0.165104 \times X_{HUN}$
10 广西	$Y_{GX} = 8.134734 + 0.165104 \times X_{GX}$	26 黑龙江	$Y_{HLJ} = 14.517889 + 0.165104 \times X_{HLJ}$
11 天津	$Y_{TJ} = 8.436898 + 0.165104 \times X_{TJ}$	27 山西	$Y_{SX1} = 14.623205 + 0.165104 \times X_{SX1}$
12 宁夏	$Y_{NX} = 10.496611 + 0.165104 \times X_{NX}$	28 重庆	$Y_{CQ} = 16.172159 + 0.165104 \times X_{CQ}$
13 内蒙古	$Y_{NBG} = 10.601861 + 0.165104 \times X_{NBG}$	29 吉林	$Y_{JL} = 17.309858 + 0.165104 \times X_{JL}$
14 河北	$Y_{HEB} = 11.792296 + 0.165104 \times X_{HEB}$	30 青海	$Y_{QH} = 18.764721 + 0.165104 \times X_{QH}$
15 江西	$Y_{JX} = 12.009218 + 0.165104 \times X_{JX}$	31 辽宁	$Y_{LN} = 19.012147 + 0.165104 \times X_{LN}$
16 海南	$Y_{HAN} = 12.013267 + 0.165104 \times X_{HAN}$		

（三）结果分析

从表 6 – 6 的回归方程可以看出，各地人均 GDP 增长率的变化对社会保障支出财政负担的影响是相同的。具体来说，当人均 GDP 增长率增加 1 个百分点（以 1997 年价格为不变价格计算），社会保障支出在地方财政总支出中的比例平均增加 0.165 个百分点；反之，当经济增速减慢 1 个百分点时，社会保障支出所占比重将减小 0.165 个百分点。上述结果表明，经济快速增长时，各地方用于社会保障事业的财政支出比例普遍增大，这主要是由于随着经济发展水平的不断提高，民生问题越来越受关注，人们各项保障的待遇水平也要求不断提升，从而政府在社会保障中的财政责任加重。这与实际情况的变化方向是一致的，当经济加速增长时，人们开始较多地关注民生，注重社会保障制度的完善，增加各项社会保障开支，社会保障支出所占比重

提高；而当经济增长速度减慢时，人们又开始转向对经济发展的关注，实施各项货币或财政政策推动经济前进，从而挤占了社会保障的部分资金支出，导致社保支出在财政支出中的比重下降。相对于西方福利国家而言，在今后的若干年里，随着经济的高速发展，我国地方社会保障支出的财政负担还将保持增大趋势。

从各省、直辖市、自治区各自回归方程中常数项的不同可以看出，社会保障财政负担的基数不同，其中最高的是辽宁，为 19.01%；最低的是浙江，为 3.29%，也就是说，当经济增长速度不变时，辽宁财政支出中有 19.01% 用于社会保障开支，而浙江的这一比例仅为 3.29%。由于各地方社会保障财政负担的基数存在很大差异，造成部分地区该负担的总体水平一直居高不下，地方财政责任较重；而另一些地区却能够年年保持较低的负担水平，地方只承担社会保障较少的财政责任。如辽宁在 2000—2008 年的社会保障财政负担一直在 21% 以上，2009 年及之后有所降低，也就是说，辽宁每年都要拿出超过 21% 的财政支出用于社会保障事业；而浙江省虽然负担水平逐年增加，但截至 2010 年，最高的社会保障财政负担只有 6.43%，地方政府在社会保障上的财政责任较小。除此之外，按常数项大小对各省、直辖市、自治区进行排序后发现，经济越发达，增长速度越快的地方财政负担的基数越小。如表 6-6 所示，前 11 位中除西藏、贵州、广西外，其他均为东部发达地区，且基数均小于 8.5%；而排在后面基数大于 12% 的除海南和河南外，其他均为中西部和东北地区。

从以上分析我们容易得到，回归方程的自变量系数可以反映社会保障财政负担的动态变化，而常数项则反映了同时期各地方社会保障财政负担的静态差异。

三 对地方承担城乡居民养老财政责任的启示

本部分从分析各省市区社会保障支出财政负担与经济发展的关系出发，利用经验数据对这一关系做出了计量性的解释。通过对随机效应模型所得到的回归方程进行分析后，得出以下结论：（1）随着经济的快速增长，社会保障的地方财政责任增大，各地方应增加社会保障项目的支出比重，以满足人们对待遇水平提高的要求。（2）由于各地方社会保障财政负担的基数不同，造成了目前社会保障总体负担在省际的差异很大。（3）由随机效应模型的拟合优度可知，还有影响社会保障财政负担的其他因素存在。

　　从前文的回归结果可以发现，财政负担基数较大的地方多来自经济发展水平不高的中西部地区，如辽宁、青海、吉林、重庆、山西、黑龙江、湖南、安徽、湖北、甘肃这几个省市区的财政负担基数都在13%以上，经济发展和社会保障事业的矛盾比较突出。若地方财政仍较多地用于社会保障支出，必然会挤占经济发展的财政开支，而两者又缺一不可，为了协调经济和社会的共同进步，国家所提供的财政支持显得尤为重要。因此，为了中西部地区城乡居民基本养老保险制度的发展，中央财政理所应当对其进行扶持。此外，对于社会保障财政负担基数较高的地方，居民基本养老中需要地方财政承担的缴费补贴是否会再次加重它们的负担，从而影响地方经济等其他方面的发展？本章第三节将有专门内容针对该问题进行研究。

第三节　城乡居民基本养老保险 财政责任的区域分析

　　《意见》规定地方政府应对参保人缴费给予补贴，补贴标准不低于每人每年30元，对选择500元及以上档次的，不低于60元，具体标准和办法由省市区人民政府确定。从各地具体实施情况来看，随着新农保和城居保两项制度的推进，很多地方均已提高缴费补贴，尤其东部地区提高幅度较大，但部分中西部地区仍停留于规定的最低标准水平，究其原因，主要是受到地方财政能力的约束。本节立足于城乡居保制度未来发展的远期视角，分析在区域经济发展不平衡的条件下，比较不同地区地方财政的补贴责任。

一　2016—2026 年各地缴费参保者和领取者人口预测

　　各地区分年龄的城乡参保人口数将基于第六次人口普查数据测算。另外，由于地方财政承担的缴费补贴仅针对参保缴费者，而东部地区除承担缴费补贴外，还须承担每年领取者基础养老金发放的一半，因此本部分需分别预测2016—2026年各年各地区的参保人口及东部地区的领取人口，与第五章相同，也将基于以下假设进行预测：
（1）各年城镇居民为城镇非经济活动人口扣除在校学生和离退休人员数；（2）农村居民中除在校生外均参加城乡居民养老保险制度；（3）假设新农保2009年时即实现制度全覆盖，城居保2011年实现全覆盖，即不考虑两项制度试点的推进比例。

（一）三个地区缴费参保人口预测

本书在排除参保人口中16岁以上的在校生数量时，按照第六次全国人口普查资料中16岁及以上各年龄农村和城镇人口中在校学生的总比例，对各地方的在校生予以扣除。由于普查资料中仅有对各地方不同年龄段人口的统计数据，因此，本书使用农村和城镇各年龄死亡率在某年龄段内的平均死亡率对各年龄段人口数量进行推算。表6-7为全国各地方及东中西地区主要年份的参保缴费人口的预测情况。

表6-7 各地方及东中西部地区主要年份参保缴费
人口的预测情况 单位：万人

地区	2016年	2019年	2022年	2026年
北京	678.79	650.49	619.89	577.77
天津	441.27	422.02	401.90	374.45
河北	2493.62	2460.04	2416.10	2350.70
辽宁	1468.75	1395.76	1315.09	1196.81
上海	745.11	708.34	673.80	628.68
江苏	2619.45	2551.95	2462.54	2317.46
浙江	1882.88	1837.27	1769.59	1652.98
福建	1322.61	1307.13	1281.48	1236.21
山东	3246.39	3190.13	3101.12	2945.88
广东	3827.58	3819.05	3771.84	3666.62
海南	311.14	312.97	310.67	304.82
东部合计	19037.59	18655.17	18124.03	17252.39
山西	1308.41	1287.52	1255.09	1197.54
吉林	979.20	942.02	896.60	824.02
黑龙江	1377.01	1323.82	1258.31	1153.50
安徽	2048.35	2063.74	2034.13	1953.50

续表

地区	2016 年	2019 年	2022 年	2026 年
江西	1561.29	1581.00	1589.28	1583.68
河南	3252.33	3293.07	3299.90	3262.55
湖北	2018.18	1968.72	1898.27	1790.00
湖南	2248.73	2248.71	2215.40	2137.09
中部合计	14793.48	14708.61	14446.98	13901.88
重庆	919.13	916.15	900.12	861.74
四川	2730.41	2723.75	2679.56	2567.94
贵州	1223.26	1258.15	1270.38	1257.71
云南	1720.45	1746.95	1742.43	1700.33
西藏	118.76	122.42	124.45	125.52
陕西	1362.52	1329.36	1288.44	1224.10
甘肃	952.57	954.34	938.47	896.56
青海	211.13	215.07	214.82	209.62
宁夏	231.23	235.17	235.37	230.86
新疆	821.16	830.18	829.52	818.92
内蒙古	899.21	871.41	836.32	780.32
广西	1587.47	1613.78	1619.49	1610.04
西部合计	12777.32	12816.73	12679.37	12283.65

从表 6-7 中数据可以看出，随着时间的推进，各地参保缴费人口数量普遍呈递减趋势，2016 年东部地区参保缴费总人口为 19037.59 万，中部地区为 14793.48 万，西部地区为 12777.32 万，三个地区缴费人口占全国总缴费人口的比重分别为 40.85%、31.74% 和 27.41%，东部地区比西部地区高 13.44 个百分点。各地之间比较可知，广东省参保缴费人数最多，2016 年为 3827.58 万，2026 年降至 3666.62 万，2016 年东部地区的海南省最少，为 311.14 万；中部地区河南省最多，为 3252.33 万，吉林省最少为 979.20 万；西部地区的四川省最多，为 2730.41 万，西藏自治区最少，为 118.76 万。

（二）东部地区领取人口预测

表 6-8 是东部地区 2016—2026 年主要年份领取人口的预测情

况。由表中数据可知，东部地区及各地方领取人口逐年增加，2016年东部地区领取人口共6408.03万，接近当年该地区总参保缴费人口的1/3，是当年全国领取总人口的38.84%。其中，山东省最多，为1345.69万人，海南省最少，为85.27万人。2026年东部地区总领取人口增加到8302.96万人，山东和海南也分别增加至1695.42万人和117.07万人。

表6-8　　　　东部地区各地方主要年份领取人口的预测情况　　单位：万人

地区	2016年	2019年	2022年	2026年
北京	163.16	178.18	198.23	226.06
天津	125.37	137.73	152.12	170.45
河北	954.46	1027.80	1120.84	1250.52
辽宁	588.42	644.24	707.86	787.73
上海	213.88	229.66	247.44	269.66
江苏	1065.42	1092.00	1158.75	1276.36
浙江	661.27	694.12	756.05	856.78
福建	381.85	408.59	450.36	517.56
山东	1345.69	1407.84	1518.87	1695.42
广东	823.24	873.31	969.88	1135.36
海南	85.27	89.37	99.56	117.07
东部合计	6408.03	6782.85	7379.95	8302.96

二　缴费补贴标准固定时地方政府财政补贴预测

本部分在预测三个地区未来缴费补贴和东部地区基础养老金补贴额时，关于居民选择不同缴费档次时的缴费补贴标准与第五章相同。（1）缴费档次：缴费档次共分12档，且固定不变；（2）政府的缴费补贴：随着缴费档次的提高而增加，在最低30元的基础上，档次每高100元增加7.5元；（3）非满期缴费者的缴费补贴：对参保时距领取年龄不足15年的参保缴费者，即45—60岁的人口，有三种情况：①统一一次性补缴费且有政府追加缴费补贴；②统一一次性补缴费但政府不追加缴费补贴；③不补缴费。45岁以下的人群，每年缴费，至领取前终止。

（一）三个地区未来缴费补贴预测

因本书假设 2016 年城乡居民已被基本养老保险制度全覆盖，故据 2016—2026 年各地方参保缴费人口数的预测，每年地方缴费总补贴不包括针对补缴保费一次性追加的缴费补贴，仅为符合参保年龄，且 60 周岁以下缴费参保者的缴费补贴，计算公式是缴费人数 × 补贴标准额。

表 6 - 9 是 2016 年、2022 年、2026 年分别为 100 元、500 元、2000 元缴费档次下各地方对缴费者的补贴情况。由表可知：（1）随着缴费档次的提高，各地方缴费补贴额也逐渐增加，但由于假设每增加一档补贴标准增加 7.5 元，因此，三个缴费档次之间存在倍数关系，500 元档的缴费补贴总额是 100 元档的两倍，2000 元档是 100 元档的 5.75 倍。（2）从三个地区的汇总情况看，东部地区缴费补贴总额最高，其次为中部地区，西部地区最少，这与缴费参保人口数量的比较一致。此外，由于时间趋势上人口数量递减，三个主要年份各地缴费补贴额度在同一缴费档次下有所下降，但差异不大。（3）地方之间进行比较，广东省各年同等情况下的缴费补贴额度最高，2016 年最高档的补贴额度为 66.03 亿元，是补贴最少的西藏（2.05 亿元）的 32.21 倍。

表 6 - 9　　　　　缴费补贴标准无增长时各地主要年份

缴费补贴预测额　　　　　　单位：亿元

地区	2016 年			2022 年			2026 年		
	100 元档	500 元档	2000 元档	100 元档	500 元档	2000 元档	100 元档	500 元档	2000 元档
北京	2.04	4.07	11.71	1.86	3.72	10.69	1.73	3.47	9.97
天津	1.32	2.65	7.61	1.21	2.41	6.93	1.12	2.25	6.46
河北	7.48	14.96	43.01	7.25	14.50	41.68	7.05	14.10	40.55
辽宁	4.41	8.81	25.34	3.95	7.89	22.69	3.59	7.18	20.64
上海	2.24	4.47	12.85	2.02	4.04	11.62	1.89	3.77	10.84
江苏	7.86	15.72	45.19	7.39	14.78	42.48	6.95	13.90	39.98
浙江	5.65	11.30	32.48	5.31	10.62	30.53	4.96	9.92	28.51
福建	3.97	7.94	22.81	3.84	7.69	22.11	3.71	7.42	21.32

续表

地区	2016 年			2022 年			2026 年		
	100 元档	500 元档	2000 元档	100 元档	500 元档	2000 元档	100 元档	500 元档	2000 元档
山东	9.74	19.48	56.00	9.30	18.61	53.49	8.84	17.68	50.82
广东	11.48	22.97	66.03	11.32	22.63	65.06	11.00	22.00	63.25
海南	0.93	1.87	5.37	0.93	1.86	5.36	0.91	1.83	5.26
东部合计	57.11	114.23	328.40	54.37	108.74	312.64	51.76	103.51	297.60
山西	3.93	7.85	22.57	3.77	7.53	21.65	3.59	7.19	20.66
吉林	2.94	5.88	16.89	2.69	5.38	15.47	2.47	4.94	14.21
黑龙江	4.13	8.26	23.75	3.77	7.55	21.71	3.46	6.92	19.90
安徽	6.15	12.29	35.33	6.10	12.20	35.09	5.86	11.72	33.70
江西	4.68	9.37	26.93	4.77	9.54	27.42	4.75	9.50	27.32
河南	9.76	19.51	56.10	9.90	19.80	56.92	9.79	19.58	56.28
湖北	6.05	12.11	34.81	5.69	11.39	32.75	5.37	10.74	30.88
湖南	6.75	13.49	38.79	6.65	13.29	38.22	6.41	12.82	36.86
中部合计	44.38	88.76	255.19	43.34	86.68	249.21	41.71	83.41	239.81
重庆	2.76	5.51	15.85	2.70	5.40	15.53	2.59	5.17	14.87
四川	8.19	16.38	47.10	8.04	16.08	46.22	7.70	15.41	44.30
贵州	3.67	7.34	21.10	3.81	7.62	21.91	3.77	7.55	21.70
云南	5.16	10.32	29.68	5.23	10.45	30.06	5.10	10.20	29.33
西藏	0.36	0.71	2.05	0.37	0.75	2.15	0.38	0.75	2.17
陕西	4.09	8.18	23.50	3.87	7.73	22.23	3.67	7.34	21.12
甘肃	2.86	5.72	16.43	2.82	5.63	16.19	2.69	5.38	15.47
青海	0.63	1.27	3.64	0.64	1.29	3.71	0.63	1.26	3.62
宁夏	0.69	1.39	3.99	0.71	1.41	4.06	0.69	1.39	3.98
新疆	2.46	4.93	14.16	2.49	4.98	14.31	2.46	4.91	14.13
内蒙古	2.70	5.40	15.51	2.51	5.02	14.43	2.34	4.68	13.46
广西	4.76	9.52	27.38	4.86	9.72	27.94	4.83	9.66	27.77
西部合计	38.33	76.66	220.41	38.04	76.08	218.72	36.85	73.70	211.89

（二）三个地区缴费补贴的财政责任分析

本书主要通过对居民缴费补贴占各地财政收入和财政支出比重情况的分析，评估 2016—2026 年制度推行过程中三个地区及地方财政的承受能力和负担大小。

由于全国各省、直辖市、自治区 1997—2014 年的财政收入和财政支出水平的变化趋势相对稳定，除四川省 2008 年变化较大外（地震灾害），其他省份没有太大波动，故可按 1997—2014 年各地方财政收入和支出的平均增长率（四川省按 1997—2007 年和 2009—2014 年的平均增长率）进行预测，得到各省、直辖市、自治区未来每年的财政收入、财政支出和财政缺口水平。目前，各省、直辖市、自治区地方本级财政支出一般大于财政收入，造成的财政缺口主要依靠中央补助收入解决。地方对居民养老的财政补贴无疑会同时增加财政支出和财政缺口，本书用地方财政缺口率来衡量居民养老补贴对地方财政所增加的负担，计算公式为：地方财政缺口率 = 地方财政缺口/地方财政支出 × 100%，缺口率越大，说明地方财政负担越重。

1997—2014 年全国各省、直辖市、自治区地方财政收入和财政支出的平均增长率如图 6 - 7 所示。从图中可以看出，近十七年来，东部地区财政收入和财政支出的平均增长率较为接近，相比之下，中西部地区财政支出平均增长率普遍较高，除个别省份（重庆、四川、西藏、内蒙古）外，均高于地方财政收入增长率。

据平均增长率推测各地 2016—2026 年财政收入和财政支出额度，将缴费补贴额与之比较，得到补贴占地方财政收入和财政支出比重，如图 6 - 8 和图 6 - 9 所示。缴费补贴占地方财政收入比重可反映地方财政对居民养老缴费补贴的财政承受能力，比重越低，则承受能力越强；反之则相反。由图 6 - 8 可以看出：（1）随着时间的推移，最低和最高档次的缴费补贴占地方财政收入比重也逐年降低，这主要是由于缴费补贴标准固定不变，而财政收入则逐年递增。（2）最低档与最高档所占比重的差异随着时间推移而逐渐缩小。（3）东部地区除河北省外，对缴费补贴的财政承担能力普遍较中西部地区强，反映在图中即为东部地区缴费补贴占地方财政收入比重比中西部地区小。（4）虽然从图中曲线看三个地区比重差异明显，但数值上差别不大，缴费补贴占地方财政收入比重最高均未超过 1.8% 。2016 年甘肃省的比重最高，为 0.31%—1.78% ，最低的北京市仅为 0.03%—0.20% 。

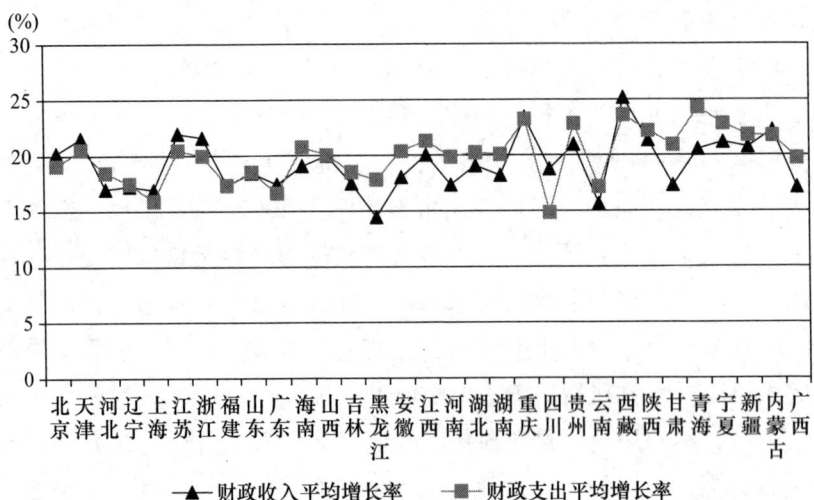

图 6 - 7　1997—2014 年各地方财政收入和财政支出的平均增长率

注：四川省财政支出平均增长率为 1997—2007 年和 2009—2014 年 16 年间的平均增长率。

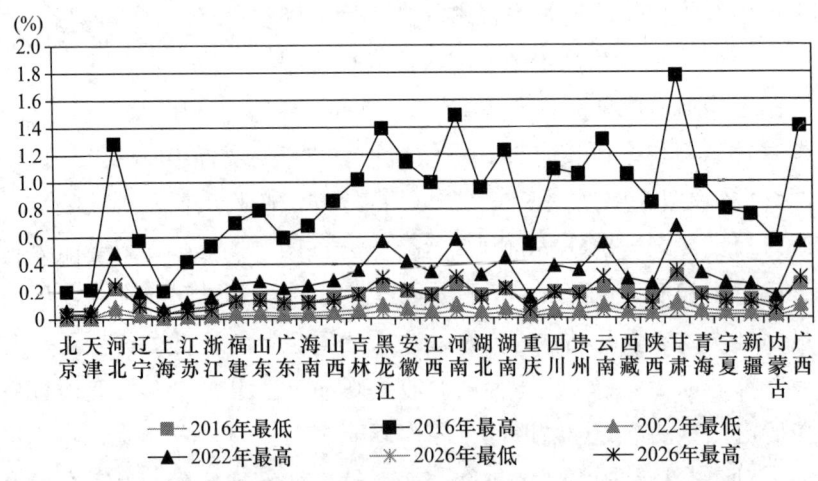

图 6 - 8　主要年份各地最低和最高档缴费补贴预测额占当地财政收入比重

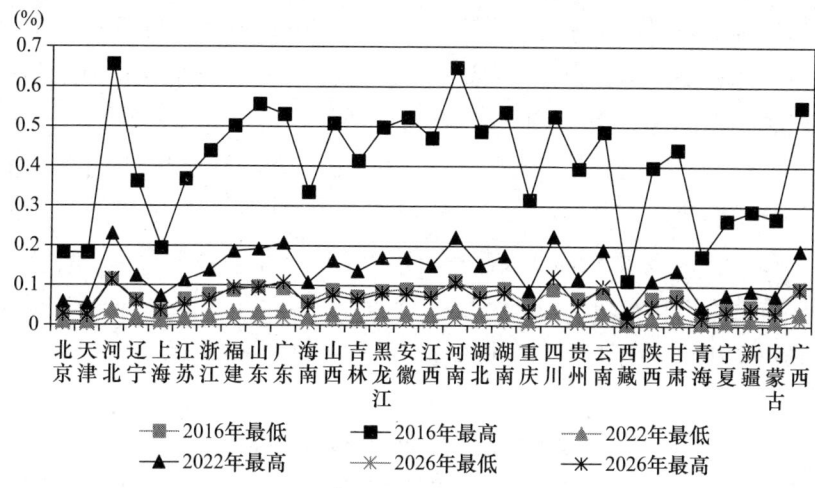

图 6 - 9　主要年份各地最低和最高档缴费补贴预测额占当地财政支出比重

缴费补贴占地方财政支出比重可反映城乡居民养老保险对其他项目财政支出的挤占程度，比重越高则挤占程度越大，从而地方财政负担较重。从图 6 - 9 可以看出：(1) 缴费补贴占财政支出和财政收入的比重的高低分布绝大部分地方能够吻合，即缴费补贴占财政收入比重较大的地方，通常占财政支出比重也相对较高。与图 6 - 8 类似，随着时间的推移，缴费补贴占地方财政支出的最低档和最高档比重也逐年降低。(2) 最低档和最高档所占比重的差异随着时间推移而逐渐缩小。(3) 补贴占财政支出比重在区域之间的差异不大，且普遍较低，2016 年河北省比重最高，在 0.11% —0.66%，最低的西藏仅为 0.02% —0.11%。综合以上分析可以发现，当缴费补贴标准固定时，未来随着时间的推移，补贴对各地方财政造成的负担将趋于缩小，由于占比较小，各地均有能力承担缴费补贴，其中东部地区承担能力普遍较中西部地区强。

（三）东部地区基础养老金标准固定时的财政负担分析

按照《意见》的规定，据中央确定的基础养老金标准，中央财政仅对东部地区补贴该标准的一半，其余基础养老金的发放额度需地方财政负担。按照 2015 年 70 元/月的最低标准，保守假设东部地区仅负担该标准一半的补贴,[①] 即为 35 元/月,东部地区地方每年基础养老金的总补贴额 = 35 元 × 领取者人数 × 12 个月。表 6 - 10 为东部地区各省份 2016—2026 年对基础养老金的补贴情况,由表中数据可以看出,随着时间的推移,东部各地对基础养老金的补贴额逐渐增加,由于基础养老金额度不变,因此这主要由领取者人数的逐年增加导致,领取者人数最多的山东省基础养老金的补贴额度也最高,2016 年补贴额为 56.52 亿元,2026 年增加到 71.21 亿元;补贴额最低的海南省则由 2016 年的 3.58 亿元增加到 2026 年的 4.92 亿元。

表 6 - 10　　　　　主要年份东部地区各地对基础养老金

补贴的预测额度　　　　　　单位:亿元

地区	2016 年	2018 年	2020 年	2022 年	2024 年	2026 年
北京	6.85	7.21	7.78	8.33	8.96	9.49
天津	5.27	5.57	6.02	6.39	6.81	7.16
河北	40.09	41.83	44.64	47.08	49.91	52.52
辽宁	24.71	26.07	28.13	29.73	31.58	33.08
上海	8.98	9.34	9.99	10.39	10.89	11.33
江苏	44.75	45.12	46.74	48.67	51.07	53.61
浙江	27.77	28.45	29.96	31.75	33.90	35.98
福建	16.04	16.64	17.74	18.92	20.30	21.74
山东	56.52	57.79	60.65	63.79	67.56	71.21
广东	34.58	35.66	37.84	40.73	44.13	47.69
海南	3.58	3.66	3.86	4.18	4.56	4.92
东部合计	269.14	277.34	293.35	309.96	329.67	348.72

图 6 - 10 是 2016—2026 年的主要年份中,东部地区各省份基础养老金补贴额占地方财政收入和财政支出比重情况。从图中曲线的变化趋势可以看出:(1)由于各地财政支出预测额均高于财政收入,因此基础养老金补贴占财政收入比重大于占财政支出比重,如比重最高

---

① 为了方便计算,假设东部各地的基础养老金按中央最低标准发放。

的河北省，2016 年基础养老金补贴占财政收入的 1.20%，而占财政
支出的 0.61%；（2）虽然各地对基础养老金补贴额逐年增加，但增
长速度低于财政收入和财政支出的平均增长率，从而导致基础养老金
补贴占两者比重随时间推移而趋于减小；（3）将东部地区各地基础养
老金补贴占财政收入和财政支出比重与缴费补贴所占比重比较，即将
图 6 - 10 与图 6 - 8、图 6 - 9 比较，可以发现，基础养老金补贴所占
比重均高于缴费补贴的比重，以比重最高的河北省为例，2016 年缴费
补贴占财政收入和财政支出的比重范围分别是 0.22%—1.26% 和
0.11%—0.66%。因此，对于东部地区各地而言，基础养老金补贴与
缴费补贴的负担相当。

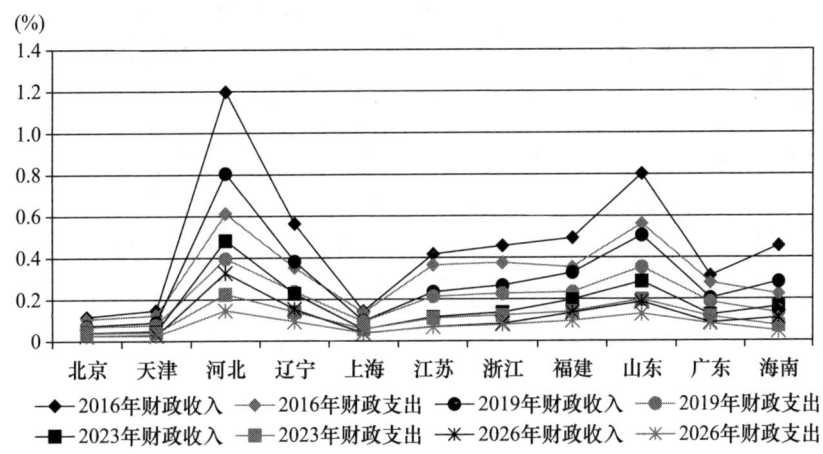

图 6 - 10　主要年份东部地区各地基础养老金补贴占地方财政
收入和财政支出比重

　　综合分析东部地区对缴费补贴和基础养老金补贴的承担能力和财
政负担，以各地缴费补贴的最高额为例，与基础养老金补贴加总后，
分别得到总补贴占财政收入和财政支出比重情况，如表 6 - 11 所示。
由表可知，居民养老总补贴比重在数值上并不高，河北省各年总补贴
占财政收入和财政支出比重均最高，除 2016 年河北省财政收入占
2.48% 外，其余均未超过 2%，说明东部地区对居民养老的财政承受
能力相对较强，居民养老对财政支出其余项目有一定的挤出，但挤出

程度不大。

表 6-11　　　主要年份东部各地总补贴及占地方财政收入和
财政支出比重情况　　　　单位：亿元、%

地区	2016 年			2022 年			2026 年		
	最高档补贴总额	占财政收入比重	占财政支出比重	最高档补贴总额	占财政收入比重	占财政支出比重	最高档补贴总额	占财政收入比重	占财政支出比重
北京	18.56	0.32	0.29	19.02	0.11	0.10	19.46	0.05	0.05
天津	12.88	0.36	0.31	13.32	0.12	0.10	13.62	0.05	0.05
河北	83.10	2.48	1.27	88.75	1.03	0.49	93.07	0.58	0.26
辽宁	50.05	1.14	0.71	52.42	0.46	0.28	53.73	0.25	0.15
上海	21.84	0.35	0.33	22.02	0.14	0.14	22.17	0.07	0.08
江苏	89.93	0.84	0.73	91.15	0.26	0.24	93.58	0.12	0.12
浙江	60.25	0.99	0.81	62.28	0.32	0.28	64.50	0.15	0.14
福建	38.85	1.20	0.85	41.02	0.48	0.35	43.06	0.27	0.19
山东	112.52	1.60	1.12	117.29	0.60	0.42	122.02	0.32	0.22
广东	100.60	0.91	0.81	105.80	0.36	0.34	110.93	0.20	0.19
海南	8.95	1.14	0.56	9.54	0.43	0.19	10.17	0.23	0.10

（四）三个地区居民养老总补贴的财政责任分析

以上分别得到东部、中部、西部地区各地对居民养老的总补贴情况，由于不同地方财政能力差异较大，此处将对三个地区之间进行比较，分析其对居民养老补贴的财政承担能力及财政负担情况。由图 6-11 可以看出：（1）从补贴总量上比较，东部地区普遍高于中西部地区，这主要由于前者比后者多负担对基础养老金的补贴；（2）从总补贴占地方财政收入的比重来看，三个地区平均水平差别不大，东部地区的河北省比重最高；（3）从时间趋势来看，2016—2026 年东部地区总补贴额度逐年增加，而中西部地区绝大部分地方则出现下降趋势，尤其是中部地区，除江西和河南两省 2022 年比 2016 年增加外，其余地方补贴额度普遍下降。然而，总补贴占财政收入的比重则随着时间推移趋于减小，这仍与补贴标准固定而财政收入逐年增长有关。

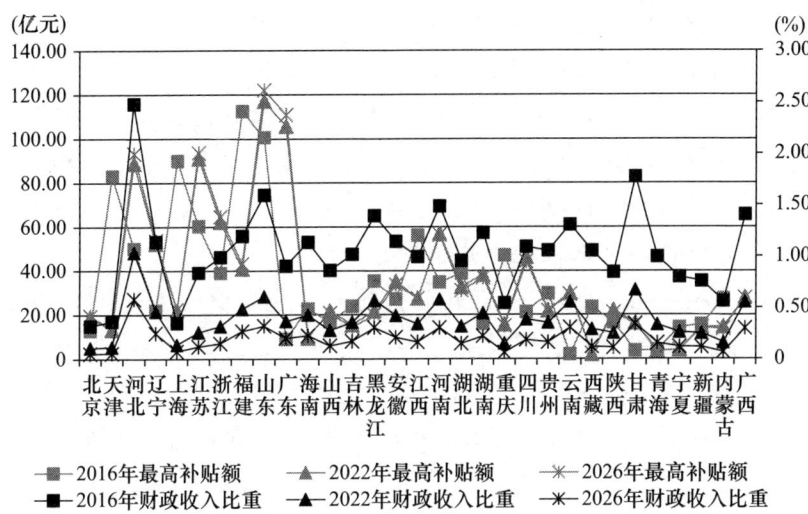

图6-11 主要年份各地最高档居民养老总补贴额及其占财政收入比重情况

此外，由前文可知，我国城镇和农村居民人均年纯收入在2003—2014年的平均增长率分别为11.81%和13.48%，增长率最低的是西藏城镇8.96%和广东省农村10.63%。将缴费补贴的最高额度为172.5元/年，以及基础养老金840元/年，分别与2014年的城乡居民收入比较，则缴费补贴分别占全国城镇和农村居民平均收入的0.59%和1.64%，基础养老金分别占2.89%和8.01%。随着城乡居民收入的增长，若基础养老金和缴费补贴标准固定无增长，则上述比重还将更低，从而使其对居民参保和保障城乡居民老年基本生活的作用将逐渐削弱。

综合以上分析可以得到，若今后几年缴费补贴和基础养老金维持《意见》规定的标准不变，东部地区承担两项补贴与中西部地区仅有缴费补贴时的财政承受能力相当。随着时间的推移及各地财政收入和财政支出的增长，最终居民养老补贴对各地财政造成的负担极小。此外，居民收入的逐年增加，使得标准固定的缴费补贴对居民参保缴费的促进作用减弱，基础养老金也越来越无法满足城乡老年人的基本生活需要。以下内容将分析缴费补贴及基础养老金标准逐步提高时地方承担的居民基本养老中的财政责任。

三 缴费补贴增长时地方政府财政补贴预测

上文是在缴费补贴和基础养老金标准固定时，对各地居民养老补贴情况的预测，本部分内容将分析缴费补贴依缴费档次同步增长，基础养老金也逐年提高的假设情况下，三个地区在居民基本养老中承担的财政责任较标准固定时有何变化。

（一）三个地区未来缴费补贴额度预测

缴费补贴标准的提高与第五章相同，即随缴费档次自 2016 年起分别以每年 5% 或 8% 的增长率增加。表 6－12 是 2016 年的 100 元、500 元、1000 元、1500 元和 2000 元缴费档次对应的缴费补贴 30 元、60 元、97.5 元、135 元和 172.5 元在 2016—2026 年各年的补贴标准变化情况。

表 6－12　　　2016—2026 年五个档次下的缴费补贴以不同
增长率增长时的标准变化情况　　　　单位：元

年份	100 元档		500 元档		1000 元档		1500 元档		2000 元档	
	5% 增长	8% 增长	5% 增长	8% 增长	5% 增长	8% 增长	5% 增长	8% 增长	5% 增长	8% 增长
2016	31.50	32.40	63.00	64.80	102.38	105.30	141.75	145.80	181.13	186.30
2017	33.08	34.99	66.15	69.98	107.49	113.72	148.84	157.46	190.18	201.20
2018	34.73	37.79	69.46	75.58	112.87	122.82	156.28	170.06	199.69	217.30
2019	36.47	40.81	72.93	81.63	118.51	132.65	164.09	183.67	209.67	234.68
2020	38.29	44.08	76.58	88.16	124.44	143.26	172.30	198.36	220.16	253.46
2021	40.20	47.61	80.41	95.21	130.66	154.72	180.91	214.23	231.17	273.74
2022	42.21	51.41	84.43	102.83	137.19	167.10	189.96	231.37	242.72	295.63
2023	44.32	55.53	88.65	111.06	144.05	180.47	199.46	249.88	254.86	319.29
2024	46.54	59.97	93.08	119.94	151.25	194.90	209.43	269.87	267.60	344.83
2025	48.87	64.77	97.73	129.54	158.82	210.50	219.90	291.45	280.98	372.41
2026	51.31	69.95	102.62	139.90	166.76	227.33	230.90	314.77	295.03	402.21

由表 6－12 可知，缴费补贴分别以 5% 和 8% 的增长率增长时，对于 2015 年的 500 元缴费档次，2018 年缴费补贴分别是 69.46 元和 75.58 元，增加幅度不大，2026 年将增加到 102.62 元和 139.90 元，后者已经接近 2015 年缴费补贴水平的两倍。随着时间的推移，缴费

补贴有增长和无增长，以及增长率不同的情况下，补贴标准的差距将逐渐拉大。

对三个地区未来缴费补贴的预测仍以上文预测的 2016—2026 年各年参保缴费者人口数据为基础，据表 6-12 各档次下缴费补贴增长后的标准测算各地缴费补贴额度，计算公式仍为当年参保缴费总人数×补贴标准额，以最高缴费档次 2000 元/年为例，主要年份各地缴费补贴预测额如表 6-13 所示。

表 6-13　　　　　　主要年份缴费补贴标准增长时各地最高

缴费档次下缴费补贴预测额　　　　单位：亿元

地区	2016 年		2018 年		2021 年		2023 年		2026 年	
	5%增长	8%增长	5%增长	8%增长	5%增长	8%增长	5%增长	8%增长	5%增长	8%增长
北京	12.29	12.65	13.20	14.36	14.52	17.20	15.55	19.48	17.05	23.24
天津	7.99	8.22	8.57	9.33	9.42	11.15	10.08	12.63	11.05	15.06
河北	45.17	46.46	49.47	53.83	55.92	66.21	61.31	76.81	69.35	94.55
辽宁	26.60	27.36	28.42	30.92	30.97	36.67	32.80	41.09	35.31	48.14
上海	13.50	13.88	14.41	15.68	15.78	18.68	16.91	21.19	18.55	25.29
江苏	47.44	48.80	51.51	56.05	57.45	68.03	62.01	77.68	68.37	93.21
浙江	34.10	35.08	37.06	40.33	41.39	49.01	44.45	55.69	48.77	66.48
福建	23.96	24.64	26.26	28.57	29.73	35.21	32.45	40.65	36.47	49.72
山东	58.80	60.48	64.22	69.89	72.20	85.49	78.24	98.01	86.91	118.49
广东	69.33	71.31	76.45	83.20	87.41	103.51	95.66	119.85	108.18	147.47
海南	5.64	5.80	6.25	6.80	7.18	8.50	7.89	9.89	8.99	12.26
东部合计	344.82	354.67	375.82	408.97	421.97	499.67	457.35	572.96	509.00	693.90
山西	23.70	24.38	25.90	28.19	29.22	34.60	31.68	39.69	35.33	48.17
吉林	17.74	18.24	19.10	20.78	21.05	24.92	22.44	28.11	24.31	33.14
黑龙江	24.94	25.65	26.84	29.21	29.57	35.02	31.46	39.41	34.03	46.39
安徽	37.10	38.16	41.20	44.83	47.23	55.92	51.46	64.47	57.63	78.57
江西	28.28	29.09	31.52	34.30	36.52	43.24	40.62	50.89	46.72	63.70
河南	58.91	60.59	65.66	71.45	75.90	89.88	84.24	105.53	96.26	131.22
湖北	36.55	37.60	39.72	43.22	44.31	52.47	47.77	59.84	52.81	72.00

地区	2016 年		2018 年		2021 年		2023 年		2026 年	
	5%增长	8%增长	5%增长	8%增长	5%增长	8%增长	5%增长	8%增长	5%增长	8%增长
湖南	40.73	41.89	45.01	48.98	51.37	60.83	56.11	70.29	63.05	85.96
中部合计	267.95	275.60	294.95	320.96	335.17	396.89	365.76	458.22	410.15	559.14
重庆	16.65	17.12	18.36	19.98	20.90	24.75	22.77	28.53	25.42	34.66
四川	49.45	50.87	54.55	59.37	62.21	73.66	67.81	84.95	75.76	103.28
贵州	22.16	22.79	24.96	27.16	29.28	34.67	32.38	40.57	37.11	50.59
云南	31.16	32.05	34.79	37.86	40.32	47.74	44.24	55.43	50.17	68.39
西藏	2.15	2.21	2.43	2.64	2.85	3.38	3.19	3.99	3.70	5.05
陕西	24.68	25.38	26.82	29.18	30.02	35.55	32.49	40.70	36.11	49.23
甘肃	17.25	17.75	19.08	20.77	21.83	25.84	23.71	29.70	26.45	36.06
青海	3.82	3.93	4.28	4.66	4.97	5.88	5.46	6.84	6.18	8.43
宁夏	4.19	4.31	4.68	5.09	5.44	6.44	5.99	7.50	6.81	9.29
新疆	14.87	15.30	16.55	18.01	19.13	22.65	21.13	26.47	24.16	32.94
内蒙古	16.29	16.75	17.62	19.17	19.57	23.17	21.00	26.31	23.02	31.39
广西	28.75	29.57	32.14	34.97	37.29	44.16	41.30	51.74	47.50	64.76
西部合计	231.43	238.04	256.26	278.86	293.80	347.90	321.47	402.74	362.41	494.06

由表6-13可知，2016—2026年各地缴费总补贴趋于增加，这与补贴标准固定时的变化趋势相反。将表6-13与表6-9中相同年份缴费补贴额度进行比较，可以发现缴费总补贴额最高的广东省，补贴标准以每年5%增长时2026年为108.18亿元，以8%增长时为147.47亿元，比无增长情况下2026年的63.25亿元分别高44.93亿元和84.22亿元，后者增加接近一半。此外，三个地区缴费补贴的汇总额较表6-9有明显增加，且随时间推移增加额度越来越大。补贴标准固定时，2016年2000元缴费档次下三个地区缴费补贴总额为328.40亿元、255.19亿元和220.41亿元，而补贴标准以5%增长时分别是344.82亿元、267.95亿元和231.43亿元，以8%增长时分别是354.67亿元、275.60亿元和238.04亿元。经比较，三个地区5%

增长比无增长时平均高 14 亿元，而 8% 增长时平均高 22 亿元，而到 2026 年时，该差距平均增大至 177 亿元和 332 亿元。

（二）三个地区缴费补贴的财政责任分析

对三个地区缴费补贴财政责任的分析与上文一样，仍主要通过对总补贴占财政收入和财政支出比重进行评估，其中，地方财政收入和财政支出根据平均增长率推算。以最高档缴费档次为例，当缴费档次和补贴标准同步以 5% 和 8% 增长时，各地缴费补贴总额占地方财政收入和财政支出比重情况如图 6-12 和图 6-13 所示。

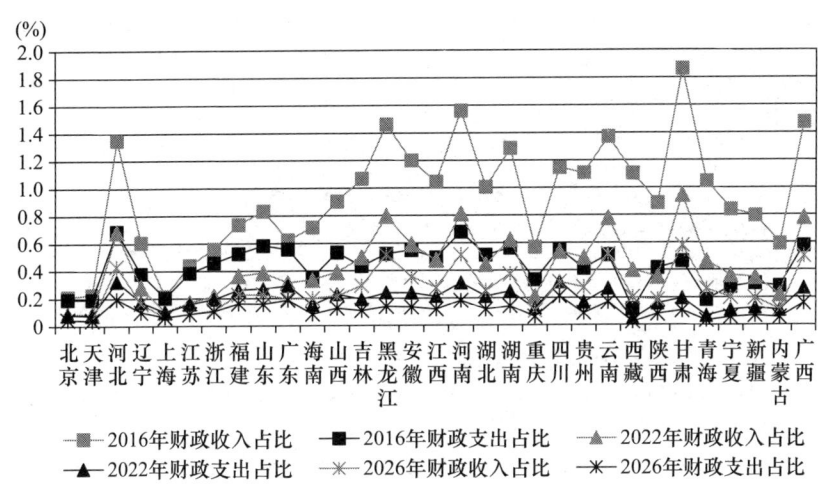

图6-12　补贴标准以5%增长时主要年份各地最高档缴费补贴额占财政收入和财政支出比重情况

由图 6-12 和图 6-13 可以看出：（1）随着时间的推移，最高档缴费补贴额占财政收入和财政支出比重均呈逐年下降的趋势，这与补贴标准无增长时的变化情况类似。但不同的是，当补贴标准逐年增加时，两项占比在不同年份之间的差距比无增长时缩小，尤其是当补贴以每年 8% 的速度增长时更为明显。（2）与补贴无增长时相同，东部地区除河北省外，对缴费补贴的财政承担能力普遍比中西部地区强，虽然三个地区总体水平差异较明显，但比重在数值上相差仍不大，5% 增长时，2016 年财政收入占比最高的甘肃省为 1.86%，最低的北京市仅为 0.21%，相差 1.65 个百分点。（3）2016—2026 年，各地缴费补贴占财政收入比重仍不高，均未超过 2%，财政支出比重未超过 0.8%。8% 增长时，到 2026 年财政收入占比各地均未超过 8%，财政支出占比未超过 3%，这说明当缴费档次和补贴标准以个位数的增长率增加时，居民养老的缴费补贴对地方财政的负担并不大，地方财政承担补贴的能力较好。

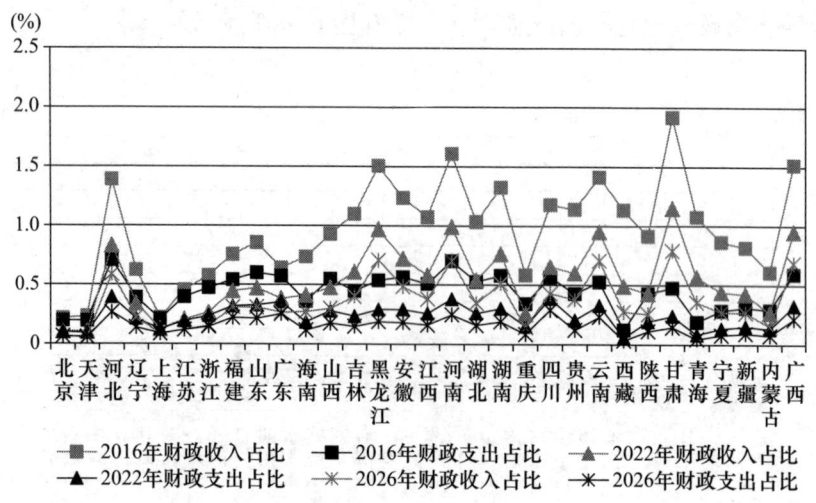

图 6-13　补贴标准以 8% 增长时主要年份各地最高档缴费补贴额占财政收入和财政支出比重情况

（三）基础养老金增长时东部地区的财政负担分析

前文基于基础养老金发放标准不变，即 2016—2026 年领取者的基础养老金额度固定为每人每月 70 元的情况下，对东部地区承担基础养老金补贴的额度和财政责任做出了预测。本部分将假设基础养老金逐年增加，在此情况下，分析东部各地须承担的基础养老金补贴额度和地方财政责任，并与标准固定的情况予以比较，以更深入地探讨未来东部地区地方财政对基础养老金补贴的承担能力和负担。

通过前文分析可知，城镇和农村居民人均年纯收入在 2003—2014 年的平均增长率分别为 11.81% 和 13.48%，考虑到目前城镇退休职工基本养老金的年平均增长率为 10%，故此处假设基础养老金的月发放标准在 2015 年每月 70 元的基础上，也以每年 10% 的增长率提高。基础养老金补贴额度的计算公式为：增长后的养老金标准÷2×领取者人数×12 个月，以此计算 2016—2026 年东部各地方每年对基础养老金的补贴总额，如表 6 - 14 所示。

表 6 - 14　　　　基础养老金标准增长时主要年份东部地区各地
对基础养老金的补贴额度　　　　单位：亿元

地区	2016 年 77 元标准	2018 年 93 元标准	2020 年 113 元标准	2022 年 136 元标准	2024 年 165 元标准	2026 年 200 元标准
北京	7.54	9.60	12.53	16.22	21.12	27.09
天津	5.79	7.41	9.70	12.45	16.06	20.42
河北	44.10	55.67	71.90	91.74	117.68	149.85
辽宁	27.19	34.70	45.31	57.94	74.47	94.39
上海	9.88	12.43	16.08	20.25	25.69	32.31
江苏	49.22	60.05	75.28	94.84	120.41	152.95
浙江	30.55	37.86	48.25	61.88	79.93	102.67
福建	17.64	22.15	28.57	36.86	47.86	62.02
山东	62.17	76.92	97.67	124.31	159.30	203.16
广东	38.03	47.46	60.94	79.38	104.07	136.05
海南	3.94	4.87	6.22	8.15	10.75	14.03
东部合计	296.05	369.14	472.44	604.02	777.34	994.95

由表 6 - 14 数据可以看出，随着时间的推移，东部各地方对基础养老金的补贴额逐渐增加。除由于领取者人数逐年增加外，基础养老金月发放标准的提高也是导致其增加的因素之一。各年补贴的总体水平与标准固定时相比，基础养老金补贴的差额随时间的推移逐渐增大，如 2016 年养老金标准提高至 77 元/月，东部地区总补贴额度增加了 27 亿元；2026 年养老金标准提高到 200 元/月，增加了 130 元，总补贴额度增加了 646 亿元。东部地区地方之间比较来看，领取者人数最多的山东省仍然是基础养老金补贴额度最高的省份，2026 年补贴额为 203.16 亿元，比标准固定时的补贴多 131.96 亿元；而补贴额最低的海南省在补贴额差距最大的 2026 年，两种情况下相差近 9.11 亿

元。所以，养老金标准是否提高对老年人口较多的地区影响更大，而对本来补贴额度就不高的地区影响较小。

图6-14是基础养老金逐年增长情况下，2016—2026年的主要年份东部地区各地基础养老金补贴额占地方财政收入和财政支出比重情况。从图中曲线的变化趋势可以看出：（1）与基础养老金标准固定时相同，各地基础养老金补贴占财政收入的比重普遍大于财政支出占比，个别地方两项比重较为接近，如北京、天津、上海、江苏、浙江和广东，而这些地方的两项比重也普遍较东部地区其他地方低。（2）从时间趋势来看，基础养老金补贴占地方财政收入和财政支出比重趋于下降。（3）与基础养老金标准固定时相比，标准按每年10%增加时，各地方养老金补贴的比重均有提高，但财政支出占比不及财政收入占比的提高明显。以比重最高的河北省为例，标准增长时2023年补贴占财政收入和财政支出比重分别是1.04%和0.48%，而标准固定时的两项比重分别为0.48%和0.23%，补贴占财政支出的比重增加幅度不大。对于比重本来就较小的地方，如上海和北京等地，两种情况下比重的变化非常小。从而再次说明，基础养老金标准是否增长主要影响本来补贴负担就较大的地方，而负担小的地方则几乎不受影响。（4）与东部地区各地缴费补贴所占比重相比，当缴费补贴标准

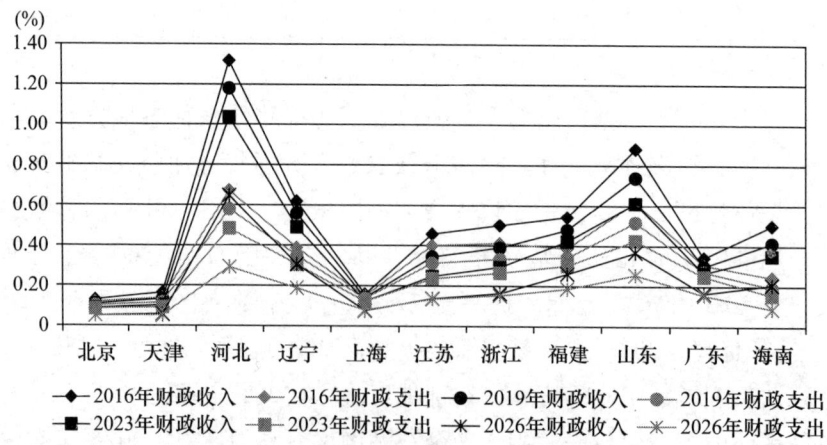

图6-14 基础养老金标准增长时东部地区各地基础养老金补贴
额占地方财政收入和财政支出比重

以每年 8% 增长时，以河北省为例，2022 年最高档缴费补贴占财政收入和财政支出比重分别是 0.83% 和 0.39%，较基础养老金补贴的两项比重分别低 0.24 个和 0.11 个百分点。可见，对于东部地区而言，当基础养老金和缴费补贴标准均逐年提高时，前者仍比后者的财政补贴负担重，但从比重的数值来看，除河北省外其他地方均未超过 1%。

将增长情况下东部地区各地最高档缴费补贴额（8% 增长）和基础养老金补贴加总，综合评估地方对城乡居民养老总补贴的承受能力及负担水平，如表 6-15 所示。由表可知，（1）东部各地补贴总额呈逐年增加趋势，山东省补贴额度最高，2026 年增加至 259.13 亿元。（2）总补贴占财政收入和财政支出比重逐年下降，河北省比重仍最高，2016 年两项比重分别为 2.70% 和 1.38%，2026 年降至 1.24% 和 0.56%，其余地方均未超过 1%。可见，补贴标准提高时东部地区地方财政仍有能力承担对居民养老的两项补贴。（3）从总补贴占地方财政支出比重来看，除河北和山东两省外，其余均未超过 1%，从而补贴对东部地方财政项目支出的挤出程度并不大。

表 6-15　标准增长时主要年份东部各地总补贴及占地方财政收入和财政支出比重情况　　单位：亿元、%

地区	2016 年			2022 年			2026 年		
	最高补贴额	占财政收入比重	占财政支出比重	最高补贴额	占财政收入比重	占财政支出比重	最高补贴额	占财政收入比重	占财政支出比重
北京	20.18	0.35	0.31	34.55	0.20	0.19	41.74	0.11	0.11
天津	14.01	0.40	0.33	24.33	0.21	0.19	29.20	0.12	0.11
河北	90.55	2.70	1.38	163.16	1.90	0.90	198.41	1.24	0.56
辽宁	54.55	1.24	0.78	96.81	0.85	0.53	113.80	0.53	0.33
上海	23.76	0.38	0.36	40.17	0.25	0.25	48.08	0.16	0.17
江苏	98.02	0.91	0.80	167.64	0.47	0.45	200.00	0.26	0.25
浙江	65.63	1.08	0.88	114.20	0.58	0.52	136.78	0.32	0.30
福建	42.28	1.30	0.93	74.75	0.88	0.63	91.70	0.57	0.41
山东	122.65	1.74	1.22	215.99	1.11	0.77	259.13	0.68	0.47
广东	109.34	0.98	0.88	190.89	0.66	0.61	238.33	0.43	0.41
海南	9.74	1.24	0.61	17.33	0.77	0.35	21.62	0.48	0.20

缴费补贴和基础养老金标准逐年增加时，对三个地区地方总补贴最高额（缴费补贴标准8%增长，最高档对应的缴费补贴）进行比较，如图6-15所示。（1）从补贴总量上比较（图中浅色曲线），与标准无增长时相同，东部地区普遍高于中西部地区，这主要由于前者比后者多负担对基础养老金的补贴；（2）从总补贴占地方财政收入比重来看（图中深色曲线），三个地区平均水平差别不大，东部地区的河北省比重最高；（3）从时间趋势来看，总补贴额度随着时间推移而趋于增加，但补贴占财政收入比重则逐年降低。

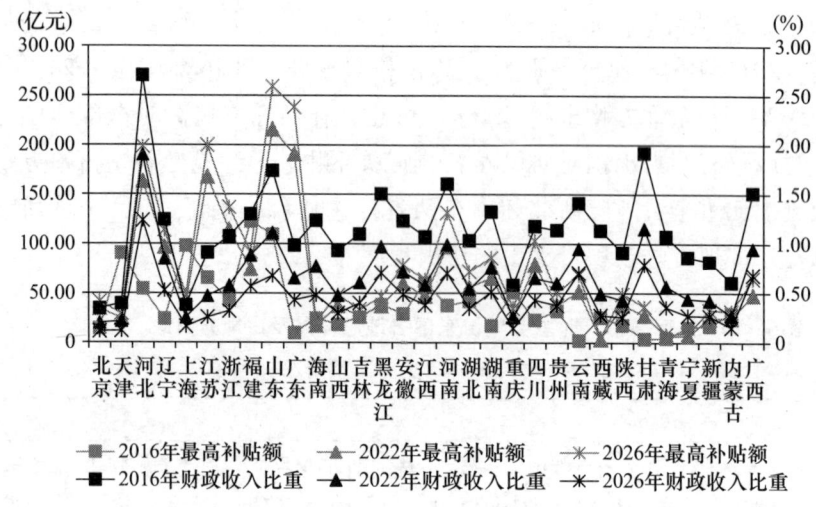

图6-15 标准增长时主要年份各地居民养老总补贴最高额及占财政收入比重情况

将标准增长后的缴费补贴和基础养老金与居民收入进行比较，由前文可知，2014年最高档缴费补贴分别占全国城镇和农村居民平均收入的0.59%和1.64%，基础养老金分别占2.89%和8.01%。若城乡居民人均年收入均以2003—2014年的收入平均增长率逐年增加，缴费补贴以每年8%、基础养老金以每年10%的增长率提高，2022年最高档缴费补贴标准为296元/人·年，基础养老金为1637元/人·年，两者占城镇居民当年人均年收入的0.42%和2.32%，占农村居民收入的1.03%和5.68%。该比重与2014年相比都下降了，因此，若中央规定的缴费补贴能够促进居民参保和提高缴费档次，且基础养老金最低标准能够满足老年居民的基本生活需求，为了维持两者与居民收入的占比，则缴费补贴和最低基础养老金标准应分别以高出 8 个和 10 个百分点的年增长率提高。

综合以上分析，若自 2016 年起，缴费补贴和基础养老金标准按照上文的假设情况逐年提高，则东部地区除河北省外，承担两项补贴与中西部地区仅有缴费补贴时的财政承受能力相当，且居民养老总补贴对各地财政的负担均不大，除河北省外，其余地方总补贴占财政收入的比重均未超过 2%。此外，补贴与养老金标准的提高在地方财政承受能力范围之内，且能继续保持发挥促进居民参保和保障居民老年基本生活的作用，这是一举两得的事情，应给予鼓励和支持。由于目前全国对缴费补贴和养老金提高的标准还没有明确的规定，各地经济和财政情况差异也较大，标准的上调或保持不变多取决于地方，经济情况较好的县市提高幅度较大，而很多地方则维持中央最低标准。尤其对于人口和补贴总额度较多的地方，补贴标准小幅上调将会使财政补贴总额有大幅增加，从而地方缺乏调高补贴和基础养老金标准的动力。若补贴标准和基础养老金额度不随地方居民收入的增加而上调，则城乡居民基本养老保险制度对居民养老保障的吸引力和作用将最终减弱，影响制度的可持续发展。因此，中央与地方应考虑尽快出台关于补贴和基础养老金如何调整的相关规定。

四　地方财政承担居民基本养老补贴的风险分析

以上分析均基于地方财政收入和财政支出以 1997—2014 年的平均增长率增长，但该假设存在其风险性。若地方财政出现较大波动，无法实现财政收入增长，甚至出现财政收入减少的情况下，地方是否仍有能力承担对居民基本养老的各项补贴？本部分内容将基于对财政周期波动的研究，分析存在财政风险的情况下各地对居民基本养老补贴的负担情况。

由前文可知，我国财政收入和财政支出自 1978 年以来经历了七次周期波动，每 4—6 年波动一次。通过分析发现，各地财政收入和财政支出的波动情况与全国类似，因此，本书假设自 2016 年起，财政进入下一个财政波动周期，且每六年波动一次，相邻两个周期的波动与2004—2010年和2011—2014年相同。分析地方财政收入和财政支出在谷底时，财政补助居民基本养老的额度占财政收入和财政支出比重，若比重仍较低，则说明各地承担城乡居保补贴的抗风险能力较强，若比重有较大提高，则说明地方财政承担补贴有风险。

自2016年起，各地财政收入和财政支出的增长率重复2004—2010年和2011—2014年两个财政周期的增长率，通过计算得到2016—2026年各地在每个周期谷底时的财政收入和财政支出额度。若缴费补贴标准以8%增长、基础养老金标准以每年10%增长，将中西部地区最高档缴费补贴额、东部地区两项补贴的加总额分别除以地方在周期谷底时的财政收入和财政支出预测额，得到财政风险最大时居民养老补贴对各地财政造成的负担大小，如表6-16所示。从比重大小来看，各地在财政周期谷底时仍未超过2%，说明补贴居民养老支出的财政风险不大。通过对三个区域总体水平比较，除2020年中部地区财政收入占比最高为0.68%外，其余财政谷底的年份，东部地区财政占比最大，其次为中部地区，西部地区最低。2025年同时出现财政收入和支出谷底时，东部地区的两项比重分别是0.48%和0.41%，三个区域均未超过0.5%。可见，三个地区对居民基本养老补贴的总体负担水平与地方财政以平均增长率增长时相差不大。

表6-16　财政周期谷底时各地财政收入和财政支出额及标准增长下总补贴最高额所占比重　　单位：亿元、%

地区	2020年		2016年		2025年		2025年	
	财政收入谷底值	总补贴占比	财政支出谷底值	总补贴占比	财政收入谷底值	总补贴占比	财政支出谷底值	总补贴占比
北京	13775.11	0.21	6516.71	0.31	27370.40	0.17	27861.34	0.17
天津	9606.68	0.21	4086.76	0.34	27936.22	0.12	26664.85	0.12
河北	7774.38	1.72	7081.38	1.28	17824.49	1.24	33826.55	0.66
辽宁	11364.34	0.70	7800.79	0.70	22802.54	0.57	32906.82	0.40
上海	13144.10	0.26	7446.66	0.32	23726.75	0.22	22270.65	0.24
江苏	29262.04	0.48	13532.52	0.72	65553.10	0.34	68515.45	0.33
浙江	12499.26	0.75	7281.22	0.90	24047.56	0.64	29685.45	0.52

续表

地区	2020 年		2016 年		2025 年		2025 年	
	财政收入谷底值	总补贴占比	财政支出谷底值	总补贴占比	财政收入谷底值	总补贴占比	财政支出谷底值	总补贴占比
福建	7228.51	0.85	4335.81	0.98	18312.70	0.55	24174.73	0.42
山东	15483.80	1.15	10412.78	1.18	35401.27	0.82	50971.52	0.57
广东	22376.03	0.70	12355.87	0.88	49444.85	0.52	49403.83	0.52
海南	1928.64	0.73	1578.09	0.62	6008.62	0.40	11474.92	0.21
东部合计	144442.89	0.65	82428.59	0.79	318428.49	0.48	377756.11	0.41
山西	7885.41	0.41	4963.56	0.49	17815.79	0.25	22899.39	0.20
吉林	3806.16	0.62	4492.90	0.41	9403.26	0.33	20739.14	0.15
黑龙江	3355.26	0.98	4789.15	0.54	6804.56	0.65	20877.48	0.21
安徽	8682.05	0.60	6554.07	0.58	22294.51	0.33	42869.72	0.17
江西	6504.91	0.62	5730.62	0.51	21058.17	0.28	39454.18	0.15
河南	9124.52	0.92	9389.19	0.65	22196.51	0.55	50719.04	0.24
湖北	8052.22	0.61	7109.63	0.53	25365.18	0.27	45048.46	0.15
湖南	7139.40	0.80	7638.01	0.55	19059.22	0.42	43876.84	0.18
中部合计	54549.93	0.68	50667.12	0.54	143996.96	0.36	286484.26	0.18
重庆	7794.21	0.30	4714.62	0.36	22865.21	0.14	31966.34	0.10
四川	10682.11	0.64	10043.89	0.51	27838.30	0.35	63080.66	0.15
贵州	4569.75	0.70	5550.79	0.41	14995.72	0.31	37765.23	0.12
云南	5177.63	0.86	5790.22	0.55	12591.31	0.51	33533.20	0.19
西藏	458.81	0.68	1506.82	0.15	1894.90	0.25	9632.51	0.05
陕西	7838.26	0.42	6054.25	0.42	20152.42	0.23	37545.22	0.12
甘肃	2199.28	1.10	3637.20	0.49	5162.04	0.66	21530.13	0.16
青海	918.49	0.60	1874.18	0.21	2634.69	0.30	14876.37	0.05
宁夏	1262.71	0.47	1515.64	0.28	3846.25	0.30	9462.20	0.09
新疆	3888.21	0.54	4673.38	0.33	12824.55	0.24	29874.30	0.10
内蒙古	11308.78	0.19	5915.33	0.28	24504.31	0.12	33659.06	0.09
广西	4336.79	0.94	4796.70	0.62	9932.75	0.60	27296.87	0.22
西部合计	60435.03	0.54	56073.02	0.42	159242.45	0.29	350222.09	0.13

由以上分析可知，当地方财政增长率出现如 2004—2014 年的波动时，若各地按照缴费补贴逐年提高 8% 和按最高档次补贴，基础养老金逐年增加 10% 的标准对参保居民给予补贴，则总补贴占地方财政

收入和财政支出比重比财政正常增长时有所增大，但总体上相差不大，除河北省补贴占财政收入比重略高外，其余地方均在 1% 左右或低于 1%。而补贴占财政支出比重各地仍较低。因此可以得到，在地方财政周期波动情况下，对居民基本养老补贴的承受能力仍较强。

为了进一步分析各地方财政承担居民养老补贴的风险，本书将考虑另外一种极端情况，即各地方财政收入和财政支出分别以 2004—2014 年的最低增长率增长①，表 6 – 17 是 2016—2026 年地方财政增长情况及补贴最高额占财政收入和财政支出比重。由表可知，（1）从三个地区对居民养老补贴承担的总体水平来看，当地方财政以最低增长率增长时，补贴给东部地区造成的财政负担比中西部地区略重，但三个年份比重均未超过 2%，财政收入占比最高的是中部地区 2016 年的 1.43%，财政支出占比最高的是东部地区 2022 年的 1.02%。（2）从地方之间的比较可知，河北省仍是财政收入和财政支出占比最高的省份，2016 年两项比重分别是 3.26% 和 1.72%，因财政收入和财政支出最低增长率分别是 6.58% 和 6.07%，均小于缴费补贴和基础养老金的增长率，从而导致随着时间的推移，总补贴占财政收入和财政支出比重均逐年提高，至 2026 年财政收入占比上升至 4.22%，财政支出占比升至 2.34%，是 2026 年财政收入占比唯一超过 2% 的东部省份，当年财政收入占比超过 2% 的还包括中部的黑龙江和西部的云南。

表 6 – 17　　　财政以各地最低增长率增长且补贴标准增长时
居民养老总补贴的占比情况　　　　　单位：%

地区	财政收入				财政支出			
	最低增长率	2016 年补贴占比	2022 年补贴占比	2026 年补贴占比	最低增长率	2016 年补贴占比	2022 年补贴占比	2026 年补贴占比
北京	10.00	0.41	0.40	0.36	8.41	0.38	0.40	0.39

① 因 2004—2014 年辽宁和重庆的财政收入、辽宁和西藏的财政支出最低增长率均小于 0，为了避免财政出现持续负增长，三地均采用次最低增长率预测。

续表

地区	财政收入				财政支出			
	最低增长率	2016年补贴占比	2022年补贴占比	2026年补贴占比	最低增长率	2016年补贴占比	2022年补贴占比	2026年补贴占比
天津	14.97	0.44	0.33	0.25	13.16	0.38	0.31	0.25
河北	6.58	3.26	4.01	4.22	6.07	1.72	2.18	2.34
辽宁	7.68	1.47	1.68	1.68	14.01	0.83	0.67	0.53
上海	7.70	0.45	0.48	0.47	6.87	0.42	0.48	0.48
江苏	10.12	1.12	1.07	0.97	8.64	0.98	1.02	0.98
浙江	8.56	1.35	1.44	1.39	8.31	1.08	1.17	1.14
福建	9.46	1.49	1.54	1.45	7.75	1.10	1.24	1.25
山东	10.24	2.01	1.97	1.80	7.30	1.48	1.71	1.74
广东	7.83	1.17	1.30	1.29	8.82	1.01	1.06	1.02
海南	11.14	1.42	1.34	1.20	8.76	0.75	0.81	0.79
东部合计	—	1.24	1.27	1.19	—	0.97	1.02	0.96
山西	2.49	1.27	1.67	1.85	1.82	0.76	1.04	1.18
吉林	4.01	1.40	1.61	1.63	6.14	0.56	0.57	0.53
黑龙江	1.87	1.90	2.46	2.70	1.93	0.72	0.93	1.02
安徽	6.91	1.51	1.59	1.49	7.23	0.71	0.74	0.68
江西	16.07	1.15	0.76	0.53	11.88	0.60	0.49	0.40
河南	11.61	1.78	1.48	1.20	8.00	0.86	0.87	0.81
湖北	14.63	1.11	0.73	0.51	12.87	0.60	0.43	0.32
湖南	11.42	1.49	1.22	0.97	6.96	0.73	0.76	0.71
中部合计	—	1.43	1.22	0.97	—	0.70	0.68	0.60
重庆	13.43	0.69	0.51	0.37	0.52	0.51	0.77	0.93
四川	9.95	1.37	1.21	1.02	9.25	0.63	0.57	0.49
贵州	13.28	1.30	1.01	0.77	11.87	0.51	0.43	0.35
云南	5.38	1.70	1.99	2.00	8.34	0.62	0.61	0.55
西藏	9.75	1.48	1.41	1.23	7.95	0.16	0.17	0.16
陕西	6.70	1.18	1.20	1.12	8.12	0.55	0.51	0.46
甘肃	8.16	2.26	2.20	1.96	10.04	0.58	0.51	0.42
青海	12.29	1.24	1.00	0.78	5.95	0.26	0.30	0.29
宁夏	10.22	1.04	0.94	0.79	6.72	0.38	0.41	0.40
新疆	7.68	1.03	1.06	0.98	8.17	0.39	0.39	0.36
内蒙古	7.13	0.79	0.77	0.70	5.25	0.39	0.42	0.41
广西	7.94	1.78	1.83	1.69	7.48	0.74	0.77	0.73
西部合计	—	1.26	1.16	0.99	—	0.53	0.52	0.47

综合以上分析,当地方财政出现周期波动,或财政收入和财政支出增长率持续低迷时,东部地区对居民养老总补贴的整体承受能力较强,但地方之间能力不均衡,补贴对个别地方构成了一定负担,如河北、山东和福建,表现为补贴占财政收入比重明显高于其他地方。相对于东部各地方而言,中西部地区各地较为均衡,比重差异不大。此外,即使财政支出的增长出现波动或减速,补贴占财政支出比重仍不大,从而对财政其他项目支出的挤出作用较小。

第四节　居民养老保险地方财政责任与地方社会保障财政负担的比较

本章第二节已对全国31个省市区的地方社会保障财政负担与经济发展速度的关系做了研究,并得到社会保障财政负担的基数,即经济增长速度不变时,地方用于社会保障的支出占财政支出的比重。本部分内容将通过对居民养老金补贴占地方财政支出比重的预测数值,与各地社会保障财政负担基数做比较,从而得到未来居民养老金补贴在地方社会保障支出中的地位和对社保资金的挤占程度,以及对地方社会保障财政负担的影响。

前文预测了多种假设情况下地方补贴居民养老的情况,此处将以补贴额度最高时的预测值为例:(1)缴费补贴标准以每年8%提高;(2)参保者均选择最高缴费档次参保,即政府按每年最高的缴费补贴标准进行补贴;(3)基础养老金标准以每年10%提高;(4)地方财政收入和支出均以1997—2014年的平均增长率增长。将地方社会保障财政负担基数与上述情况下2016年和2026年各地居民养老金补贴额占财政支出比重相除,得到前者对后者的倍数,倍数越小,则补贴对地方社保资金的挤占程度越大,对社会保障财政负担的影响程度也越大;反之则越小,结果如图6-16所示。

从图中可以看出,补贴占财政支出比重高的地方,社会保障财政负担基数对比重的倍数则相对较小,且随着时间的推进,该倍数趋于增大,即社会保障支出中用于补贴居民养老金的比重减小。对各地基数与比重的倍数进行比较，浙江省倍数最小，2016 年和 2026 年分别是 3.72 倍和 11.00 倍；青海省倍数最大，2016 年和 2026 年分别是 99.33 倍和 408.38 倍。也就是说，当地方经济保持平稳增长时，2026 年浙江省社会保障支出中最高将有 1/10 左右用于对居民养老金的补贴，而青海省的这一比重仅为 1/408。此外，东部地区倍数平均值普遍低于中西部地区，其中倍数最低的前五个省份均来自东部地区，这说明相对于中西部省份来说，未来东部地区地方社会保障支出中居民养老金补贴项目所占比重较高，且补贴对社会保障财政负担的影响较大。原因包括两方面，其一是东部地区社会保障财政负担基数普遍偏低，其二是东部地区居民养老金补贴占地方财政支出比重较高。

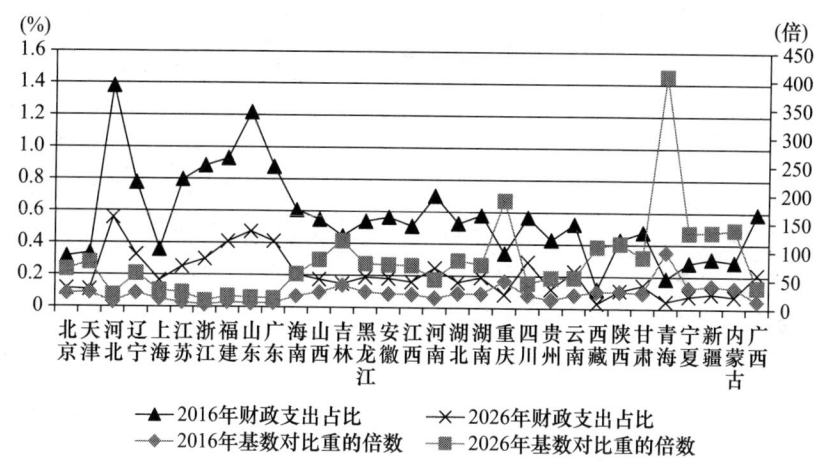

图 6－16　地方社会保障财政负担基数与居民养老金补贴占地方财政支出比重对比情况

由于各地经济的增长速度通常会有一定的波动，因此，社会保障财政负担，即地方社会保障支出占财政支出比重有可能高于或低于财政负担基数，但由于人均 GDP 增长率变化 1 个百分点时，社会保障支出占财政支出比重仅增加或减少 0.165 个百分点，后者变化幅度相对较小，因此，当地方经济发展速度没有剧烈波动时，社会保障总支出相对于居民养老金补贴的最小倍数应与上述推测结果差别不大。据此分析图 6-16 中各地社会保障支出相对于居民养老金补贴的倍数可得，2016 年倍数最低时，仅浙江、山东、福建、河北、广东、江苏的倍数低于 10，宁夏、新疆、吉林、重庆、内蒙古和青海均在 30 以上，即该六地社会保障支出中，仅有不到 3.33% 是用于对城乡居民基本养老金补贴，至 2026 年将有超过一半的地方该比重不足 1%，故相对于其他保障条目的开支，居民基本养老金补贴占比较低。当然，比例偏低不排除某些地方城乡参保居民人数偏少等原因，但人口数量较多的河南省 2016 年的比重为 1/18，这说明相对于其他社会保障项目来说，居民基本养老的保障层次仍偏低，地方政府的财政支持力度也有待提高。

第七章　居民基本养老替代率目标水平下各级政府财政责任的可持续性

第五章与第六章分别从国家和地方层面分析了城乡居民基本养老补贴财政责任的可持续性，结果表明，在现行制度规定下，未来各级财政对各项补贴的承担能力相对较强，但同时也发现，与国外相比我国居民养老保障的层次偏低，政府财政补贴占比不高。因此，本章将进一步预测和研究居民基本养老保险目标水平下，未来各级财政责任的变化及责任的可持续性。

第一节　现行制度规定下个人账户精算模型

本节内容将根据《意见》中规定的各项标准，构建现行制度规定下城乡居民个人账户精算模型，基于收入增长的假设情况，测算不同年龄参保者在不同缴费档次下，未来领取养老金收入的替代率水平，为评估城乡居民养老保险制度的实施效果和分析替代率目标水平下的财政责任提供研究依据。

一　模型基本假设及参数赋值

根据《意见》的规定，结合各地的具体实施办法，并考虑到本章内容的需要，本书假设 2009 年和 2011 年农村与城镇居民养老保险制度推行时即实现了人口全覆盖，此外，对个人账户精算模型的设定还做出以下假设：

（1）缴费档次：与前文保持一致，缴费档次共分 12 档，可逐年提高，缴费补贴与之同步增长，缴费者每年按照档次增长后的额度缴费。

（2）政府的缴费补贴：补贴标准随着缴费档次的提高而增加，在最低 30 元的基础上，档次每提高 100 元增加 7.5 元，则选择 500 元档次时补贴 60 元，选择 1000 元档次时补贴 97.5 元，以此类推。具体计算时，假设制度实施初至 2016 年缴费档次和补贴固定无增长。

（3）保险费的缴纳：对于制度实施时，45—60 岁的非满期缴费者，不补缴费。45 岁以下的满期缴费者，则每年缴费，至领取前终止。

（4）养老金的领取：缴费参保者满 60 岁后领取到的养老金中，每年来自个人账户的养老金额度保持与现值相等，即在相邻两年的额度上仅相差一年期的利息额，直到此人寿命终止。

（5）基础养老金：2015 年每人每月 70 元，标准逐年提高。

（6）基金来源：假设城乡居保基金的来源为个人缴费和政府补贴，暂不考虑集体补助部分。

（7）假设个人账户计息利率平均为 3.5%，全国及各地方 2014 年后的城乡居民人均年收入以 1997—2014 年各自的收入平均增长率逐年增加。

二 个人账户精算模型设定

与第四章类似，同样将领取者分为四种类型：（1）制度覆盖时已年满 60 周岁，没有缴过费，仅领取基础养老金；（2）正常缴费参保者，参保时距领取年龄超过 15 年（满期缴费者），或不足 15 年的非满期缴费者不补缴保费，从而可自参保时每年正常缴费即可；（3）非满期缴费者选择补缴保费，且政府不对补缴费追加缴费补贴；（4）非满期缴费者选择补缴保费，且政府对补缴费追加缴费补贴。因同年龄的上述四类领取者个人账户积累额不同，从而导致替代率不同，因此模型将针对不同的领取者具体设置。

根据保险精算平衡理论，参保者在缴费期内积累额度与给付期内领取额的现值相等。对于制度覆盖时已年满 60 周岁的领取者，其缴费期为 0，而有缴费的参保者其缴费期指参保缴费的第一年开始至领取养老金的前一年止，其给付期则为开始领取养老金至平均寿命年龄止。据《意见》的规定，缴费参保者的缴费期为缴费第一年至 59 岁；给付期为 60—71.58 岁。其中，给付期之所以为个人 60—71.58 岁，主要是《意见》规定个人账户养老金的月计发标准为个人账户全部储存额除以 139，即个人账户积累额假设自领取者 60 岁起，在之后的 139 个月内领取完，即在 71.58 岁时领取完，故给付期为领取者 60—71.58 岁。

（一）缴费期内个人缴费积累额

根据年金理论，假设个人参保缴费时的年龄为 n 岁，则个人缴费期第一年的缴费金额将积累 60 - n 年，第二年的缴费金额将积累 60 - (n + 1)，以此类推，则缴费期末个人缴费累积总额为各年缴费积累额的加总。对于无缴费直接领取基础养老金的领取者来说，其个人账户中的缴费累积额为 0，而对于其他三种类型的领取者，缴费期末他们个人账户累积金额的计算公式如下：

（1）正常缴费者。其给付期第一年个人账户中的累积金额为：

$$JLE_1 = (f + G) \sum_{i = 60-n_0-(2015-t_0)}^{60-n_0} (1 + r)^i + (f + G) \sum_{i = 1}^{60-n_0-(2015-t_0)-1} [(1 + h)^{60-n_0-(2015-t_0)-i}(1 + r)^i] \tag{7.1}$$

式中，f 是 12 个缴费档次标准中的其中一个；而 G 是政府相应档次下的缴费补贴，$G = 30 + \dfrac{7.5\,(f - 100)}{100}$；$h$ 是缴费档次和补贴标准自 2015 年起的年增长率；n_0 是此人开始缴费参保的年龄；r 为个人账户计息利率，t_0 是制度开始实施的年份，城镇居民为 2011，农村居民为 2009。由公式可知，正常缴费者的个人账户的积累包括自参保至 2015 年缴费档次和补贴固定时的积累与 2016 年起按逐年增长后的档次缴费并享受同时增长的缴费补贴的积累两部分。

（2）补缴保费但无追加补贴的缴费者。其给付期第一年个人账户中的累积金额为：

$$JLE_2 = [(n_0 + 15 - 60)f(1 + r)^{60-n_0}] + (f + G) \sum_{i = 60-n_0-(2015-t_0)}^{60-n_0} (1 + r)^i + (f + G) \sum_{i = 1}^{60-n_0-(2015-t_0)-1} [(1 + h)^{60-n_0-(2015-t_0)-i}(1 + r)^i]$$

$$\tag{7.2}$$

式（7.2）的后半部分与式（7.1）相同，属于此人自开始参保后的正常按年缴费部分，而前半部分公式则是此人按照当年提高了的缴费档次一次性的补缴保费，$(n_0 + 15 - 60)$ 是此人需补缴费的年限，该补缴费积累至缴费期末。

（3）补缴保费且有追加补贴的缴费者。其给付期第一年时个人账户中的累积金额为：

$$JLE_3 = \left[(n_0 + 15 - 60)(f + G)(1 + r)^{60 - n_0} \right] + (f + G) \sum_{i = 60 - n_0 - (2015 - t_0)}^{60 - n_0} (1 + r)^i +$$

$$(f + G) \sum_{i = 1}^{60 - n_0 - (2015 - t_0) - 1} \left[(1 + h)^{60 - n_0 - (2015 - t_0) - i} (1 + r)^i \right] \quad (7.3)$$

式（7.3）与式（7.2）相比，因政府对缴费参保者的补缴费部分追加缴费补贴，故公式的前半部分增加了 G，其余与式（7.2）相同。

（二）给付期内个人养老金领取额

对于无缴费的领取者，其仅领取基础养老金，则其每年的养老金领取额为 $12C(1 + g)^{t - 2015}$，其中，C 为 2015 年的基础养老金额度，即为 70 元/月；g 为基础养老金的年增长率；t 为领取年份。而对于有缴费的领取者来说，需按照给付期第一年时缴费期的积累总额等于未来每年养老金（不包含基础养老金）的贴现值总额发放个人账户养老金，即 $139s = JLE$。其中，s 为给付期第一年每月所领取到的来自个人账户的养老金，个人账户中余额部分在剩余年份中仍可计息。按照上述等式计算不同类型领取者在领取年份所领取到的养老金额度为：

$$LQE = 12C(1 + g)^{t - 2015} + 12JLE / 139(1 + r)^{n_1 - 60} \quad (7.4)$$

式中，n_1 是领取者领取养老金时的年龄，公式前半部分为个人在第 t 年领取到的基础养老金额度，后半部分为第 t 年领取到的来自个人账户积累部分的养老金。由于本书假设领取者在 71.58 岁之后领取到的养老金仍按上一年领取额度进行计息，故领取者在其 60 岁之后的寿命期内领取到的个人账户养老金部分在相邻两个年份中的现值保持相等。

对四种类型领取者在相同年份领取到的养老金额度进行比较，容易发现，无缴费者领取到的养老金额度最低，其次为选择不补缴保费的非满期缴费参保者，而选择补缴保费且有追加补贴的非满期缴费者与满期缴费者的养老金额度较高。

（三）养老金替代率平均水平

由于本章主要研究个人账户精算模型下的替代率水平，因此使用"目标替代率"的概念对居民养老金替代率模型进行设定，即为领取者给付期第一年的养老金与给付期前一年收入的比值。由于数据获取原因及替代率的普适性，此处个人给付期前一年的收入使用居民人均年收入水平。基于以上公式可测算领取者领取的养老金额度，进而得到不同类型领取者目标替代率水平的计算公式。

（1）无缴费领取者。给付期内养老金额度即为当年的基础养老金额，其养老金替代率为：

$$TDL_0 = 12C(1+g)^{t_1-2015}/y_0(1+k)^{t_1-2015} \tag{7.5}$$

式中，t_1 是领取者给付期第一年的年份，y_0 是 2015 年城镇或农村居民人均年纯收入水平，k 是对应城镇或农村居民人均年纯收入的增长率。

（2）有缴费的领取者。给付期第一年养老金额度为基础养老金和来自个人账户积累部分养老金的加总，其养老金的替代率为：

$$TDL_1 = [12C(1+g)^{t_1-2015} + 12JLE/139]/y_0(1+k)^{t_1-2015} \tag{7.6}$$

对于有缴费的三类领取者，若参保年龄、参保年份、缴费档次等均相同，但由于在补缴保费及是否有追加补贴上不同，因此其 JLE 有差异，从而养老金替代率也不同。

三　不同缴费档次下各类领取者的养老金替代率测算

根据上文模型的设定及部分参数的赋值，可计算当基础养老金和缴费补贴的增长率 g、h 以不同组合出现时，不同类型领取者在不同缴费档次下的居民养老金替代率。参考城镇职工基本养老保险待遇 10% 左右的年增长水平，此处基础养老金标准的年提高率也暂且假设为 10%，进而分析缴费补贴增长速度不同时各年龄参保者的养老金替代率。

（一）无缴费领取者

根据式（7.5），当基础养老金增长率与居民人均年纯收入相等，即 g = k 时，$TDL_0 = 12C/y_0$，将参数值代入，得到城镇和农村居民的目标替代率水平分别是 2.69% 和 7.80%。该替代率与 2015 年城镇和农村低保标准与地方居民人均收入的最小比例（17.35% 和 16.40%）相比，仅约为后者的 1/6 和 1/2，而与替代率的下限 20% 相比也较低。由于无缴费者领取到的养老金额度最低，因此此类领取者的养老金替代率水平最低。

（二）正常缴费领取者

与无缴费领取者相比，由于正常缴费者个人账户中有积累额，故其替代率水平高于无缴费领取者。从替代率公式（7.6）可知，缴费期越长，个人账户中积累额越多，从而可提高替代率。表 7 - 1 是基础养老金年增长率为 10%、缴费补贴增长率不同时，分别于 2009 年和 2011 年参保的城镇和农村居民在给付期初的养老金替代率。

表 7 - 1　　　　2009 年和 2011 年参保的城乡居民正常缴费时
给付期初的养老金替代率　　　　单位:%

年龄	缴费档次和补贴以 5% 增长				缴费档次和补贴以 8% 增长			
	农村居民 100 元档	农村居民 2000 元档	城镇居民 100 元档	城镇居民 2000 元档	农村居民 100 元档	农村居民 2000 元档	城镇居民 100 元档	城镇居民 2000 元档
16 岁	3.48	7.30	1.67	3.33	3.66	10.35	1.76	4.84
20 岁	3.85	8.57	1.78	3.75	4.03	11.69	1.87	5.26
25 岁	4.37	10.45	1.92	4.34	4.55	13.53	2.01	5.79
30 岁	4.96	12.63	2.08	4.98	5.13	15.50	2.15	6.30
35 岁	5.62	15.06	2.24	5.63	5.77	17.50	2.31	6.75
40 岁	6.35	17.54	2.41	6.22	6.46	19.33	2.46	7.06
45 岁	7.13	19.66	2.58	6.61	7.19	20.64	2.61	7.11
50 岁	7.92	20.63	2.73	6.55	7.93	20.85	2.74	6.73
53 岁	8.36	20.07	—	—	8.36	20.07	—	—
55 岁	—	—	2.84	5.65	—	—	2.84	5.65

注：2016 年满 60 岁的参保者参保时的年龄分别是 53 岁（农村）和 55 岁（城镇）。

（1）同年龄参保的城镇居民普遍较农村居民的替代率低，且参保时年龄越大，替代率差异也越大。缴费档次和补贴标准每年提高 5% 时，16 岁城镇参保者满 60 岁时养老金替代率是 1.67%，农村 16 岁参保者的替代率是城镇参保者的两倍，为 3.48%，但 50 岁的农村参保者替代率是城镇参保者的近 3 倍。

（2）缴费档次越高，同年龄缴费者给付期初的养老金替代率越大，缴费档次和补贴标准每年提高 5% 时，50 岁的农村参保者 2019 年满 60 岁时，选择最低 100 元缴费档次的养老金替代率为 7.92%，选择最高 2000 元缴费档次的替代率是 20.63%。城镇同年龄参保者两个档次的替代率相差 2.4 倍。

（3）相同档次的参保者年龄越大，正常缴费情况下，给付期初的替代率水平越高，但接近 60 岁时有所下降，原因主要是年龄越小，缴费年限越长，而基础养老金、缴费档次和补贴标准的增长率低于居民收入增长率，使替代率前期高于后期。如基础养老金标准年提高 10%，缴费补贴每年增长 5% 时，2009 年选择 100 元缴费档次的农村 16 岁参保者，按年缴费至 59 岁，2049 年 60 岁时养老金替代率水平为 3.48%；而当年 50 岁的参保者正常缴费情况下，2019 年 60 岁时养老金替代率为 7.92%，两者相差 4 个百分点。

（4）当基础养老金的年增长率固定时，缴费档次及补贴标准的增长率越大，同种情况下养老金替代率水平也越高，该特征在高缴费档次和年轻农村参保者的替代率变化上表现得更为明显。如 2009 年 16 岁参保者选择 2000 元缴费档次，若缴费档次及补贴标准以每年 5% 提高，则其给付期初的养老金替代率为 7.30%；而当缴费档次及补贴标准以每年 8% 提高时，给付期初的养老金替代率为 10.35%，两种情况下替代率相差 3.05 个百分点。

此外，从表 7 - 1 的替代率水平来看，当基础养老金增长率为 10%，缴费补贴增长率为 5% 时，农村不同年龄参保者若选择最低的 100 元缴费档次，即使 2016 年起按照增长后的档次标准缴费，给付期初的养老金替代率均未超过 10%，城镇参保者此档次下替代率未超过 3%。缴费补贴增长率为 8% 时，情况变化不大。据第三章替代率下限不低于 20% 的标准，仅当缴费参保者年龄在 45 岁及以上，即缴费满 15 年且选择最高档次缴费时才可达到。

（三）补缴保费但无追加补贴的缴费者

与正常缴费的非满期缴费者相比，补缴保费但无追加补贴的非满期缴费者个人账户积累额较高，高出的部分即为补足 15 年的缴费额。

因此可推测到补缴费但无追加补贴的非满期缴费者在给付期初的养老金替代率水平高于正常缴费的非满期缴费者。而对于无须补缴保费的满期缴费者来说，两种情况下其替代率相同。表7-2是45岁以上非满期缴费者补缴保费但无追加缴费补贴时，给付期初的养老金替代率水平，为了与其他类型缴费参保者的替代率比较，此处假设城镇和农村基本养老保险制度实施之初存在2000元缴费档次。

表7-2　2009年和2011年参保的城乡非满期缴费参保者补缴保费但无追加补贴时给付期初的养老金替代率　　单位:%

年龄	缴费档次和补贴以5%增长				缴费档次和补贴以8%增长			
	农村居民100元档	农村居民2000元档	城镇居民100元档	城镇居民2000元档	农村居民100元档	农村居民2000元档	城镇居民100元档	城镇居民2000元档
46岁	7.34	20.99	2.62	6.94	7.39	21.80	2.65	7.38
47岁	7.56	22.44	2.67	7.31	7.59	23.09	2.69	7.67
48岁	7.78	24.02	2.72	7.70	7.81	24.52	2.74	8.00
49岁	8.02	25.76	2.77	8.12	8.04	26.11	2.79	8.36
50岁	8.27	27.66	2.83	8.58	8.28	27.89	2.84	8.76
51岁	8.53	29.75	2.88	9.08	8.54	29.87	2.89	9.21
52岁	8.80	32.04	2.94	9.62	8.80	32.09	2.95	9.70
53岁	9.09	34.56	3.00	10.21	9.09	34.56	3.00	10.25
54岁	—	—	3.06	10.85	—	—	3.07	10.86
55岁	—	—	3.13	11.54	—	—	3.13	11.54

注：2016年满60岁的参保者参保时的年龄分别是53岁（农村）和55岁（城镇）。

从表7-2中数据来看，对于2009年和2011年参保的城乡非满期缴费者，若选择按照参保时的缴费标准补缴保费满15年，在地方财政不对补缴费部分追加缴费补贴情况下，当基础养老金增长率为10%，缴费补贴标准增长率在5%及以上时，若选择最低100元的缴费档次参保，即使2016年后按照增长后的档次缴费，给付期初的养老金替代率均未超过10%，城镇参保者未超过4%。而当参保者选择最高的2000元缴费时，农村参保者的养老金替代率均不低于20%，最高的可达到34.56%，城镇该替代率可接近10%。

（1）从参保年龄来看，相同缴费档次下，当缴费补贴标准的增长率相同时，参保者年龄越大，其替代率水平越高，如对于2000元缴费档次，当缴费补贴增长率为5%时，46岁农村缴费参保者（补缴1年）给付期初的养老金替代率为20.99%，53岁缴费参保者（补缴8年）的替代率为34.56%，两者相差13.57个百分点。

（2）当基础养老金增长率固定时，缴费补贴标准的增长率越高，则非满期缴费者补缴保费无追加补贴的情况下给付期初的替代率水平越高，尤其体现在高缴费档次时，但该差异随着参保者年龄的增大而趋于减小。如2009年52岁农村参保缴费者，其需补缴7年的保费，若政府不追加补贴，则2000元缴费档次、缴费补贴年增加5%时给付期初的养老金替代率为32.04%，而当缴费补贴年增加8%时给付期初的养老金替代率为32.09%，仅相差0.05个百分点；当选择100元缴费档次时，两个替代率差接近0。46岁农村参保者在2000元档次下两种增长率的替代率差异为0.81个百分点。

（3）非满期缴费者补缴保费情况下与不补缴保费时相比，同种情况（同年龄、同缴费档次、缴费补贴增长率相同）下给付期初的替代率水平前者高于后者，即补缴保费较不补缴保费时的替代率水平高，尤其是农村参保者更为明显。以2009年50岁的农村参保者为例，基础养老金年增长率为10%，缴费补贴为5%时，其不补缴保费下100元与2000元缴费档次在给付期初的养老金替代率分别为7.92%和20.63%，而补缴保费无追加补贴时两个缴费档次下的养老金替代率为8.27%和27.66%，分别较不补缴保费情况下高0.35个和7.03个百分点。

（四）补缴保费且有追加补贴的缴费者

与补缴保费但无追加补贴的非满期缴费者相比，有追加补贴时非满期缴费者个人账户积累额中将增加政府一次性追加补贴部分，故较前者的积累额高，从而可推测其比补缴保费无追加补贴时的养老金替代率水平高。对于无须补缴保费的满期缴费者来说，两种情况下其替代率水平则相同，也与正常缴费情况下的替代率水平相同，故此处仅对2009年和2011年参保的城乡非满期缴费者，分析其参保时补缴保费且政府按照参保当年的档次补贴标准对补缴部分一次性追加补贴时，其给付期初的养老金替代率，如表 7 - 3 所示。

表 7 - 3   2009 年和 2011 年参保的城乡非满期缴费参保者补缴
保费且有追加补贴时给付期初的养老金替代率   单位：%

年龄	缴费档次和补贴以 5% 增长				缴费档次和补贴以 8% 增长			
	农村居民 100 元档	农村居民 2000 元档	城镇居民 100 元档	城镇居民 2000 元档	农村居民 100 元档	农村居民 2000 元档	城镇居民 100 元档	城镇居民 2000 元档
46 岁	7.35	21.08	2.63	6.97	7.40	21.89	2.65	7.40
47 岁	7.59	22.63	2.68	7.36	7.63	23.28	2.70	7.73
48 岁	7.84	24.33	2.74	7.79	7.87	24.83	2.75	8.09
49 岁	8.10	26.21	2.80	8.25	8.12	26.56	2.81	8.49
50 岁	8.37	28.27	2.86	8.76	8.39	28.50	2.87	8.94
51 岁	8.67	30.54	2.92	9.31	8.67	30.66	2.93	9.43
52 岁	8.98	33.05	2.99	9.91	8.98	33.09	3.00	9.99
53 岁	9.31	35.81	3.06	10.56	9.31	35.81	3.06	10.60
54 岁	—	—	3.14	11.27	—	—	3.14	11.29
55 岁	—	—	3.22	12.05	—	—	3.22	12.05

从表 7 - 3 中数据可知，非满期缴费者补缴保费且追加补贴时给付期初的替代率水平普遍较补缴无追加补贴时高，但相差不大。选择最低 100 元缴费档次时，农村非满期缴费者给付期初的养老金替代率仍未超过 10%，城镇参保者未超过 4%。而当参保者选择最高的 2000 元缴费时，农村参保者的养老金替代率均不低于 21%，最高的可达到 35.81%，城镇该替代率最高超过了 10%，达到 12.05%。此外，替代率除水平大小与补缴无补贴时存在差异外，在参保者的年龄、缴费档次、增长率差异、城乡之间差异的特征均与补缴无补贴时类似，此处不再赘述。

（五）同类参保者先后参保

以上分析均基于城乡符合条件的居民分别于 2011 年和 2009 年全部参保，除参保年龄及是否补缴保费和有无追加补贴影响养老金替代率外，由于新农保和城居保制度逐年推进，相同年龄的参保者可能在参保时间上存在差异，进而导致养老金替代率不同。对于正常缴费的参保者来说，因后参保者缴费年限低于先参保者，个人账户的积累额较先参保者少，故可推测此类缴费者中先参保者较后参保者的替代率水平高。而对于有补缴保费的非满期缴费者，由积累额公式（7.3）和式（7.4）可知，无追加补贴情况下先后参保者的积累额与补贴额及 h 和 r 的大小关系有关，而有追加补贴情况下只与 h 和 r 的大小关系有关。但本书已假设缴费档次和补贴标准在 2016 年及其后增长，而增长前城乡居民均已参保，所以此处不考虑 h 和 r 的大小关系对替代率的影响，仅以农村参保者为例，比较同年龄先后参保情况下替代率的差异，假设基础养老金以 10% 增长，缴费档次和补贴标准以 5% 增长，非满期缴费者补缴保费且追加补贴。如表 7 - 4 所示。

表 7 - 4　　　　2009 年不同年龄的参保者在不同年份参保时

给付期初的养老金替代率　　　　单位:%

参保者 2009 年的年龄	2009 年参保	2011 年参保	2013 年参保	2015 年参保
20 岁	8.57	8.33	8.11	7.90
30 岁	12.63	12.07	11.55	11.06
40 岁	17.54	16.24	15.03	13.90
45 岁	19.66	19.56	19.35	19.03
46 岁	21.08	20.90	20.59	20.18
47 岁	22.63	22.35	21.95	21.43
48 岁	24.33	23.95	23.43	22.79
49 岁	26.21	25.69	25.04	24.27
50 岁	28.27	27.61	26.80	25.88
51 岁	30.54	29.72	28.74	27.63

由表 7 - 4 可以看出，2009 年相同年龄的参保者，先参保的较后参保者给付期初替代率高。对于 2009 年的满期缴费者（45 岁除外），随着参保年龄的增大，先后参保的替代率差异也加大，差异最小的是 2009 年 45 岁的参保者，2009 年参保较 2015 年参保的替代率仅高 0.63 个百分点。对于 2009 年参保的非满期缴费者（46 岁及以上），

先后参保的替代率差异也随着年龄的增大而加大，2009 年 46 岁参保者替代率较 2015 年相差 0.90 个百分点，而 51 岁参保者较 2015 年相差 2.91 个百分点。

四 替代率目标水平下养老金和缴费档次及补贴的合意增长测算

2009 年和 2011 年自新农保和城居保制度试点后，各地方均推出了具体实施方案，制度推进速度超过每年 10% 的目标。其中，基础养老金和缴费补贴的规定所反映出来的政府财政参与，对促进城乡居民参保起到了积极作用，然而与其他养老保险制度相比，新农保和城居保的特点是缴费低、保基本。尽管城乡居民基本养老已实现了制度上的统一，但目前国务院尚未出台关于基础养老金、缴费档次与补贴今后应如何规律调整的相关文件，很多地方尤其是中西部省份直接采用中央所制定的最低标准推行制度，而东部地区大多数地方则已提高了基础养老金的标准。从全国各地对城乡居民基础养老金和缴费及补贴标准的调整来看，表现为速度、方式和幅度各异，而本书则试图研究在不同参保者的养老金替代率能够实现目标水平的情况下，如何使制度各要素因地适宜且随时间推移有规律的变动。

由以上模型的设定及对不同类型领取者给付期初替代率水平的测算可以看出，同年参保的满期缴费者的替代率水平低于非满期缴费者，而后者补缴保费时此差异更大。此外，缴费档次的提高可提高替代率，当选择最高 2000 元的缴费档次时，若基础养老金和缴费档次、补贴标准的增长率分别是 10% 和 5%，则可使农村非满期缴费者的养老金替代率在 20% 以上。然而尽管档次和补贴标准的增长率为 8% 且选择最高档次缴费，农村满期缴费者的养老金替代率仍未达到 20%，城镇居民的总体替代率均未超过 4%，可见，缴费平均水平下城乡居民养老金的替代率偏低，这与基础养老金、补贴标准的基数和增长率均有关。由于上文在对替代率测算时使用全国城镇和农村居民的人均年纯收入，而实际各地方居民收入水平相差较大，会导致替代率平均水平对部分地方的代表性不强。故本书将通过具体测算各地城乡居民的养老金替代率水平，分析确定适合于地方的缴费补贴与基础养老金的年增长率。

根据式（7.5）和式（7.6），若基础养老金与居民人均年纯收入

的增长率相等，则 $TDL_0 = \dfrac{12c}{y_0}$，即基础养老金替代率为常数，等于
2015 年基础养老金 12 个月的额度与 2015 年居民人均年纯收入的比
值，经计算，全国城镇和农村基础养老金替代率的平均水平为 2.69%
和 7.80%。各地基础养老金替代率平均水平如图 7 - 1 所示，图中横
轴从左至右分别为东部、中部、西部地区的各个省份。从图 7 - 1 可
以看出，（1）城镇居民人均年纯收入增长率在区域间相差不大，中西
部地区的农村居民收入增长率略高于东部地区的平均水平。若将其在
地方之间进行比较，则差异较大，城镇居民增长率最高的辽宁为
13.51%，最低的陕西为 8.96%，然而，陕西农村居民增长率最高是
15.28%，最低的是广东，为 10.63%。（2）基础养老金替代率方面，
因东部地区农民收入水平普遍高于中西部地区，地方基础养老金替代
率水平较后者低。当基础养老金分别与城乡居民收入增长速度相同
时，2014 年全国各地基础养老金替代率均未超过 20%，若使用 2015
年地方居民收入计算，则替代率水平将更低。基础养老金替代率最高

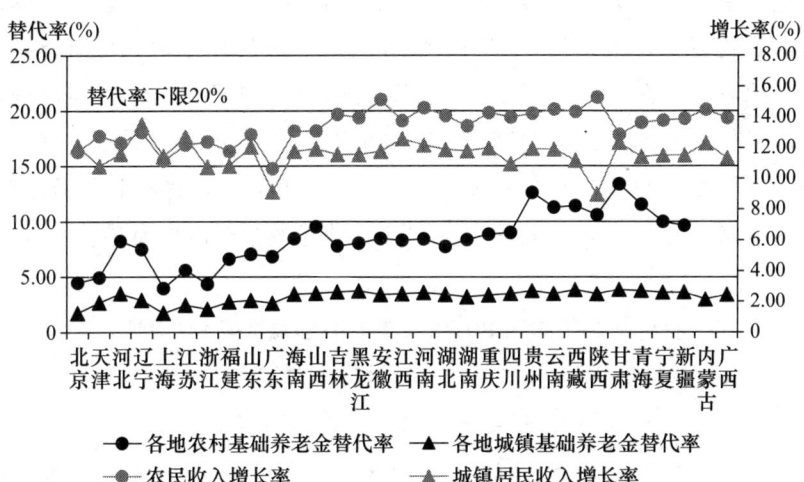

**图 7 - 1　各地 2003—2014 年城乡居民收入增长率及其与基础养老金增长率
相同时基础养老金的替代率情况**

注：因 2015 年地方城乡居民人均收入数据尚未公布，此处替代率使用 2014 年收入数据
计算，因收入逐年增长，故 2015 年的基础养老金实际替代率将略低于计算结果。

的是甘肃农村 13.38%，其余有六地农村替代率超过 10%，且均分布在西部地区，城镇和农村替代率最低的均为上海，分别是 1.72% 和 3.96%。因此，为了提高或不降低现有的城乡居民基础养老金替代率，在最低标准已确定的前提下，只能通过调高基础养老金的年增长率实现，地方居民的养老金替代率则还通过增加高缴费档次和调高档次与补贴增长率予以提高。

（一）基础养老金基数和增长率的选择

1. 中间年龄参保者替代率目标水平下基础养老金的确定

据上文模型测算分别于 2009 年和 2011 年参保的城乡 45 岁缴费者选择 500 元缴费档次时在给付期初的养老金替代率，其中城乡居民收入以 2003—2014 年平均增长率推算。结果按农村 45 岁参保者替代率由小到大的顺序排列后即为表 7-5 左侧四列数据。由表可知，基础养老金和个人账户养老金加总后的养老金替代率最高的是甘肃和贵州两省，500 元缴费档次下替代率最高值是 18.53%，与替代率的目标 20% 相差 1.47 个百分点，多数地方集中在 9%—13%，尤其是东部地区多数不足 10%；城镇 2011 年参保的 45 岁居民养老金替代率最高的是西藏和甘肃两地，500 元缴费档次下替代率最高值是 5.84%，多数地方集中在 4%—6%，可见当基础养老金增长率与地方居民消费支出增长率相等时，虽然该增长率除个别地方（北京、浙江、重庆和西藏的城镇消费支出）外均不低于 10%，但替代率整体水平仍偏低，因此有必要对替代率较低的地方调整基础养老金标准的基数。

表 7-5　分别于 2009 年和 2011 年参保的 45 岁城乡居民给付期
初的养老金替代率（%）及调整后地方基础养老金
标准（元/月）和缴费档次（元/年）

地区	给付期初养老金替代率				调整后的基础养老金标准	农村参保者2024年养老金替代率	城镇500元同比例档次	500元同比例档次下城镇替代率
	农村居民		城镇居民					
	100元档	500元档	100元档	500元档				
全国	8.21	11.07	2.69	4.25	175.15	20.00	1200	11.11
上海	3.77	5.37	1.50	2.43	353.87	19.16	2400	11.43
浙江	3.91	5.48	1.84	3.05	323.50	17.92	1600	12.53

续表

地区	给付期初养老金替代率				调整后的基础养老金标准	农村参保者2024年养老金替代率	城镇500元同比例档次	500元同比例档次下城镇替代率
	农村居民		城镇居民					
	100元档	500元档	100元档	500元档				
北京	4.65	6.37	1.29	2.16	315.05	20.54	2400	11.13
天津	6.02	7.76	2.67	4.21	284.11	22.86	1200	17.90
江苏	6.23	8.31	2.12	3.27	249.78	21.35	1700	12.04
福建	6.62	9.17	2.69	4.27	211.24	19.77	1300	12.04
湖北	7.04	9.46	2.93	4.69	181.16	17.58	900	11.68
江西	6.89	9.56	3.06	4.78	168.93	16.64	1000	10.33
安徽	7.20	9.61	3.24	4.86	165.59	16.63	900	10.31
山东	7.35	9.81	2.59	4.04	198.42	20.32	1300	11.86
吉林	7.77	10.19	3.46	5.39	180.01	18.96	800	13.44
广东	7.41	10.32	2.89	4.70	204.48	21.66	1300	13.34
湖南	7.57	10.34	2.65	4.26	167.99	18.00	1100	10.42
河南	7.86	10.38	3.34	5.17	166.42	18.06	800	11.75
辽宁	8.09	10.67	2.26	3.52	186.88	20.46	1500	10.79
内蒙古	8.27	10.81	2.76	4.03	166.59	18.87	1200	9.66
黑龙江	8.41	10.95	3.32	5.26	174.55	19.88	900	14.02
海南	8.08	10.97	3.24	5.02	165.52	18.90	1000	11.22
广西	7.97	11.03	3.11	5.00	145.00	16.29	900	10.00
重庆	8.41	11.13	2.97	4.88	158.47	18.61	800	11.73
四川	8.72	11.55	3.18	4.96	156.09	18.37	900	11.18
河北	9.45	12.46	2.93	4.77	170.09	22.09	1100	13.36
陕西	9.50	12.48	3.05	4.74	132.46	17.35	900	9.83
新疆	9.74	12.80	3.31	5.28	145.67	19.26	800	11.75
云南	9.99	13.38	3.09	5.02	124.51	17.64	800	9.71
宁夏	10.47	13.67	3.19	4.97	140.43	19.98	900	10.94
山西	10.44	13.69	2.87	4.66	147.10	20.77	1000	11.65
西藏	10.87	14.36	3.14	5.84	122.89	18.77	600	12.86
青海	11.69	15.43	3.19	5.21	121.61	19.07	800	10.49
贵州	12.70	16.59	3.37	5.29	111.40	19.10	800	9.77
甘肃	13.87	18.53	3.53	5.62	104.81	20.18	900	10.06

为了探讨各地基础养老金基数和增长率标准的确定，首先要设定养老金替代率目标，由于城乡居民实际收入差距较大，如 2014 年城乡人均年收入比例为 2.75 倍，为了体现城乡居民基本养老保险制度的社会保险性质，在均衡城乡之间基础养老金标准时宜采用就低原则，即在测算时确保同种情况下水平较高的农村居民养老金替代率达到 20%，否则若要同时满足同一地方城乡居民养老金替代率均不低于20%，则平均后的基础养老金标准将提高农村替代率至较高的水平，也将加重地方财政负担。此外，城乡收入比例也说明在参保缴费意愿和缴费能力相等的情况下，城镇居民可选择的缴费档次约为农村居民的 2.75 倍，因此在分析城乡居民给付期初养老金替代率时，应基于不同的缴费档次进行比较。具体的替代率目标设定为全国农村中间年龄缴费参保者选择中间缴费档次时给付期初的养老金替代率达到20%，地方相应的缴费档次和基础养老金标准以 2014 年农村居民收入与全国农村收入平均水平的比例计算，城镇居民同比例缴费档次按给付期初年份城乡收入比计算，参保者每年仍按增长后的缴费档次缴费，地方政府按档次增长后对应的补贴标准给予补助。其中 2016 年的中间缴费年龄和中间缴费档次分别指 45 岁和 500 元缴费档次。

具体测算基础养老金基数时，假设缴费档次及补贴的增长率取城镇和农村居民收入增长率的中间水平 12%，从而使居民缴费负担相对稳定；因养老金主要用于老年人的生活消费，为了持续发挥居民养老金保障当地城乡老年人基本生活的作用，本书假设地方基础养老金增长率与城乡居民人均消费支出增长率相等；给付期初城乡居民收入以2003—2014 年平均增长率推算。

基于以上设定的替代率目标，测算得到当 2009 年 45 岁参保者选择 500 元缴费档次，为使其给付期初（2024 年）养老金替代率为20%，则需 2016 年的基础养老金月发放标准达到 175 元，地方标准按全国农村居民人均收入与地方的比例等比换算，具体如表 7 - 5 的第五列数据，数值上均接近 20% 的目标水平，尤其是调整前替代率较低的地方，如上海调整后的替代率是调整前的近四倍。由表 7 - 5 可知，为使地方农村 45 岁参保者给付期初养老金替代率达到或接近20%，2016 年基础养老金发放标准最高的是上海 353.87 元/月，最低的是甘肃104.81元/月，两地参照全国500元的档次标准，测算依据的农村缴费档次分别是1000元/年和300元/年。也就是说，2016年若上海和甘肃两地的基础养老金每月分别发放353.87元和104.81元，且保持基础养老金与当地农民消费支出同速增长，则可使2009年45岁分别选择1000元和300元缴费档次缴费的参保者在2024年满60岁时领取到的养老金替代率分别达到19.16%和20.18%，实现20%的替代率目标。

城乡基本养老保险制度统一后，地方城乡居民基础养老金采用统一标准发放，即地方城镇也采用测得的表7-5第五列基础养老金标准，则2011年45岁参保的城镇居民在2026年满60岁时养老金替代率如第八列数据所示。按地方城乡居民在2026年收入之比测得与农村参保者同等缴费意愿和能力水平下，城镇居民应选择的同比例缴费档次经四舍五入取整后如第七列数据所示。相对于全国平均水平的农民500元缴费档次，城镇同比例缴费档次是1200元/年，地方同比例缴费档次最高的是上海和北京，均为2400元/年，选择该缴费档次参保的城镇45岁居民，满60岁时的养老金替代率可达11.43%和11.13%，是调整前替代率的5倍左右。

2. 基础养老金标准调整后其他年龄参保者养老金替代率的测算

由前文分析可知，随着参保者年龄的增大，给付期初养老金替代率越高，故在上文所确定的基础养老金标准基础上，需进一步测算其他年龄参保者的养老金替代率变化情况。本书选取制度实施之初20岁、30岁、40岁、45岁和50岁的参保者，50岁参保者补缴保费且政府追加缴费补贴，其分别在100元、500元和2000元缴费档次下给付期初的养老金替代率如表7-6所示，测算过程中的假设和参数设定同上文。

由表7-6可知，当按调整后的基础养老金标准测算不同年龄参保者给付期初的养老金替代率时，最低缴费档次下农村不同年龄参保者给付期初养老金替代率均高于17%，最高缴费档次下替代率均高于30%，而中间缴费档次下的替代率均在20%左右。选择同一缴费档次时城镇相同年龄参保者的养老金替代率较农村低，但中间缴费档次下替代率接近10%，20岁参保者给付期初替代率最高可达到11.36%，

表 7 – 6 基础养老金标准调整后城乡不同年龄居民分别于
2011 年和 2009 年参保时给付期初的养老金替代率 单位:%

年龄	农村参保者给付期初养老金替代率			城镇参保者给付期初养老金替代率		
	100 元档	500 元档	2000 元档	100 元档	500 元档	2000 元档
20 岁	18. 77	21. 88	33. 57	9. 78	11. 36	17. 31
30 岁	18. 14	21. 30	33. 14	8. 59	10. 03	15. 46
40 岁	17. 49	20. 53	31. 93	7. 52	8. 75	13. 38
45 岁	17. 14	20. 00	30. 72	7. 01	8. 57	14. 01
50 岁	17. 17	21. 09	35. 78	6. 65	7. 94	12. 78

当选择最高的 2000 元档次缴费时替代率均高于 10%，最高的可达到 17.31%，接近 20%。比较不同年龄参保者之间的替代率水平，与前文分析结果不同的是，当缴费档次和补贴标准以每年 12% 的速度增加时，对于满期缴费者，参保年龄越小，给付期初养老金替代率越高，但数值上 20 岁和 45 岁的替代率差异并不大。

因调整基础养老金标准后地方之间并非统一，为了比较调整后其他年龄参保者替代率在地方之间的差异，本书将选取非满期缴费者中 50 岁①的参保者，假设其补缴保费且追加缴费补贴，分析其在全国 500 元/年的同比例缴费档次（地方与全国农村居民人均收入同比）下给付期初的养老金替代率，结果如图 7 – 2 所示。可知农村 50 岁参保者给付期初养老金替代率接近或高于替代率目标 20% 的水平，而城镇同年龄参保者的养老金替代率在 10% 左右，东部地区普遍高于中西部地区。

（二）缴费档次及补贴增长率的确定

上文探讨分析基础养老金的合意标准和增长率时，假设缴费档次及补贴标准每年增加 12%，接近城乡居民收入增长率的平均水平，以

---

① 选取 50 岁参保者分析是为了提高预测的准确性，若选取参保年龄较小如 20 岁的参保者，则养老金替代率将很大程度上受到地方居民收入平均增长率的影响，对基础养老金标准调整的合理性实际参考价值将减弱。

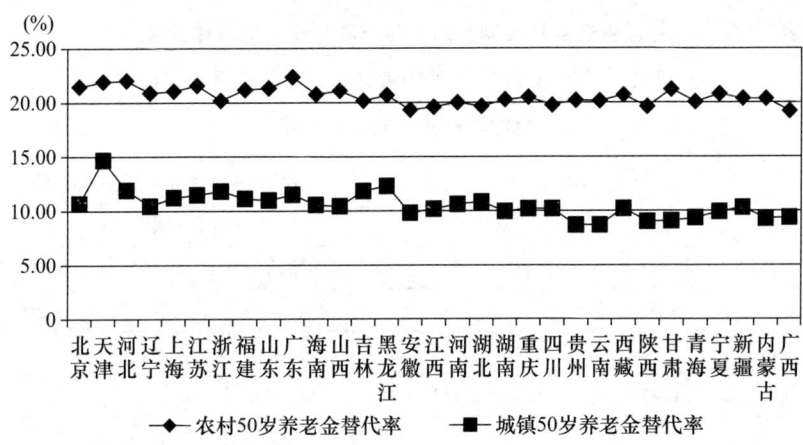

图 7 - 2　基础养老金标准调整后城乡 50 岁参保者给付期初的养老金替代率

使参保居民的缴费负担在时间上保持平稳。然而，12% 的假设高于前文讨论的 5% 和 8% 的增长率，为了分析在基础养老金标准调整后，缴费档次及补贴标准应保持多少的增长速度较为合理，以及增长速度的大小对不同年龄和不同地区城乡居民养老金替代率的影响如何，以下将比较基础养老金调整后全国不同年龄城乡居民分别在缴费档次与补贴标准的增长率为 5%、8% 和 12% 时，选择中间缴费档次时的养老金替代率差异，以及各地方 45 岁参保者在三种增长率下给付期初养老金替代率的不同，结果如表 7 -7 和表 7 -8 所示。

表 7 -7　基础养老金标准调整后缴费档次与补贴标准增长率不同时

全国不同年龄参保者给付期初的养老金替代率　　单位:%

年龄	农村参保者 500 元缴费档次下给付期初养老金替代率			城镇参保者 500 元缴费档次下给付期初养老金替代率		
	5% 增长率	8% 增长率	12% 增长率	5% 增长率	8% 增长率	12% 增长率
20 岁	19.01	19.74	21.88	9.82	10.20	11.36
30 岁	19.11	19.78	21.30	8.92	9.25	10.03
40 岁	19.37	19.80	20.53	8.16	8.37	8.75
45 岁	19.41	19.64	20.00	8.24	8.37	8.57
50 岁	20.96	21.01	21.09	7.83	7.87	7.94

表 7-8　　基础养老金标准调整后缴费档次与补贴标准增长率

不同时地方城乡 45 岁参保者选择 500 元缴费档次时

给付期初的养老金替代率　　　　　单位:%

地区	农村 45 岁 500 元缴费档次下养老金替代率			城镇 45 岁 500 元缴费档次下养老金替代率		
	5% 增长率	8% 增长率	12% 增长率	5% 增长率	8% 增长率	12% 增长率
北京	18.47	18.61	18.82	7.11	7.18	7.30
天津	21.20	21.34	21.56	15.06	15.19	15.39
河北	21.47	21.71	22.09	10.40	10.55	10.79
辽宁	19.93	20.13	20.46	7.62	7.72	7.88
上海	16.82	16.95	17.15	7.14	7.21	7.34
江苏	19.88	20.05	20.31	8.58	8.68	8.83
浙江	16.02	16.15	16.35	9.18	9.28	9.44
福建	18.61	18.82	19.14	8.77	8.90	9.11
山东	19.20	19.40	19.71	8.85	8.97	9.16
广东	20.34	20.57	20.94	9.59	9.73	9.97
海南	18.30	18.54	18.90	8.77	8.91	9.15
山西	20.92	21.18	21.59	9.19	9.33	9.57
吉林	18.46	18.65	18.96	11.68	11.84	12.09
黑龙江	19.36	19.56	19.88	11.81	11.97	12.22
安徽	16.13	16.33	16.63	8.46	8.59	8.81
江西	16.09	16.30	16.64	7.96	8.10	8.32
河南	17.55	17.75	18.06	10.08	10.23	10.47
湖北	17.08	17.27	17.58	9.67	9.81	10.05
湖南	17.43	17.65	18.00	7.84	7.96	8.18
重庆	18.05	18.27	18.61	10.00	10.15	10.40
四川	18.49	18.72	19.08	9.15	9.30	9.53
贵州	20.24	20.56	21.04	8.03	8.18	8.43
云南	17.79	18.06	18.49	7.96	8.11	8.37
西藏	18.93	19.21	19.64	11.66	11.88	12.23
陕西	17.48	17.72	18.10	7.90	8.04	8.26
甘肃	21.55	21.93	22.51	7.68	7.84	8.12
青海	20.17	20.47	20.94	8.66	8.82	9.08

续表

地区	农村 45 岁 500 元缴费档次下养老金替代率			城镇 45 岁 500 元缴费档次下养老金替代率		
	5% 增长率	8% 增长率	12% 增长率	5% 增长率	8% 增长率	12% 增长率
宁夏	20.12	20.38	20.78	8.91	9.06	9.29
新疆	19.39	19.64	20.02	9.95	10.11	10.37
内蒙古	18.35	18.55	18.87	7.32	7.42	7.59
广西	16.43	16.67	17.06	7.83	7.98	8.23

由表 7-7 可知，当基础养老金标准调整后，若缴费档次和补贴标准均以最低 5% 的增长率保持每年上涨，则农村各年龄段的参保者在给付期初的养老金替代率都能达到或接近 20%，且该替代率随着增长率的上升而提高，以农村 40 岁参保者为例，增长率为 12% 时替代率是 20.53%，比增长率为 5% 时高 1.16 个百分点，增长率不同时替代率的差异随着参保者年龄的增大而趋于减小，表中 20 岁农村参保者的替代率差距最大为 2.87 个百分点。对于城镇居民而言，500 元缴费档次下参保者替代率在年龄和增长率不同时的特征与农村相似，但替代率总体水平约为农村同年龄参保者的一半。通过比较各地 45 岁缴费者在增长率不同时养老金替代率的差异，如表 7-8 所示，500 元缴费档次下甘肃省农村 45 岁参保者替代率最高，同时在缴费档次增长率不同时的替代率差异也最大，增长率为 12% 比为 5% 时高 0.96 个百分点，其余地方农村替代率差异均不高于此值。增长率不同对城镇居民养老金替代率差异的影响不足 0.6 个百分点，因此缴费档次和补贴标准增长率在 5%—12% 时，对非满期缴费者给付期初的养老金替代率差异影响不大，但对缴费年限较长的参保者有一定影响，前提是参保者每年按增长后的档次缴费，同时政府也按增长后的标准给予缴费补贴。

以上分析均基于参保者按每年增长的缴费档次缴费的假设，但若参保者以参保时选定的缴费档次每年固定缴费，则前表测算的养老金替代率将降低。对照表 7-6，假设参保者缴费固定，则调整基础养老金标准后，全国城乡不同年龄参保者选择不同缴费档次时给付期初的养老金替代率如表 7 - 9 所示。与表 7 - 6 的养老金替代率水平相比,当参保者每年缴费固定时,因个人账户积累额的减少导致其给付期初的养老金替代率会降低,但由于基础养老金占个人总养老金的比重较高,使得替代率降低有限,以 45 岁参保者选择 500 元缴费档次为例,两种情况下农村替代率相差 0.91 个百分点,城镇相差 0.98 个百分点。然而,每年缴费是否固定对选择高缴费档次参保者替代率的影响较大,45 岁选择 2000 元档次时,农村参保者的替代率相差 3.52 个百分点,城镇相差 3.81 个百分点。

表 7 - 9　　基础养老金标准调整后城乡不同年龄参保者每年缴费
固定时给付期初的养老金替代率　　　　　单位:%

年龄	农村参保者给付期初养老金替代率			城镇参保者给付期初养老金替代率		
	100 元档	500 元档	2000 元档	100 元档	500 元档	2000 元档
20 岁	17.97	18.46	20.30	9.36	9.56	10.31
30 岁	17.48	18.46	22.13	8.26	8.62	9.98
40 岁	17.11	18.86	25.43	7.32	7.91	10.13
45 岁	16.93	19.09	27.20	6.90	7.59	10.20
50 岁	17.12	20.88	34.97	6.61	7.76	12.08

五　小结

本节通过针对不同类型参保者构建养老金替代率的测算模型,得到可能影响替代率的制度因素,包括基础养老金基数与增长率、缴费档次和补贴、参保年龄、参保先后及是否补缴保费和有无追加补贴。研究发现,在现有制度规定下,缴费档次越高,同种情况下参保者未来给付期初的养老金替代率水平越高;参保年龄越大、参保年限越短,则替代率水平越高,与制度鼓励多缴和长缴的理念有悖;而非满期缴费者在补缴保费情况下替代率在参保年龄及参保先后上差异较小,同档次下有追加补贴时养老金替代率水平较高。本书参照低保的保障水平,将 20% 作为居民养老金替代率的目标下限,并以此为标准探求基础养老金和缴费档次及补贴的合意增长组合。

在探索基础养老金的标准和增长率时,本书首先假设基础养老金与地方城乡居民消费支出同速增长,虽然此增长率平均水平在 10% 以上，但各地养老金替代率总体水平仍偏低，从而本书认为，基础养老金基数对替代率的影响更大。根据全国农村居民中间缴费年龄在中间缴费档次下给付期初养老金替代率达到 20% 的目标测算得到 2016 年全国基础养老金的标准，以此按地方农民与全国农民人均收入的比例推算各地 2016 年基础养老金的发放标准和同比例中间缴费档次水平，同时假设地方基础养老金发放标准与当地农民人均消费支出同速增长，结果得到全国各地农村 45 岁参保者中间缴费档次下的养老金替代率达到或接近 20%，城镇同龄参保者同比例缴费档次下的替代率最高可达 17.9%，其余地方不低于或接近 10%。为测试基础养老金标准调整的普适性，经计算农村不同年龄参保者给付期初养老金替代率高于 17%，接近 20%，而城镇不同年龄参保者的养老金替代率在 10% 左右，且替代率随参保者年龄的减小而趋于增大。在将各地 2016 年基础养老金标准参照全国标准调整后，均可使地方农村 50 岁参保者给付期初养老金替代率达到 20% 左右，城镇同龄参保者替代率在 10% 左右。

　　与基础养老金对参保者养老金替代率的影响相比，若参保者每年按增长后的档次缴费，同时政府也按增长后的标准给予缴费补贴，则缴费档次和补贴标准的增长率在 5%—12% 波动时，对非满期缴费者给付期初的养老金替代率差异影响不大，但对缴费年限较长的参保者有一定影响。由于基础养老金标准调整后，提高了其在参保者领取养老金中的占比，使缴费参保者是否按每年增长后的缴费档次缴费或每年缴费固定两种情况对其养老金替代率的影响不大。本章以下内容将基于本节确定的替代率目标水平下基础养老金和缴费档次及补贴的合意增长情况，分析中央财政对基础养老金的承担能力，以及各地方在城乡居民基本养老中财政责任的变化。

第二节　替代率目标水平下中央财政责任分析

　　在城乡居民基本养老保险制度中，中央财政的介入主要体现为对基础养老金的承担，其中包括中西部地区被制度覆盖的所有 60 岁及以上居民的基础养老金和东部地区最低标准一半的额度。本节按照第一节提出的各地方基础养老金增长的组合假设，预测 2016—2026 年中央财政对基础养老金的支出额度，并分析中央政府的财政承受能力。

一 各地方基础养老金支出预测

参照基础养老金增长的组合假设，需要分地方根据每年 60 岁及以上的领取者人数，并按当年当地基础养老金标准，与人数相乘后即为该地基础养老金的发放额，将全国所有省市区基础养老金额度加总，可得中央财政对基础养老金的总支出。其中，中央对东部各省份的补贴部分是最低标准下地方基础养老金总额的一半。

据第一节测算的 2016 年各地调整后的基础养老金标准，及第六章预测的各地参保者人数，推算 2012—2026 年不同地方基础养老金的发放额如表 7-10 所示。由表可知，从区域比较来看，东部地区基础养老金发放额最高，是西部地区的两倍左右，而省份最少的中部地区居中。基础养老金发放额在地方之间的差异也较大，按调整后的基础养老金标准测算，山东省每年发放基础养老金最多，2016 年约为 320.41 亿元，西藏最少仅 3.77 亿元。

表 7-10　　　　2016—2026 年各地基础养老金的年发放额　　　单位：亿元

地区	2016 年	2018 年	2020 年	2021 年	2022 年	2023 年	2024 年	2025 年	2026 年
北京	61.69	81.73	110.97	128.68	149.46	173.86	202.39	235.61	270.03
天津	42.74	60.45	87.42	104.06	124.06	148.11	176.93	211.36	248.63
河北	194.82	265.12	369.07	432.51	507.62	596.69	701.91	825.84	963.46
辽宁	131.96	181.64	255.72	300.04	352.57	414.92	488.64	575.55	667.89
上海	90.82	114.52	148.39	166.52	187.24	210.96	237.97	268.60	299.94
江苏	319.35	415.43	555.23	642.84	745.83	867.18	1009.64	1176.43	1367.38
浙江	256.71	323.49	419.19	478.20	546.63	626.14	717.99	823.67	937.70
福建	96.79	125.05	165.96	191.02	220.29	254.50	294.29	340.37	392.38
山东	320.41	422.28	571.14	664.39	774.33	904.19	1056.93	1236.06	1435.89
广东	202.01	257.92	338.88	390.86	451.69	522.95	605.92	702.12	810.56
海南	16.94	21.95	29.33	34.34	40.29	47.35	55.70	65.52	76.13

地区	2016 年	2018 年	2020 年	2021 年	2022 年	2023 年	2024 年	2025 年	2026 年
东部合计	1734.22	2269.57	3051.31	3533.47	4100.00	4766.86	5548.31	6461.12	7470.00
山西	73.25	101.31	143.34	169.53	200.80	238.18	282.68	335.49	394.41
吉林	74.69	104.26	148.48	176.25	209.44	249.14	296.44	352.58	415.64
黑龙江	96.25	136.13	196.25	233.94	279.16	333.45	398.37	475.73	562.94
安徽	164.90	207.72	268.33	312.92	365.72	428.37	502.37	589.52	692.06
江西	99.20	127.86	168.96	193.48	221.95	255.05	293.36	337.54	387.81
河南	245.08	324.26	439.76	514.80	603.72	709.27	834.08	981.23	1150.36
湖北	164.02	216.41	292.50	341.63	399.65	468.25	549.01	643.75	746.74
湖南	182.04	231.01	300.99	346.60	399.94	462.44	535.36	620.14	715.72
中部合计	1099.43	1448.95	1958.61	2289.15	2680.37	3144.15	3691.67	4335.99	5065.68
重庆	86.68	110.71	144.85	166.66	192.13	221.94	256.77	297.37	344.14
四川	240.94	309.45	407.26	469.90	543.23	629.28	729.99	847.61	987.76
贵州	60.40	79.75	107.90	126.38	148.31	174.39	205.32	241.91	285.38
云南	74.71	97.97	131.86	155.18	182.93	215.99	255.18	301.46	354.82
西藏	3.77	5.15	7.20	8.62	10.34	12.41	14.89	17.85	21.26
陕西	76.18	104.52	146.64	172.46	203.12	239.59	282.81	333.88	391.22
甘肃	40.62	53.14	71.11	83.58	98.38	115.96	136.76	161.28	190.62
青海	7.22	9.69	13.30	15.95	19.14	22.98	27.58	33.08	39.77
宁夏	9.81	13.40	18.72	22.37	26.77	32.06	38.41	45.99	55.05
新疆	33.36	45.73	64.09	76.55	91.52	109.52	131.07	156.77	188.74
内蒙古	55.83	79.00	114.00	135.87	162.12	193.63	231.30	276.19	326.23
广西	98.49	123.75	159.99	182.86	209.48	240.50	276.50	318.13	363.67
西部合计	788.01	1032.27	1386.91	1616.39	1887.45	2208.25	2586.59	3031.51	3548.66

二　基础养老金标准调整后中央财政的承担能力分析

根据《意见》的规定，中央财政只承担东部地区最低标准一半的基础养老金，因此，将中西部地区每年基础养老金发放额度与东部地区的一半加总，得到 2016—2026 年中央财政所需承担的基础养老金额度如图 7 – 3 所示。从图中可以看出，中央财政所需承担的基础养老金额度呈逐年增加趋势，且增加速度趋于加快。2016 年，中央财政用于基础养老金发放的补贴额约为 2754.56 亿元，2026 年预计将增加到 12349.35 亿元。从每年发放额的增长情况来看，2017 年较 2016 年发放额增加 13.50%，到 2025 年增长速度最高达 17.07%。

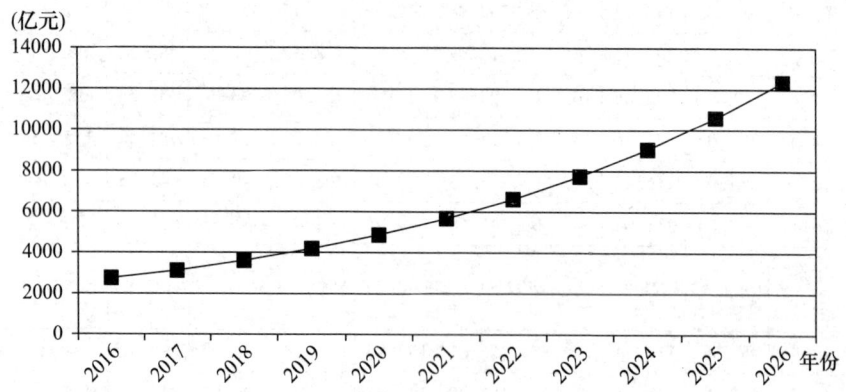

**图 7 – 3　2016—2026 年基础养老金标准调整后中央财政
对基础养老金的承担额**

据中经网数据库的资料，1991—2014 年中央财政决算收入的增长波动较大，1994 年是 1993 年决算收入额的两倍多，而 2007 年增长率也较高，为 35.65%，最低的是 1993 年的 – 2.25%，增长率除 2009 年、2012 年、2013 年、2014 年外，其他年份均高于 14%。从中央财政决算支出每年的变化情况来看，1991 年以来支出增长幅度最大的是 1994 年、1999 年和 2000 年，均较上年增加 32% 以上，而增幅较小的是 2011 年，在 3% 左右。由于中央财政收入和财政支出的波动较大，因此按照平均增长率预测未来中央财政决算收入存在一定的风险，本书将分别采用最低增长率及平均增长率预测，分析中央财政对基础养老金的承受能力。

（一）中央财政平稳增长时对基础养老金的承担能力

由于 1991—1995 年中央财政决算收入波动幅度过大，因此采用 1995—2014 年间的数据计算中央财政决算收入的平均增长率，即每年

16.94%的增长速度，从而得到2016—2026年基础养老金预测发放额占中央财政决算收入的比重。同时分析基础养老金对中央财政其他项目的挤出效应，即基础养老金额度占中央财政决算支出比重。中央财政决算支出预测额同样以1995—2014年的平均增长率推测，即每年13.89%的增长速度，如图7-4所示。由图中可以看出，2016—2026年基础养老金发放额占中央财政决算收入预测额比重趋于减小，但幅度不大，由2016年的3.12%下降至2026年的2.93%。从比重大小来看，基础养老金发放额占中央财政决算收入比重不大，也就是说，未来十年若中央财政决算收入保持平稳增长，中央财政有能力承担标准调整后的基础养老金发放。

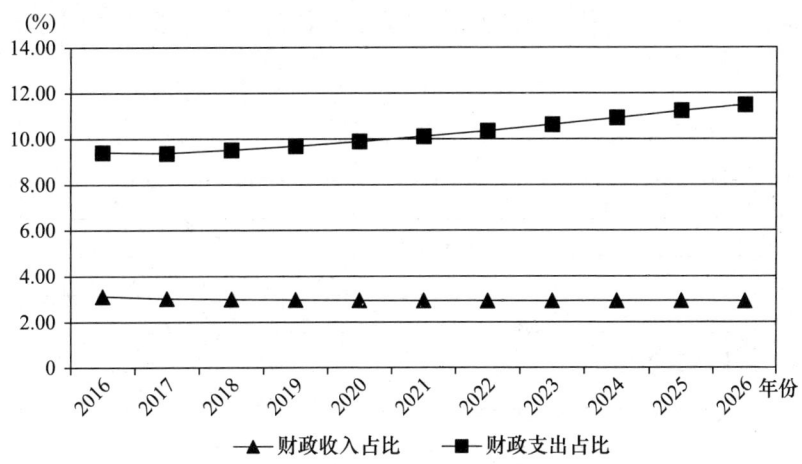

图7-4　中央财政决算收入和支出平稳增长时2016—2026年中央承担的基础养老金额占中央财政决算收入和支出预测额的比重

与基础养老金预测发放额占中央财政决算收入比重相比，财政支出占比高于财政收入占比，且随时间趋于增大，2016年为9.41%，2026年升至11.48%，该比例数值较高，说明基础养老金标准调整后，若中央按照替代率目标水平下的标准承担基础养老金发放的责任，则该项支出将在较大程度上挤占中央其他项目的支出。

（二）中央财政最低增长时对基础养老金的承担能力

以上是对中央财政平稳增长时对基础养老金承担能力的分析，但由于过去几年中央财政决算收入和财政决算支出的增长情况波动较大，因此，有必要分析增长率较低时中央财政承担基础养老金的能力。假设中央决算收入和决算支出仍保持逐年增加，前者以1995年以来最低的增长速度，即2014年7.13%的增长率增加，得到2016—2026年基础养老金发放额占中央财政决算收入的比重。同样假设中央财政支出以1995年以来最低的增长速度，即2011年3.28%的增长率增加，得到2016—2026年基础养老金发放额占中央财政决算支出比重，如图7-5所示。由图可知，与决算收入平稳增长的情况不同，当中央财政决算收入最低增长时，基础养老金占其比重在2016—2026年趋于增大，但增大速度不快，由2016年的3.72%升至2026年的8.37%，比财政平稳增长时的比重数值大很多，预期2026年后会接近甚至超过10%，使中央财政承担基础养老金发放的能力大大减弱。

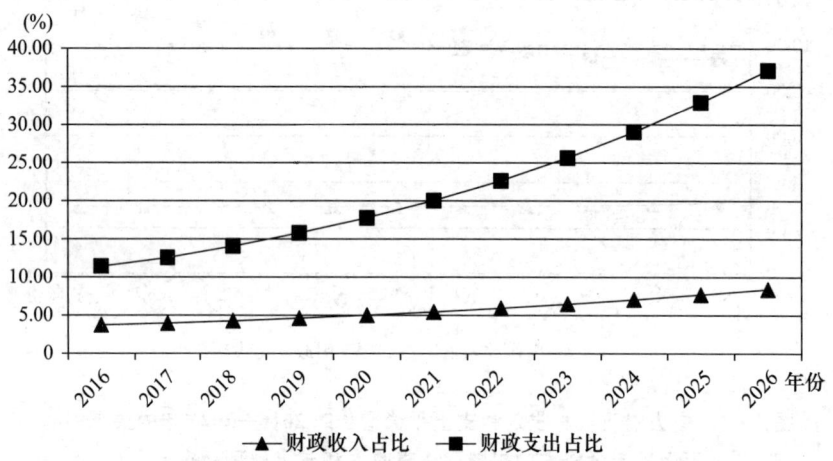

图7-5 中央财政决算收入和支出最低增长时2016—2026年中央承担的
基础养老金额占中央财政决算收入和支出预测额的比重

最低增长时，基础养老金占中央财政支出比重也与平稳增长时有所差异，表现在财政支出占比更高，及随时间增大的速度更高。如2016年比重为11.44%，接近平稳增长时2026年的比重，最低增长时2026年达到37.15%，是中央所有项目财政支出的1/3，占比过高。

综合以上分析，可以发现，按调整后的基础养老金标准测算，中央财政收入平稳增长时有能力承担对基础养老金的发放，但财政收入增长出现波动时将存在一定的风险；从基础养老金占中央财政支出的比例分析，不管中央财政支出是否平稳增加，都会对其他项目的支出造成不可忽视的挤占，尤其是当财政支出增长率较低时，财政支出占比最高可达 1/3 左右，极大地影响了其他项目的财政支出。

三　基础养老金替代率固定时中央财政的承担能力分析

上文对基础养老金标准调整后中央财政的承担能力进行了分析，发现财政在平稳增长时有能力负担，但在增长速度减缓时承担能力较弱，同时基础养老金发放额将在较大程度上挤占其他项目的支出，影响中央财政承担城乡居民养老责任的可持续性。但若中央未来每年所承担的全国基础养老金替代率与 2015 年 70 元/月的标准相同，即中央最低标准基础养老金将与居民收入同速增长，但地方仍按调整后的基础养老金标准发放，超出的部分由地方财政负担，在此假设下本书将分析中央财政对基础养老金的承担能力如何。

因农村居民和城镇居民收入增长率不同，此处假设中央最低标准与农村居民收入同速增长，则计算 2016—2026 年中央承担不同地区的基础养老金额度及其占比如表 7 - 11 所示。由表可知，基础养老金替代率固定时中央每年承担的发放额度仍随时间逐年增加，但从与地方承担额度的对比情况来看，中央承担额度在总基础养老金发放额度中的占比仅为 1/3 左右，其中东部地区承担的比例不足 20%，中部地区不足 50%，西部地区最高为 50%—60%，且地方基础养老金发放标准越高的地方，中央承担额的占比越低。

评估中央按 2015 年基础养老金替代率承担基础养老金发放时，中央财政的承担能力和对其他项目的挤出效应，仍依据基础养老金承担额占中央财政决算收入和财政决算支出的比重分析，并与前文中央按地方标准承担基础养老金时的比重进行比较。首先假设中央财政收入和财政支出按 1995—2014 年的平均增长率平稳增长，得到 2016—2026 年中央承担最低标准基础养老金发放额度占中央财政收入和财政支出比重。如图 7 - 6 和图 7 - 7 所示，与中央按调整后的地方基础养

表 7 – 11　　2016—2026 年中央承担不同地区的基础养老金额度及其占比

单位：亿元、%

地区	2016 年		2019 年		2023 年		2026 年	
	中央承担额度	中央承担占比	中央承担额度	中央承担占比	中央承担额度	中央承担占比	中央承担额度	中央承担占比
北京	7.71	12.51	12.02	12.64	22.27	12.81	34.95	12.94
天津	5.93	13.87	9.29	12.79	17.02	11.49	26.35	10.60
河北	45.13	23.17	69.34	22.19	125.01	20.95	193.34	20.07
辽宁	27.82	21.08	43.46	20.19	79.03	19.05	121.79	18.23
上海	10.11	11.13	15.49	11.90	27.44	13.01	41.69	13.90
江苏	50.38	15.77	73.67	15.36	128.53	14.82	197.33	14.43
浙江	31.27	12.18	46.83	12.73	84.60	13.51	132.46	14.13
福建	18.05	18.65	27.56	19.16	50.53	19.85	80.02	20.39
山东	63.63	19.86	94.98	19.36	169.28	18.72	262.12	18.26
广东	38.93	19.27	58.92	19.96	109.35	20.91	175.53	21.66
海南	4.03	23.80	6.03	23.80	11.26	23.78	18.10	23.77
东部合计	302.99	17.47	457.59	17.41	824.32	17.29	1283.69	17.18
山西	39.24	53.57	61.21	50.84	112.93	47.41	177.46	45.00
吉林	32.70	43.78	51.65	41.55	96.54	38.75	152.86	36.78
黑龙江	43.45	45.15	69.19	42.36	129.76	38.92	205.57	36.52
安徽	78.48	47.59	109.52	46.44	192.53	44.94	303.51	43.86
江西	46.28	46.65	70.52	48.04	127.40	49.95	199.47	51.44
河南	116.05	47.35	171.32	45.42	304.73	42.96	474.06	41.21
湖北	71.35	43.50	107.62	42.82	196.38	41.94	308.31	41.29
湖南	85.39	46.91	124.46	47.26	220.70	47.72	344.10	48.08
中部合计	512.94	46.66	765.49	45.50	1380.96	43.92	2165.33	42.75
重庆	43.10	49.73	60.54	47.86	100.91	45.47	150.58	43.76
四川	121.64	50.49	172.59	48.67	291.62	46.34	441.26	44.67
贵州	42.73	70.74	61.83	66.73	107.64	61.72	166.15	58.22
云南	47.29	63.29	70.44	62.06	130.55	60.44	210.26	59.26
西藏	2.42	64.13	3.74	61.56	7.23	58.29	11.89	55.96
陕西	45.32	59.50	70.06	56.64	127.10	53.05	197.60	50.51

续表

地区	2016 年		2019 年		2023 年		2026 年	
	中央承担额度	中央承担占比	中央承担额度	中央承担占比	中央承担额度	中央承担占比	中央承担额度	中央承担占比
甘肃	30.54	75.19	45.06	73.37	82.36	71.02	132.12	69.31
青海	4.68	64.80	7.05	62.17	13.52	58.83	22.45	56.44
宁夏	5.50	56.11	8.37	52.92	15.69	48.93	25.40	46.15
新疆	18.05	54.10	27.87	51.52	52.88	48.28	86.79	45.98
内蒙古	26.41	47.30	42.37	44.68	80.18	41.41	127.59	39.11
广西	53.53	54.35	78.42	55.81	139.03	57.81	215.87	59.36
西部合计	441.22	55.99	648.35	54.25	1148.71	52.02	1787.96	50.38
中央承担合计	1257.15	34.71	1871.43	33.99	3354.00	33.14	5236.99	32.56

老金标准全部承担其发放（东部地区承担一半）时相比，中央承担额度占中央财政收入和财政支出的比重均有不同程度的减小，其中财政收入占比仍随时间推移而趋于下降，最高的 2016 年比重为 1.43%，2026 年降至 1.24%，预期该假设情况下未来将降至 1% 以下。财政支出占比降低约一半，仍随时间推移有较缓慢的增长，均未超过 5%，由 2016 年的 4.29% 缓慢升至 2026 年的 4.87%。综合以上两项比重的分析可知，当中央按 2015 年基础养老金替代率水平承担各地基础养老金发放时（东部地区承担一半），中央财政的承担能力较强，且基础养老金对其他项目支出的挤出效应不大。

另一方面，保守估计中央财政最低增长时对基础养老金的承担能力，仍假设中央财政收入和财政支出以 1995 年以来最低的增长速度增长，即财政收入按 2014 年 7.13% 增长，财政支出按 2011 年 3.28% 增长，得到 2016—2026 年基础养老金发放额占中央财政收入和财政支出比重如图 7-7 所示。由图可知，当中央财政按最低速度增长时，基础养老金发放额占中央财政收入和财政支出比重均趋于逐年增大。其中财政收入占比增大较缓，由 2016 年的 1.70% 增至 2026 年的 3.55%，财政支出占比则由 5.22% 增至 15.75%，从比重大小来看，当中央财政增长出现波动时，若2016—2026年中央财政按2015年基础养老金替代率水平承担的基础养老金，则中央财政仍有能力承担，但对中央财政其他项目的支出会造成一定程度的挤占。

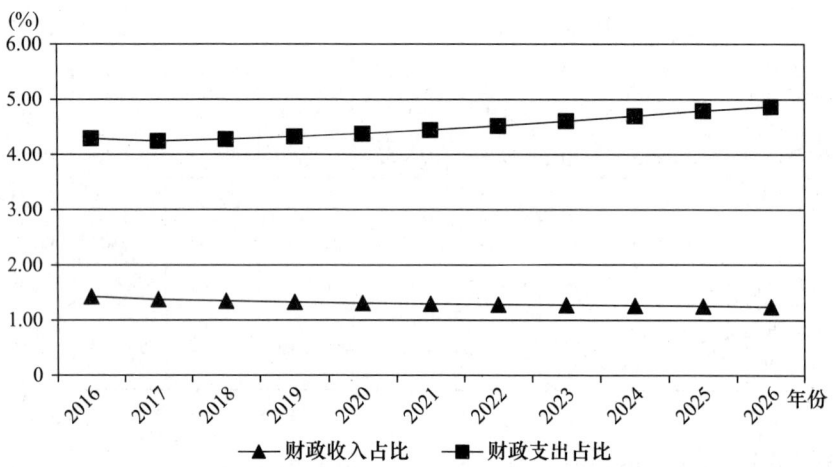

图7-6 财政平稳增长时中央财政按2015年基础养老金替代率承担的基础养老金发放额度占中央财政收入和财政支出比重

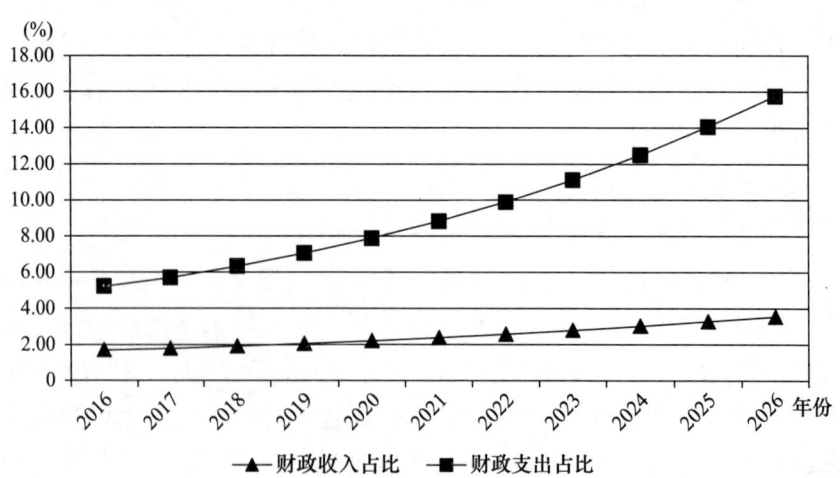

图7-7 财政最低增长时中央财政按2015年基础养老金替代率承担的基础养老金发放额度占中央财政收入和财政支出比重

　　综合以上分析，当基础养老金最低标准按照农村居民收入的平均水平增长时，可使基础养老金替代率与 2015 年的水平相当，若中央财政承担此最低标准的基础养老金发放，则当中央财政平稳增长时对其承担能力较强，基础养老金对其他项目支出的挤出效应较弱。但当中央财政增长出现波动时，由于基础养老金最低标准的增长速度高于中央财政收入和财政支出的增长，将使得基础养老金承担额占财政收入和财政支出比重逐年增大，导致其对中央其他项目的支出有一定程度的挤占，但中央财政仍有能力承担基础养老金的发放。因此，为使中央财政能够持续承担基础养老金的发放，应综合考虑其标准的增长与居民收入和消费支出增长速度之间的关系。

第三节　替代率目标水平下东部地区地方财政责任分析

　　第六章从全国统一设置缴费档次与缴费补贴标准的角度，对地方财政补贴责任进行了初步分析，本章第三节至第四节将基于第一节提出的调整后基础养老金标准和缴费档次及补贴的增长率，进一步探讨居民养老金替代率目标水平下地方财政的承担方式和责任水平。

　　因第六章已分析了缴费档次与补贴以每年 5% 和 8% 增长时各地承担缴费补贴责任的大小，从占财政收入和财政支出比重来看均未超过 2%，东部地区在基础养老金标准每年增长 10% 时对基础养老金和缴费补贴的总承担额占地方财政收入和财政支出比重，除河北省最高为 2.7% 外，其余均未超过 2%，为避免重复分析，本节内容将在第二节的假设基础上，即地方基础养老金标准调整后，中央按 2015 年基础养老金的替代率水平承担地方一部分基础养老金的发放，剩余部分由地方财政负担时，地方对居民养老总补贴的财政责任变化情况。

一　东部地区基础养老金支出的财政承受能力分析

　　按照前文的假设测算 2016—2026 年东部各地对基础养老金的支出额度，如表 7 - 12 所示。由表可知，随着时间的推移，东部各地对基础养老金补贴的支出额度逐年增加，且地方之间的补贴情况差异较

大。2016 年东部地区江苏省支出最多为 268.97 亿元，最少的海南仅
12.91 亿元；至 2026 年，山东省支出额最多达 1173.77 亿元，而海南
省仍最少仅 58.03 亿元。

表 7 – 12　　　　基础养老金标准调整后中央财政按 2015 年基础
养老金替代率水平承担基础养老金发放时
东部地区所承担的基础养老金发放额度　　　单位：亿元

地区	2016 年	2018 年	2020 年	2021 年	2022 年	2023 年	2024 年	2025 年	2026 年
北京	53.97	71.44	96.90	112.31	130.37	151.59	176.37	205.22	235.08
天津	36.82	52.50	76.53	91.45	109.41	131.09	157.14	188.35	222.28
河北	149.69	205.44	288.35	339.26	399.73	471.68	556.95	657.72	770.12
辽宁	104.13	144.44	204.85	241.21	284.44	335.89	396.92	469.06	546.11
上海	80.71	101.19	130.34	145.81	163.42	183.53	206.32	232.08	258.25
江苏	268.97	351.05	470.71	545.85	634.30	738.65	861.32	1005.14	1170.05
浙江	225.44	282.90	365.01	415.47	473.86	541.54	619.53	709.03	805.24
福建	78.74	101.30	133.88	153.77	176.94	203.97	235.33	271.58	312.36
山东	256.78	339.82	461.48	537.89	628.14	734.91	860.71	1008.51	1173.77
广东	163.08	207.04	270.46	311.02	358.34	413.60	477.73	551.84	635.03
海南	12.91	16.73	22.35	26.17	30.70	36.09	42.45	49.94	58.03
东部合计	1431.23	1873.86	2520.85	2920.19	3389.65	3942.53	4590.78	5348.45	6186.31

（一）地方财政平稳增长时的财政承受能力

若东部地方财政收入平稳增长，假设以 1997—2014 年的平均增
长率逐年增加，则据表 7 – 12 测算的东部地区所承担的基础养老金发
放额度占地方财政收入比重如表 7 – 13 所示。由表可知，与第六章第
三节预测的东部地区基础养老金占地方财政收入比重相比，基础养老
金标准调整后的比重有不同程度的增加，比重最高的河北省 2016 年
为 1.32%，而调整后的比重为 4.47%；在时间趋势上，除河北省和
辽宁省的财政收入占比有缓慢的上涨外，其余地方基础养老金发放额
占地方财政收入预测额的比重逐年下降，这与地方基础养老金标准与
财政收入增长率的相对大小有关。地方之间比较来看，河北省基础养

老金发放额占财政收入的比重仍最高，2016 年北京市比重最低仅为 0.93%，至 2026 年有三个地方的财政收入占比超过 2%，分别是河北、山东和辽宁。因此，当地方财政收入稳定增长时，东部各省份除河北省外，其余地方承担替代率目标水平下基础养老金的能力较强。

表 7 - 13　　地方财政平稳增长时中央财政按 2015 年基础养老金

替代率水平承担基础养老金发放后东部地区所承担的

基础养老金发放额度占地方财政收入比重　　　单位:%

地区	2016 年	2018 年	2020 年	2021 年	2022 年	2023 年	2024 年	2025 年	2026 年
北京	0.93	0.85	0.80	0.77	0.74	0.72	0.70	0.67	0.64
天津	1.04	1.01	0.99	0.98	0.96	0.95	0.93	0.92	0.89
河北	4.47	4.49	4.60	4.63	4.66	4.70	4.75	4.79	4.80
辽宁	2.37	2.39	2.47	2.48	2.50	2.52	2.54	2.56	2.54
上海	1.29	1.18	1.11	1.07	1.02	0.98	0.94	0.91	0.86
江苏	2.50	2.19	1.98	1.88	1.79	1.71	1.63	1.56	1.49
浙江	3.70	3.14	2.74	2.56	2.40	2.26	2.13	2.00	1.87
福建	2.42	2.26	2.17	2.13	2.09	2.05	2.02	1.98	1.95
山东	3.64	3.44	3.33	3.28	3.23	3.19	3.16	3.12	3.07
广东	1.47	1.35	1.28	1.25	1.23	1.21	1.19	1.17	1.15
海南	1.64	1.50	1.41	1.39	1.37	1.35	1.34	1.32	1.29

　　假设地方财政支出平稳增长，分析各年基础养老金发放额度对地方其他支出项目的挤出程度，如表 7 - 14 所示。基础养老金标准调整后基础养老金发放额度占地方财政支出比重也比第六章第三节预测的比重高，调整后的 2016 年比重最高的浙江为 3.04%，而前文预测的比重最高的河北省 2016 年仅为 2.28%；时间趋势上，除辽宁省财政支出占比有较小的增加外，其余地方均逐年减小，至 2026 年仅河北和山东两省比重超过 2%，最小的海南省比重仅为 0.55%。因此，当地方财政支出平稳增加时，基础养老金补贴对地方财政其他项目支出的挤出程度均不大。

表7-14 地方财政平稳增长时中央财政按2015年基础养老金
替代率水平承担基础养老金发放后东部地区所承担的
基础养老金发放额度占地方财政支出比重　　　单位:%

地区	2016年	2018年	2020年	2021年	2022年	2023年	2024年	2025年	2026年
北京	0.84	0.79	0.75	0.73	0.71	0.70	0.68	0.66	0.64
天津	0.88	0.86	0.87	0.86	0.85	0.85	0.84	0.84	0.82
河北	2.28	2.23	2.23	2.22	2.21	2.20	2.19	2.19	2.16
辽宁	1.49	1.49	1.54	1.54	1.55	1.55	1.56	1.57	1.56
上海	1.22	1.14	1.09	1.05	1.02	0.99	0.96	0.93	0.89
江苏	2.19	1.97	1.82	1.75	1.69	1.63	1.58	1.53	1.48
浙江	3.04	2.65	2.38	2.25	2.14	2.04	1.95	1.86	1.76
福建	1.73	1.62	1.55	1.52	1.49	1.47	1.44	1.42	1.39
山东	2.55	2.40	2.32	2.29	2.25	2.22	2.20	2.17	2.14
广东	1.31	1.22	1.17	1.16	1.14	1.13	1.12	1.11	1.10
海南	0.80	0.72	0.66	0.64	0.62	0.60	0.59	0.57	0.55

（二）地方财政最低增长时的财政承受能力

若地方财政收入和财政支出无法实现逐年平稳增加，假设以1997—2014年的最低正增长率增长，进一步分析东部各地对基础养老金标准调整后除中央按最低标准承担部分之外，所承担的基础养老金发放额度的财政能力及风险。若财政按最低增长率增长，则该增长率最高的是天津市14.97%，最低的是河北省6.58%。地方财政收入按1997—2014年最低增长率逐年增加时，地方承担基础养老金发放额度占当地财政收入比重如图7-8所示。2016—2026年东部各地基础养老金发放额占地方财政收入的比重均随时间而增大，但增长幅度各异，河北省比重仍最高，且随时间增长速度较快，由2016年的5.39%上升至2026年的14.66%。而财政收入占比最低的北京和天津至2026年分别增至1.86%和1.74%，均未超过2%。此外，2016年财政支出占比超过4%的是河北、浙江和山东三省，2026年，除北京、天津、上海、福建、广东和海南六地外，其余地方比重均超过5%。因此，当东部地区地方财政收入的增长出现波动时，个别地方对标准调整后基础养老金的发放存在财政风险，但大部分地方仍有能

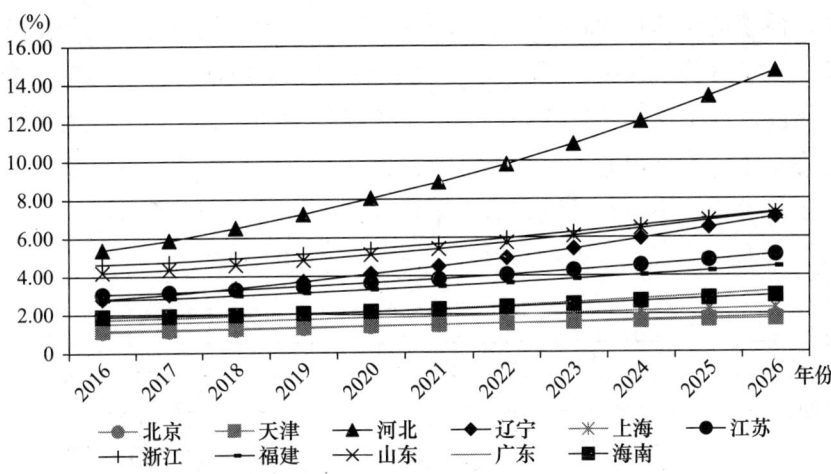

**图 7－8　地方财政最低增长时中央财政按 2015 年基础养老金替代率水平承担
基础养老金发放后东部地区所承担的基础养老金发放额度占地方财政收入比重**

力承担。

　　当地方财政支出增长出现波动时，假设也按 1997—2014 年最低
增长率增长，该增长率最高的是辽宁省 14.01%，最低的是河北省
6.07%，则基础养老金补贴对东部各地其他财政支出项目的挤出程度
如图 7－9 所示。2016—2026 年东部各地基础养老金发放额占地方财
政支出的比重也随时间而增大，比重上虽比财政平稳增长时大，但较
同种情况下基础养老金占地方财政收入比重小。2016 年财政支出占比
最高的是浙江，为 3.72%，海南最低仅 0.99%，至 2026 年河北最高
升至 8.12%，当年除河北、山东、浙江、江苏外，东部其余地方比重
均未超过 4%。因此，当东部地区地方财政支出的增长出现波动时，
标准调整后基础养老金的发放除对河北、山东、浙江、江苏地方财政
支出项目存在一定程度的挤占外，其余绝大部分地方挤占程度并
不大。

二　替代率目标水平下东部地区总体财政责任分析

（一）东部地区缴费补贴预测

　　据本章第一节的测算，缴费档次与补贴标准的增长率越高，则缴
费参保者因个人账户积累额的增加可使得给付期初养老金的替代率增

大，但该增长率在5%—12%时，替代率虽有差异但不大，且因第六章已对缴费档次与补贴标准增长率为5%和8%两种情况下的缴费补贴额度进行了预测，故此处将测算增长率为12%，即居民缴费意愿和能力每年保持相当的情况下补贴支出额度，其中假设非满期缴费者按年正常缴费，不存在补缴和追加缴费补贴。如表7-15所示。

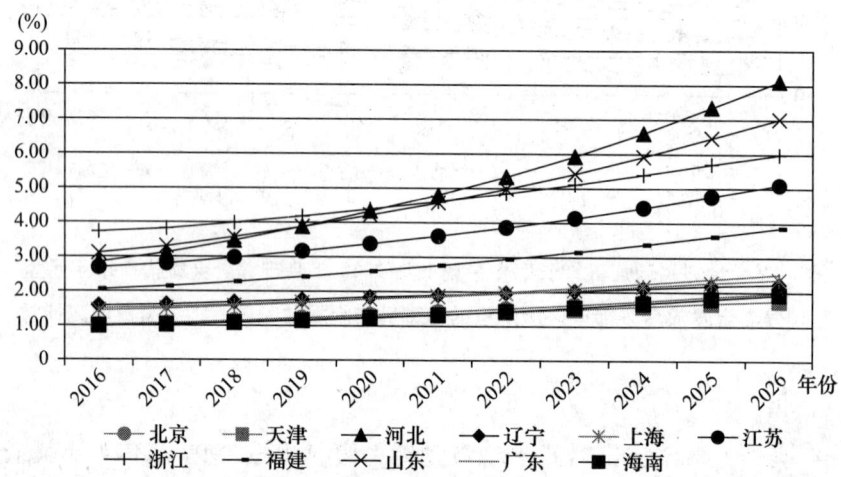

图7-9　地方财政最低增长时中央财政按2015年基础养老金替代率水平承担
基础养老金发放后东部地区所承担的基础养老金发放额度占地方财政支出比重

表7-15　　　　缴费档次与补贴增长率为12%时东部各地

缴费补贴预测额　　　　　　　单位：亿元

地区	2016 年		2018 年		2021 年		2023 年		2026 年	
	500 元档	2000 元档	500 元档	2000 元档	500 元档	2000 元档	500 元档	2000 元档	500 元档	2000 元档
北京	4.56	13.11	5.57	16.02	7.44	21.39	9.06	26.06	12.06	34.67
天津	2.97	8.53	3.62	10.40	4.83	13.87	5.87	16.89	7.82	22.47
河北	16.76	48.18	20.88	60.03	28.65	82.36	35.74	102.75	49.06	141.05
辽宁	9.87	28.38	12.00	34.49	15.87	45.62	19.12	54.97	24.98	71.81
上海	5.01	14.40	6.08	17.49	8.08	23.24	9.86	28.34	13.12	37.72
江苏	17.60	50.61	21.74	62.51	29.43	84.62	36.14	103.91	48.37	139.06
浙江	12.65	36.38	15.65	44.98	21.20	60.96	25.91	74.49	34.50	99.19
福建	8.89	25.55	11.08	31.87	15.23	43.79	18.92	54.38	25.80	74.18

续表

地区	2016 年		2018 年		2021 年		2023 年		2026 年	
	500 元档	2000 元档	500 元档	2000 元档	500 元档	2000 元档	500 元档	2000 元档	500 元档	2000 元档
山东	21.82	62.72	27.11	77.94	36.99	106.34	45.60	131.11	61.48	176.77
广东	25.72	73.95	32.27	92.79	44.78	128.74	55.76	160.32	76.53	220.02
海南	2.09	6.01	2.64	7.59	3.68	10.58	4.60	13.23	6.36	18.29
东部合计	127.93	367.81	158.65	456.11	216.18	621.51	266.59	766.44	360.08	1035.23

由表 7-15 可知，同档次下随着时间的推进，东部各地缴费补贴额度逐年增加，这一方面与缴费参保人数的增加有关，另一方面也因缴费补贴标准每年增长 12%。2016 年 500 元缴费档次下东部地区缴费补贴总计 127.93 亿元，2000 元档次下的补贴额度是 367.81 亿元，至 2026 年两档补贴总计分别增至 360.08 亿元和 1035.23 亿元，两者数值每年保持三倍的关系。地方之间比较，每年缴费补贴支出最多的是广东省，2016 年 2000 元档次下支出 73.95 亿元，补贴最少的地方是海南，同年同档下支出 6.01 亿元。与第六章测算的缴费补贴每年增长 8% 时相比，增长率为 12% 时各地缴费补贴额度均有不同程度的增加，且该差额随着时间而增大，如 2026 年广东省缴费补贴额在两种增长率下相差 72.54 亿元。与前文所测算的基础养老金支出额度相比，同一地方即使是最高档次对应的缴费补贴额也较少，如缴费补贴最高的广东省，2016 年基础养老金支出额度为 163.08 亿元，是缴费补贴的两倍多，至 2026 年基础养老金支出是缴费补贴支出的 3 倍，而 2026 年基础养老金发放额度最高的山东省前者是后者的近 7 倍。因此，虽然缴费档次与补贴标准每年增长 12% 时，东部各地缴费补贴预测额度较增长率低时高，但与当地基础养老金支出额度相比不足其一半，故本书不再单独分析东部地区的缴费补贴责任，而是对其总体财政责任进行评估。

（二）东部地区居民养老总补贴的财政责任分析

将东部各地基础养老金补贴和缴费补贴加总，分析其对居民养老总体财政责任的承担。假设东部地方财政平稳增长，缴费补贴增长率为 12%，中央财政按照 2015 年基础养老金替代率承担东部地区一半的基础养老金，地方按调整后的基础养老金标准承担剩余部分的发放，则将两部分补贴加总后与地方财政收入和财政支出预测额作比较，分别如表 7－16 和表 7－17 所示。

表 7－16　　　　东部各地居民养老总补贴占地方财政收入比重　　　　单位:%

地区	2016 年		2018 年		2021 年		2023 年		2026 年	
	500 元档	2000 元档	500 元档	2000 元档	500 元档	2000 元档	500 元档	2000 元档	500 元档	2000 元档
北京	1.01	1.15	0.92	1.04	0.82	0.92	0.76	0.84	0.67	0.74
天津	1.13	1.28	1.08	1.21	1.03	1.12	0.99	1.07	0.93	0.98
河北	4.97	5.91	4.94	5.80	5.02	5.75	5.06	5.73	5.10	5.68
辽宁	2.60	3.02	2.59	2.97	2.65	2.95	2.66	2.93	2.65	2.87
上海	1.37	1.52	1.25	1.39	1.12	1.24	1.03	1.13	0.91	0.99
江苏	2.66	2.97	2.33	2.58	1.98	2.17	1.79	1.95	1.55	1.67
浙江	3.91	4.30	3.31	3.64	2.69	2.94	2.37	2.57	1.95	2.10
福建	2.70	3.21	2.51	2.98	2.34	2.73	2.24	2.60	2.11	2.41
山东	3.95	4.53	3.71	4.23	3.50	3.92	3.39	3.76	3.23	3.53
广东	1.70	2.13	1.56	1.96	1.44	1.77	1.37	1.68	1.29	1.55
海南	1.91	2.40	1.74	2.18	1.59	1.95	1.53	1.85	1.43	1.70

表 7－17　　　　东部各地居民养老总补贴占地方财政支出比重　　　　单位:%

地区	2016 年		2018 年		2021 年		2023 年		2026 年	
	500 元档	2000 元档	500 元档	2000 元档	500 元档	2000 元档	500 元档	2000 元档	500 元档	2000 元档
北京	0.91	1.05	0.85	0.96	0.78	0.87	0.74	0.82	0.67	0.73
天津	0.95	1.08	0.92	1.03	0.90	0.99	0.88	0.96	0.85	0.90
河北	2.54	3.02	2.46	2.89	2.41	2.76	2.37	2.68	2.30	2.56
辽宁	1.63	1.89	1.62	1.85	1.64	1.83	1.64	1.81	1.63	1.77
上海	1.30	1.44	1.21	1.34	1.11	1.22	1.04	1.14	0.94	1.02
江苏	2.33	2.60	2.09	2.32	1.84	2.02	1.71	1.86	1.54	1.65
浙江	3.21	3.53	2.80	3.07	2.37	2.58	2.14	2.32	1.83	1.98
福建	1.93	2.29	1.79	2.13	1.67	1.95	1.60	1.86	1.50	1.72
山东	2.76	3.17	2.59	2.95	2.44	2.74	2.36	2.62	2.25	2.46
广东	1.52	1.90	1.41	1.77	1.32	1.64	1.28	1.57	1.23	1.47
海南	0.94	1.18	0.83	1.04	0.72	0.89	0.68	0.82	0.61	0.72

由表 7 - 16 与表 7 - 17 的数据可以看出，当财政平稳增长时，东部地区居民养老总补贴占地方财政收入和财政支出的比重较基础养老金的比重差异不大，主要因为缴费补贴额与基础养老金支出额度相比较少。（1）在时间趋势上，财政收入占比除河北和辽宁在低缴费档次下的比重趋于增大外，其他地方均趋于减小，财政支出占比各地均随时间而降低。（2）从比重数值来看，财政收入占比仍是河北最高，2016 年 500 元缴费档次下比重为 4.97%，2026 年最高 2000 元档次下比重为 5.68%，当年除山东财政收入占 3%—4%，其余地方均未超过 3%，比重最低的北京即使在最高档次下，对应的总补贴占财政收入的比重也仅为 0.74%；2016 年财政支出占比浙江最高，2000 元档次下比重为 3.53%，至 2026 年东部地区中河北的财政支出占比最高，2000 元档次下为 2.56%，当年东部所有地方的此项比重均未超过 3%，最低的海南仅为 0.72%。因此，当东部各地财政稳定增长时，若缴费补贴每年增加 12%，地方按调整后的标准发放基础养老金，则除河北对居民养老总补贴的财政承担能力存在一定风险外，其余地方均有能力承担，且补贴对地方财政其他项目支出的挤出有限。

第四节　替代率目标水平下中西部地区地方财政责任分析

据《意见》的规定，与东部地区相比，中部地区和西部地区对居民养老的财政补助主要是缴费补贴，但若地方基础养老金发放标准高于中央规定的最低标准，则超出部分由地方财政承担。由于第六章已对缴费补贴增长率为 5% 和 8% 两种假设情况下中西部地区承担缴费补贴的财政能力进行了分析，本节将主要根据本章第一节提出的地方基础养老金标准按替代率目标水平调整后，中央财政若按 2015 年 70 元/月基础养老金的替代率水平承担中西部地区的基础养老金发放时，测算地方所承担的剩余基础养老金，以及与缴费补贴加总后地方财政的负担情况。

一 中西部地区承担的基础养老金补贴预测

按照上文假设，测算基础养老金标准调整后中西部地区各地所承担的基础养老金发放额度如表 7-18 所示。由表可知，因中部地区调整后的基础养老金标准平均水平高于西部地区，且领取人口数也较西部地区多，故中部八省比西部十二地的剩余基础养老金发放汇总额度高，同时中西部地区所承担的额度均逐年增加。从地方之间比较来看，除中部地区内部人口大省河南基础养老金承担额度最高外，其余地方之间相差不大，2026 年河南该额度将增加至 676.31 亿元，与东部地方相比处于其中间水平，与广东发放额度接近。西部地区内部的预测值存在悬殊，2016 年承担额度最高的是四川省 119.30 亿元，与河南较为接近，而最少的西藏仅为 1.35 亿元，至 2026 年两地之间相差 537.15 亿元。

表 7-18　　基础养老金标准调整后中央按 2015 年基础养老金
替代率水平承担基础养老金发放时中西部地区
所承担的基础养老金发放额度　　　　单位：亿元

地区	2016 年	2018 年	2020 年	2021 年	2022 年	2023 年	2024 年	2025 年	2026 年
山西	34.01	48.90	71.73	86.30	103.92	125.25	150.97	181.88	216.94
吉林	41.99	60.18	87.86	105.53	126.85	152.60	183.55	220.64	262.79
黑龙江	52.80	77.22	114.86	138.95	168.19	203.68	246.59	298.28	357.37
安徽	86.42	110.47	144.74	169.96	200.00	235.84	278.42	328.86	388.55
江西	52.93	67.04	87.00	98.71	112.16	127.65	145.39	165.61	188.34
河南	129.02	174.92	242.78	287.39	340.71	404.54	480.68	571.22	676.31
湖北	92.67	123.25	167.89	196.85	231.17	271.88	319.96	376.58	438.44
湖南	96.64	122.11	158.40	182.00	209.54	241.74	279.23	322.72	371.62
中部合计	586.49	784.08	1075.25	1265.69	1492.54	1763.19	2084.80	2465.79	2900.35
重庆	43.57	57.04	76.41	88.92	103.64	121.03	141.50	165.57	193.56
四川	119.30	157.00	211.47	246.75	288.39	337.66	395.81	464.30	546.51
贵州	17.67	25.49	37.29	45.27	54.97	66.75	81.03	98.30	119.23

续表

地区	2016 年	2018 年	2020 年	2021 年	2022 年	2023 年	2024 年	2025 年	2026 年
云南	27.42	36.77	50.57	60.14	71.63	85.44	101.96	121.64	144.56
西藏	1.35	1.93	2.83	3.46	4.23	5.18	6.33	7.72	9.36
陕西	30.86	44.34	64.93	77.92	93.58	112.48	135.21	162.46	193.62
甘肃	10.08	13.83	19.36	23.25	27.94	33.60	40.42	48.59	58.51
青海	2.54	3.58	5.15	6.30	7.72	9.46	11.58	14.15	17.32
宁夏	4.30	6.17	9.01	10.99	13.41	16.37	19.98	24.35	29.65
新疆	15.32	21.78	31.60	38.37	46.61	56.64	68.81	83.50	101.95
内蒙古	29.42	43.03	64.02	77.43	93.70	113.45	137.33	166.09	198.64
广西	44.96	55.30	69.91	79.00	89.44	101.47	115.24	130.95	147.80
西部合计	346.80	466.27	642.54	757.79	895.26	1059.53	1255.20	1487.62	1760.70

二　中西部地区缴费补贴支出预测

与东部地区缴费补贴支出的测算相同，本节仅考虑缴费补贴增长率为 12% 时中西部地区在 2016—2026 年的缴费补贴支出，如表 7-19 所示。与第六章测算的缴费补贴每年增长 8% 时相比，增长率为 12% 时各地缴费补贴额度均有不同程度的增加，且该差额随着时间而增大。中部地区缴费补贴总额较西部地区多，但差异不大，均不及东部地区。与基础养老金在时间趋势上的变化相同，同档次下各地缴费补贴额度也逐年增加。中部地区缴费补贴最高的也是河南省，其 2016 年 500 元和 2000 元缴费档次下的补贴额分别为 21.86 亿元和 62.83 亿元，至 2026 年增至 68.09 亿元和 195.77 亿元，两个档次的补贴额之间接近三倍的大小关系，中部地区内部各地之间在补贴额度上虽有差异，但差别不大。西部地区缴费补贴额最高的也是四川省，略低于河南省的补贴额，2000 元档次下 2016 年补贴 52.75 亿元，2026 年增至 154.09 亿元，补贴最少的仍是西藏，2026 年 2000 元档次时仅为 7.53 亿元。

表 7-19　　　缴费档次与补贴增长率为 12% 时中西部
各地缴费补贴预测额　　　　　单位：亿元

地区	2016 年		2018 年		2021 年		2023 年		2026 年	
	500 元档	2000 元档	500 元档	2000 元档	500 元档	2000 元档	500 元档	2000 元档	500 元档	2000 元档
山西	8.79	25.28	10.93	31.44	14.97	43.04	18.46	53.09	24.99	71.86
吉林	6.58	18.92	8.06	23.18	10.78	31.00	13.08	37.60	17.20	49.45
黑龙江	9.25	26.60	11.33	32.58	15.15	43.56	18.34	52.71	24.08	69.22
安徽	13.76	39.57	17.39	50.00	24.19	69.56	30.00	86.24	40.77	117.22
江西	10.49	30.16	13.31	38.26	18.71	53.78	23.68	68.07	33.05	95.03
河南	21.86	62.83	27.72	79.69	38.89	111.80	49.10	141.16	68.09	195.77
湖北	13.56	38.99	16.77	48.20	22.70	65.27	27.84	80.05	37.36	107.41
湖南	15.11	43.45	19.00	54.63	26.32	75.67	32.71	94.03	44.60	128.24
中部合计	99.41	285.81	124.51	357.96	171.71	493.67	213.20	612.96	290.15	834.18
重庆	6.18	17.76	7.75	22.28	10.71	30.78	13.27	38.16	17.99	51.71
四川	18.35	52.75	23.03	66.21	31.87	91.62	39.53	113.64	53.60	154.09
贵州	8.22	23.63	10.54	30.29	15.00	43.12	18.88	54.27	26.25	75.47
云南	11.56	33.24	14.69	42.22	20.66	59.38	25.79	74.15	35.49	102.03
西藏	0.80	2.29	1.02	2.94	1.46	4.20	1.86	5.34	2.62	7.53
陕西	9.16	26.32	11.32	32.55	15.38	44.22	18.94	54.45	25.55	73.45
甘肃	6.40	18.40	8.06	23.16	11.18	32.15	13.82	39.74	18.71	53.80
青海	1.42	4.08	1.81	5.19	2.55	7.32	3.18	9.14	4.38	12.58
宁夏	1.55	4.47	1.98	5.68	2.78	8.01	3.49	10.03	4.82	13.85
新疆	5.52	15.86	6.99	20.09	9.80	28.18	12.32	35.41	17.09	49.14
内蒙古	6.04	17.37	7.44	21.39	10.03	28.82	12.24	35.19	16.29	46.82
广西	10.67	30.67	13.57	39.00	19.11	54.93	24.07	69.21	33.60	96.61
西部合计	85.86	246.86	108.18	311.01	150.52	432.73	187.39	538.73	256.38	737.08

与基础养老金相比，2016 年除西部地区的贵州、云南、西藏、甘肃、青海、宁夏和新疆外，中西部绝大部分地方 2000 元档次对应的缴费补贴低于基础养老金发放额，然而随着时间推移，至 2026 年所有地方的基础养老金都超过缴费补贴的额度，但差额不及东部地

区大。

三　替代率目标水平下中西部地区总体财政责任分析

将前文中西部地区各地所承担的基础养老金及缴费补贴加总，得到替代率目标水平下居民养老总补贴的额度，并将其与地方财政收入和财政支出比较，可研究中西部地区在养老金替代率目标水平下对居民养老的总体财政责任情况。假设中西部地区地方财政收入和支出均以1995—2014年地方平均增长率平稳增长，则总补贴占地方财政收入和财政支出比重如表7-20和表7-21所示。

表7-20　　中西部各地居民养老总补贴占地方财政收入比重　　单位:%

地区	2016 年		2018 年		2021 年		2023 年		2026 年	
	500 元档	2000 元档	500 元档	2000 元档	500 元档	2000 元档	500 元档	2000 元档	500 元档	2000 元档
山西	1.63	2.26	1.59	2.13	1.55	1.98	1.53	1.90	1.49	1.78
吉林	2.92	3.67	2.98	3.64	3.13	3.67	3.23	3.71	3.37	3.75
黑龙江	3.64	4.66	3.97	4.92	4.60	5.45	5.06	5.84	5.80	6.49
安徽	3.24	4.08	2.97	3.73	2.74	3.38	2.70	3.27	2.65	3.12
江西	2.34	3.07	2.06	2.70	1.74	2.26	1.56	2.01	1.32	1.69
河南	4.00	5.09	3.90	4.90	3.89	4.76	3.93	4.72	3.99	4.67
湖北	2.92	3.62	2.71	3.32	2.52	3.01	2.43	2.85	2.28	2.62
湖南	3.54	4.43	3.20	4.00	2.86	3.53	2.70	3.30	2.48	2.97
重庆	1.70	2.09	1.45	1.78	1.19	1.43	1.05	1.25	0.88	1.02
四川	3.19	3.99	2.96	3.67	2.73	3.32	2.62	3.14	2.49	2.91
贵州	1.30	2.07	1.23	1.91	1.16	1.71	1.13	1.60	1.09	1.45
云南	1.72	2.67	1.70	2.60	1.72	2.55	1.77	2.54	1.86	2.54
西藏	1.10	1.87	0.97	1.60	0.82	1.28	0.75	1.12	0.65	0.92
陕西	1.44	2.05	1.36	1.88	1.28	1.67	1.22	1.55	1.14	1.39
甘肃	1.78	3.08	1.72	2.91	1.68	2.70	1.68	2.60	1.69	2.46
青海	1.08	1.81	1.01	1.65	0.95	1.46	0.94	1.38	0.92	1.26
宁夏	1.17	1.76	1.11	1.62	1.06	1.46	1.04	1.38	1.01	1.28
新疆	1.11	1.67	1.06	1.54	1.00	1.39	0.99	1.32	0.97	1.23
内蒙古	1.29	1.70	1.23	1.57	1.16	1.41	1.12	1.33	1.05	1.20
广西	2.85	3.88	2.57	3.52	2.28	3.11	2.13	2.89	1.91	2.58

表 7 – 21　　　中西部各地居民养老总补贴占地方财政支出比重　　单位:%

地区	2016 年		2018 年		2021 年		2023 年		2026 年	
	500 元档	2000 元档	500 元档	2000 元档	500 元档	2000 元档	500 元档	2000 元档	500 元档	2000 元档
山西	0.96	1.33	0.93	1.25	0.91	1.17	0.90	1.12	0.87	1.04
吉林	1.19	1.49	1.19	1.45	1.22	1.43	1.23	1.42	1.25	1.40
黑龙江	1.30	1.67	1.34	1.66	1.42	1.69	1.48	1.71	1.55	1.74
安徽	1.48	1.86	1.31	1.64	1.14	1.40	1.07	1.30	1.00	1.17
江西	1.11	1.45	0.96	1.25	0.78	1.02	0.69	0.89	0.56	0.72
河南	1.74	2.22	1.63	2.05	1.52	1.86	1.48	1.77	1.41	1.65
湖北	1.49	1.85	1.36	1.66	1.22	1.46	1.16	1.36	1.06	1.21
湖南	1.55	1.94	1.35	1.69	1.15	1.43	1.05	1.29	0.92	1.11
重庆	0.99	1.22	0.85	1.04	0.70	0.84	0.62	0.73	0.52	0.60
四川	1.54	1.92	1.52	1.89	1.56	1.89	1.60	1.91	1.68	1.96
贵州	0.48	0.77	0.45	0.69	0.40	0.59	0.38	0.54	0.35	0.46
云南	0.64	1.00	0.62	0.94	0.60	0.89	0.60	0.86	0.61	0.83
西藏	0.12	0.20	0.11	0.18	0.09	0.15	0.09	0.13	0.08	0.11
陕西	0.68	0.97	0.63	0.87	0.58	0.76	0.55	0.69	0.50	0.61
甘肃	0.44	0.77	0.40	0.68	0.36	0.58	0.34	0.52	0.31	0.45
青海	0.19	0.32	0.17	0.27	0.14	0.22	0.13	0.19	0.12	0.16
宁夏	0.39	0.58	0.36	0.52	0.33	0.45	0.31	0.41	0.29	0.37
新疆	0.42	0.63	0.39	0.57	0.37	0.50	0.35	0.47	0.34	0.43
内蒙古	0.62	0.81	0.59	0.76	0.57	0.69	0.55	0.65	0.52	0.60
广西	1.12	1.52	0.96	1.32	0.80	1.09	0.71	0.97	0.60	0.81

　　由表 7 – 20 和表 7 – 21 可知:(1) 时间趋势上的变化,将中西部地区 2016 年与 2026 年财政收入和财政支出占比分别比较可发现,除吉林和黑龙江两省外,其余地方财政收入占比均随时间趋于减小;除吉林、黑龙江和四川三省外,财政支出占比也随时间而下降。(2) 从占财政收入的比重数值来看,中部地区 2016 年河南省财政收入占比最高,2000 元档的比重为 5.09%,当年同档比重超过 4% 的还有黑龙江、安徽和湖南三省,至 2026 年黑龙江财政收入占比在中部地区中最高,2000 元档达到 6.49%,河南省为 4.67%,其余地方最高均不

超过4%。西部地区财政收入占比总体比中部地区低，2016年三个地方2000元档下比重超过3%，分别是四川3.99%、广西3.88%和甘肃3.08%，2026年西部各地比重均未超过3%，2%以上的除以上三地外还增加了云南。（3）从占财政支出的比重数值来看，中西部地区普遍较财政收入占比低，除河南在2000元档下的比重超过2%外，中西部其余地方均不高于2%，至2026年中部地区除江西外，其余在2000元档的财政支出比重均在1%—2%，而西部地区则除四川比重为1.96%外，其余地方均低于1%。（4）与东部地区比较，中西部地区财政支出占比的平均水平低于东部地区，但三个地区该项比重均不高，财政收入占比方面中部地区平均水平最高，其次为东部地区，西部地区最低，其中中部地区个别地方比重较其他地方明显偏高。因此，当中西部地区财政稳定增长时，若缴费补贴每年增加12%，地方按调整后的标准发放基础养老金，则总补贴均不会对地方财政其他项目的支出有较大的挤占，但中部地区个别地方，如黑龙江、河南和吉林在承担总补贴的财政能力方面存在一定风险，其余地方2016—2026年承担补贴的能力较强。

第八章　促进城乡居民基本养老保险政府财政责任可持续的政策建议

本书前七章对城乡居民基本养老保险制度中政府财政投入的重要性，以及各级政府在制度中的财政责任承担及其可持续性进行了分析，发现在现有规定下，各地按基础养老金最低标准发放且财政收入和财政支出能够实现平稳增长时，各级财政对总补贴的承担能力较强；当财政收入和财政支出增长缓慢时，除个别地方外，如河北省，中央及其余地方财政的承担能力较强，且补贴的挤占程度不大。本书第七章对居民养老金替代率目标水平下的制度参数进行了调整，包括调整地方基础养老金标准和增长率、缴费档次与补贴的增长率，在此假设下中央财政若按 2015 年基础养老金替代率水平承担最低基础养老金的发放，则有能力负担且对中央其他项目的财政支出挤占不大。另外，替代率目标水平下地方财政责任将增大，财政平稳增长时全国个别地方，如河北、黑龙江、吉林、河南等地在总补贴的负担上存在风险，但居民养老补贴均不会对地方其他项目的财政支出构成挤占。基于上述分析，本章在总结前文的基础上，提出促进城乡居民基本养老保险制度中各级政府财政责任可持续性的政策建议。

第一节　尽快出台政策，引导地方构建制度增长机制

自 2009 年和 2011 年国务院颁布《指导意见》以来，各地积极开展制度的试点工作，然而直到 2014 年将城镇和农村居民基本养老保险制度合并，未再出台进一步的制度增长方案，其间很多地方仍延续

《指导意见》中的缴费和补贴标准，部分经济发达的地方，尤其是东部地区，虽然提高了某些制度要素的标准，但提高的速度和标准的差异较大，且存在盲目性和不科学性。虽然 2015 年国务院首次调整基础养老金标准至 70 元/月，并提出要形成制度的正常增长机制，但该机制尚未出台，且 2016 年基础养老金标准仍未确定。分析上述现象存在的原因，并非地方没有对基础养老金和缴费档次及补贴增长的意识，主要的原因是增长后的基础养老金和缴费补贴的财政责任归属不明确。虽然《指导意见》和《意见》中均对基础养老金及缴费补贴的财政责任划分方式给予了明确规定，但没有对两者在随时间增长情况下补贴责任的归属加以说明，从而导致很多地方不敢放开基础养老金标准，存在"等指导"的心理，反而是具有承担基础养老金部分责任的东部地区在标准的提高上较为领先。若基础养老金和缴费档次及补贴标准的增长机制不尽早确立，随着城乡居民收入和消费水平的提高，每月 70 元基础养老金的标准将无法保障老年人的基本生活。

基于上述问题的存在，国务院应尽快出台政策，对基础养老金和缴费档次及补贴等制度要素应如何增长给予指导，重要的是明确增长后的基础养老金和缴费补贴的财政责任归属问题。具体主要通过以下四个方面引导地方制度增长机制的确立：

一 明确标准提高后的基础养老金在中央及地方之间的分摊原则

由前文第七章的分析可以发现，按目前 70 元/月的基础养老金标准参保者给付期初的养老金替代率较低，达不到 20% 的目标，但若由中央出台替代率目标水平的基础养老金标准并予以承担，则中央财政的承担能力不强，所以现有的基础养老金标准可作为中央分摊财政责任的参考，但同时必须积极引导地方基础养老金标准的调整，将超过最低标准部分的基础养老金发放责任下放到地方承担，仅对承担能力弱的地方给予财政补助或降低其基础养老金标准。因此，为了继续发挥基础养老金保障老年人口基本生活的作用，并在城乡统一后提高其替代率平均水平，中央可在日后的政策出台中制定双重基础养老金指导标准，其一为中央需承担发放责任的最低标准，其二为指导地方调整至替代率目标水平的标准，并要求地方根据上年居民收入与全国居民收入的对比关系确定本地基础养老金的合理标准。此外，国务院规定中也应对基础养老金标准调整后的财政责任予以明确，即中央按最低标准承担基础养老金发放（东部地区承担一半），地方按目标水平下的标准调整为本地标准后，超过中央最低标准的基础养老金由地方承担，年底决算时若居民总补贴超过地方财政收入的5%，则由中央对超过部分进行转移支付。

二　明确缴费档次及缴费补贴增长的最低标准

若居民每年按参保初选定档次增长后的标准缴费和享受缴费补贴，则第七章测算即使该增长率为8%，也只有选择最高缴费档次的高龄农村居民给付期初养老金替代率可达到20%的目标。随着居民收入水平的提高和居民缴费能力的增强，缴费标准也应在选定的缴费档次基础上有相应的增长，为鼓励其缴费，缴费补贴也应一并增加。经测算，若缴费档次和补贴标准按每年12%的增长率增加，即在平均水平上保证居民每年缴费能力的稳定，则地方承担的缴费补贴小于替代率目标水平下的基础养老金承担额，财政负担能力较强，补贴对财政其他项目的支出挤出程度很小。因此，国务院在政策出台中可规定缴费档次及补贴标准的提高应不低于当地上年居民收入的增速。

三　参照城镇职工养老保险制度的规定，适时提高个人账户养老金的计发系数

我国城乡居民基本养老保险制度的养老金计发139个月和完全积累制都是参照城镇职工基本养老保险制度的做法，但随着我国居民寿命的延长，养老金的计发月数应该重新计算，在计算60岁居民余命的基础上，估算养老金计发月数是较科学和合理的。同时，适时提高计发系数还可在一定程度上降低72岁及以上高龄老人养老金的财政兜底责任。

四　参照城镇职工延迟退休年龄的做法，可适时出台规定延长居民最低15年的缴费年限

前文已比较了现有规定下非满期缴费者是否补缴保费对其养老金替代率的影响，发现补缴保费可提高其替代率水平，这一结论也适用于满期缴费者，即长缴可通过增加个人账户积累额而提高其养老金替代率。目前城镇职工延迟退休年龄的规定已出台，理论上城乡居民也应相应地延迟领取养老金的时间，但由于参保居民多无固定工作，而

延长缴费年限也可作为与延迟退休年龄效果相当的一个做法。

第二节　坚持相对公平理念，鼓励地方
因地制宜地推行制度

城乡居民基本养老保险制度中应坚持相对公平的理念，即相对于当地城乡居民收入的公平，而非绝对意义上全国统一标准的公平，以绝对公平为目标，则会使城乡居民保险制度在不同地方趋于不公平。若要实现制度的相对公平，还应该鼓励各地按照实际情况，居民收入水平不同的县市在制度规定上也要体现差异化，在制度标准的增长上也要参照当地居民收入和消费水平的增速，而不是与其他地方同步增长。此外，为了减少因参保年龄和参保先后而造成的不公平，结合前文对不同情况下地方财政责任和财政负担水平的分析，在具体制度执行过程中，还可采纳以下两个方面的建议：

一　地方应通过追加缴费补贴鼓励非满期缴费者补缴保费

在地方目前的制度实施过程中，存在过期不追加的现象，即规定参保者须在参保日起的某个期间内一次性缴足补缴的保费，否则不对其追加补贴，而有的地方则在试点推行过程中直接规定对补缴保费不追加补贴，从而使得有补缴能力的参保者选择不补缴保费，但从前文的分析可知，非满期缴费者若选择补缴保费，从长期来看可以降低养老金支出中财政补助的比例，即增大个人在养老保险中的贡献率；另外，由于缴费补贴额度相对不高，政府对补缴费追加补贴时所增加的财政负担微乎其微，因此鼓励非满期缴费者补缴保费有利于制度趋向科学化和合理化。此外，通过分析，若非满期缴费者补缴保费且追加补贴，则其给付期初养老金替代率将有不同程度的提高，这也说明鼓励非满期缴费者补缴保费是提高参保者保障水平和降低财政责任的有效举措。因此地方在城乡居民养老保险制度统一后对于非满期缴费者可放宽接受其补缴保费的期限，如规定其可在60岁前按缴费档次补缴保费，同时地方财政对其补缴部分追加缴费补贴。

二 允许参保者灵活选择缴费档次缴费，并对缴费暂时遇到困难者规定缓缴期限

因参加城乡居民基本养老保险制度的居民多为收入不固定的群体，因此大部分缴费者对于缴费档次的选择较为保守，以避免日后无力缴费，地方若能允许缴费者每年重新确定其当年的缴费档次，并据此档次给予补贴，则有利于缴费者个人账户积累额的增加。此外，对于缴费暂时困难的参保者，可允许其在规定的期限（如五年内）将保费按各年标准缴足。这些措施虽然会增加保费的管理负担，但有利于改善目前参保居民缴费档次选择普遍偏低的情况，更重要的是有利于提高居民养老金替代率。

第三节 创新财务运行模式，降低制度推行中地方政府的财政压力

在传统现收现付制和完全积累制的基础上，瑞典首创名义账户制。名义账户制是微观经济激励和无须转型成本的现收现付制相结合，资金的收取采取 DB 型，养老金发放采取 DC 型的制度。该制度主要有两个显著的优点。第一个优点是转型成本低，在各国实行现收现付制而导致的收不抵支，面对较大资金压力时，会实施由现收现付制向积累制的转变。但是建立积累制的成本较高，做实账户需要大量资金。名义账户制可以避免动用大量资金的问题。第二个优点是可以解决资本市场不成熟、基金收益率较低的问题。特别是对于发展中国家金融工具和资本市场不成熟的情况，现收现付制可以避免资金投资的问题。

《意见》中规定需做实个人账户，即要求缴费补贴应实时兑现转移到个人账户中，虽然该规定可确保个人账户资金的落实到位，但却存在效率损失和增大地方财政责任的风险。一方面，缴费补贴在个人缴费时的落实到位会增加资金管理的难度，而在最终参保者开始领取养老金后，其个人账户的剩余补贴还需考虑增值和管理问题，这都将造成管理上的效率损失；另一方面，从前文的分析来看，居民养老金替代率目标水平下调整基础养老金标准后，个别地方在对总补贴的财

政承担能力上存在一定风险，若推行名义账户制则既可降低这些地方补贴占财政收入的比重，也可使地方政府的财政责任在时间上得到平衡。

第四节　出台相关法律，确保各级财政补贴落实到位

我国在 2010 年 10 月颁布了《社会保险法》，其中，规定国家新农保和城居保制度筹资方式由个人、集体和政府三方组成，这不仅是我国社会保险制度的一大进步，也表明城乡居民养老已通过法律的形式被确定。然而，该法律中没有规定三方筹资的具体细则，居民养老金来源中的政府补贴和集体资助仍然无法通过法律强制落实。目前城乡社会养老保险工作的开展仍主要依据 2014 年国务院颁布的《意见》，因其没有法律效力，仅是一部行政规章，在具体指导各地居民养老保险工作的开展时，难以协调多部门、各级财政的利益关系，以及基金的有效管理，最重要的是无法确保各级财政资金的落实到位。

从国外居民社会养老保险制度的实施经验来看，通常都以法律的出台确保制度的顺利推行，及政府在养老金支出中补贴的落实到位。并且多数国家都采取城乡有别的立法方式，对农民的养老保险制度单独立法，如芬兰在 1970 年就建立了《农民养老保险法案》，政府补贴一直占据农民养老金支出的重要份额；德国 1957 年就颁布了《农民老年援助法》，日本 1970 年在《国民养老金法》基础上单独颁布了针对农民的《农民年金基金法》，用以提高农民的老年生活水平。此外，发展中国家如印度、阿尔巴尼亚和波兰等都有针对农民养老保险的专门法案，这些国家农民养老保险的经验表明，健全的法律体系是社会保障制度顺利发展的"坚强后盾"，城乡居民养老统一后出台专门针对居民养老以保障其权益的法律法规更显必要。完善的居民社会养老保险法律的出台有利于同国际接轨，也是全球化大背景下的需要，中国目前的经济和社会发展水平已经有条件借鉴国外发达国家农民社会养老保险的立法经验，尽快建立我国居民养老保险的法律制度，推动城乡居民基本养老保险制度的顺利推行和发展。

附　录

附表1　　2016—2026 年各地方城乡居保参保缴费人数预测　单位：万人

地区	2016 年	2017 年	2018 年	2019 年	2020 年	2021 年	2022 年
全国	46608.40	46543.01	46423.94	46180.50	45877.58	45462.08	45250.38
北京	678.79	669.97	660.83	650.49	639.28	628.29	619.89
天津	441.27	435.36	429.16	422.02	414.24	407.44	401.90
河北	2493.62	2487.04	2477.18	2460.04	2439.32	2418.90	2416.10
辽宁	1468.75	1446.61	1423.10	1395.76	1365.87	1339.71	1315.09
上海	745.11	733.68	721.77	708.34	693.80	682.46	673.80
江苏	2619.45	2600.55	2579.36	2551.95	2521.00	2485.28	2462.54
浙江	1882.88	1870.31	1856.05	1837.27	1815.97	1790.44	1769.59
福建	1322.61	1319.42	1314.90	1307.13	1297.77	1286.25	1281.48
山东	3246.39	3233.23	3216.21	3190.13	3159.41	3123.15	3101.12
广东	3827.58	3829.87	3828.67	3819.05	3805.68	3781.22	3771.84
海南	311.14	312.30	313.06	312.97	312.53	310.68	310.67
东部合计	19037.59	18938.36	18820.29	18655.17	18464.88	18253.81	18124.03
山西	1308.41	1303.52	1297.21	1287.52	1276.09	1264.03	1255.09
吉林	979.20	968.18	956.30	942.02	926.24	910.42	896.60
黑龙江	1377.01	1361.16	1344.15	1323.82	1301.39	1279.24	1258.31
安徽	2048.35	2056.81	2062.95	2063.74	2062.38	2042.97	2034.13
江西	1561.29	1571.26	1578.67	1581.00	1581.35	1579.62	1589.28
河南	3252.33	3272.79	3288.10	3293.07	3294.03	3283.49	3299.90
湖北	2018.18	2004.51	1989.04	1968.72	1945.69	1916.86	1898.27
湖南	2248.73	2252.93	2254.11	2248.71	2240.44	2222.28	2215.40

续表

地区	2016 年	2017 年	2018 年	2019 年	2020 年	2021 年	2022 年
中部合计	14793.48	14791.16	14770.54	14708.61	14627.59	14498.91	14446.98
重庆	919.13	919.77	919.26	916.15	911.87	904.04	900.12
四川	2730.41	2732.79	2731.96	2723.75	2712.24	2690.92	2679.56
贵州	1223.26	1237.72	1250.01	1258.15	1264.90	1266.46	1270.38
云南	1720.45	1732.53	1742.21	1746.95	1749.86	1744.09	1742.43
西藏	118.76	120.23	121.50	122.42	123.22	123.48	124.45
陕西	1362.52	1353.42	1343.03	1329.36	1313.85	1298.71	1288.44
甘肃	952.57	954.67	955.72	954.34	951.90	944.13	938.47
青海	211.13	212.83	214.24	215.07	215.70	214.94	214.82
宁夏	231.23	232.99	234.41	235.17	235.69	235.16	235.37
新疆	821.16	825.59	828.98	830.18	830.52	827.58	829.52
内蒙古	899.21	891.22	882.42	871.41	859.10	846.57	836.32
广西	1587.47	1599.73	1609.35	1613.78	1616.25	1613.28	1619.49
西部合计	12777.32	12813.49	12833.11	12816.73	12785.11	12709.36	12679.37

地区	2023 年	2024 年	2025 年	2026 年
全国	44910.32	44468.21	43958.24	43437.91
北京	610.13	599.28	587.64	577.77
天津	395.43	388.21	380.47	374.45
河北	2405.64	2389.09	2368.60	2350.70
辽宁	1286.95	1256.01	1223.06	1196.81
上海	663.60	652.18	639.88	628.68
江苏	2432.93	2397.84	2359.01	2317.46
浙江	1744.12	1714.96	1683.25	1652.98
福建	1273.25	1262.28	1249.49	1236.21
山东	3069.80	3031.08	2987.41	2945.88
广东	3753.58	3728.24	3698.23	3666.62
海南	309.74	308.08	305.95	304.82
东部合计	17945.17	17727.26	17482.99	17252.39
山西	1242.93	1228.21	1211.75	1197.54
吉林	880.40	862.30	842.87	824.02
黑龙江	1234.24	1207.65	1179.26	1153.50

续表

地区	2023 年	2024 年	2025 年	2026 年
安徽	2019.12	1999.22	1976.07	1953.50
江西	1593.80	1594.22	1592.09	1583.68
河南	3305.17	3301.58	3292.43	3262.55
湖北	1874.23	1845.86	1814.54	1790.00
湖南	2201.61	2182.35	2159.49	2137.09
中部合计	14351.50	14221.40	14068.50	13901.88
重庆	893.52	884.79	874.66	861.74
四川	2660.72	2635.91	2607.13	2567.94
贵州	1270.61	1267.89	1263.30	1257.71
云南	1736.02	1725.85	1713.22	1700.33
西藏	125.06	125.38	125.52	125.52
陕西	1274.87	1258.67	1240.68	1224.10
甘肃	930.35	920.26	908.85	896.56
青海	214.10	212.92	211.44	209.62
宁夏	234.94	233.99	232.71	230.86
新疆	829.11	826.82	823.33	818.92
内蒙古	823.87	809.69	794.28	780.32
广西	1620.49	1617.38	1611.65	1610.04
西部合计	12613.66	12519.55	12406.76	12283.65

附表 2   2016—2026 年各地方城乡居保领取人数预测   单位：万人

地区	2016 年	2017 年	2018 年	2019 年	2020 年	2021 年	2022 年
全国	16497.97	16528.65	16873.45	17261.64	17700.65	18179.03	18704.28
北京	163.16	165.86	171.74	178.18	185.26	191.48	198.23
天津	125.37	127.82	132.58	137.73	143.36	147.56	152.12
河北	954.46	966.56	995.86	1027.80	1062.89	1090.66	1120.84
辽宁	588.42	599.18	620.79	644.24	669.86	688.08	707.86
上海	213.88	215.97	222.44	229.66	237.74	242.30	247.44
江苏	1065.42	1059.30	1074.28	1092.00	1112.90	1134.41	1158.75
浙江	661.27	662.51	677.29	694.12	713.34	733.64	756.05

续表

地区	2016 年	2017 年	2018 年	2019 年	2020 年	2021 年	2022 年
福建	381.85	385.17	396.24	408.59	422.41	435.75	450.36
山东	1345.69	1347.88	1376.02	1407.84	1443.95	1479.54	1518.87
广东	823.24	827.41	848.95	873.31	900.93	933.86	969.88
海南	85.27	85.30	87.19	89.37	91.89	95.55	99.56
东部合计	6408.03	6442.97	6603.38	6782.85	6984.55	7172.82	7379.95
山西	414.98	422.30	437.32	453.63	471.45	486.74	503.25
吉林	345.77	353.78	367.79	382.84	399.11	413.55	428.99
黑龙江	459.52	471.54	491.48	512.82	535.85	555.47	576.43
安徽	829.88	812.68	811.46	811.71	813.66	836.02	860.85
江西	489.37	493.73	507.49	522.69	539.58	554.24	570.29
河南	1227.21	1225.25	1246.03	1269.72	1296.82	1329.89	1366.24
湖北	754.47	758.88	777.28	797.65	820.35	846.67	875.21
湖南	903.01	897.02	908.63	922.42	938.75	962.59	989.05
中部合计	5424.21	5435.18	5547.48	5673.48	5815.58	5985.17	6170.30
重庆	455.82	447.56	447.76	448.72	450.56	454.64	459.63
四川	1286.29	1267.23	1272.03	1279.16	1288.98	1305.02	1323.81
贵州	451.84	448.08	452.71	458.24	464.83	474.29	484.86
云南	500.06	500.47	510.62	522.11	535.15	555.77	578.15
西藏	25.55	25.93	26.79	27.74	28.77	30.20	31.74
陕西	479.27	486.38	502.14	519.25	537.94	552.84	569.00
甘肃	323.00	322.65	328.00	333.98	340.73	352.85	365.93
青海	49.51	49.81	50.99	52.28	53.70	56.41	59.30
宁夏	58.21	58.77	60.35	62.07	63.96	66.58	69.39
新疆	190.86	193.62	199.82	206.55	213.91	223.27	233.29
内蒙古	279.29	287.24	300.18	314.05	329.01	341.77	355.41
广西	566.03	562.77	571.19	581.18	592.99	607.39	623.53
西部合计	4665.72	4650.50	4722.59	4805.32	4900.53	5021.04	5154.03

地区	2023 年	2024 年	2025 年	2026 年
全国	19279.76	19892.28	20531.90	21087.96
北京	205.54	213.27	221.29	226.06
天津	157.03	162.21	167.57	170.45

续表

地区	2023 年	2024 年	2025 年	2026 年
河北	1153.63	1188.26	1224.15	1250.52
辽宁	729.31	751.93	775.37	787.73
上海	253.19	259.38	265.89	269.66
江苏	1186.16	1215.86	1247.28	1276.36
浙江	780.76	807.14	834.78	856.78
福建	466.32	483.26	500.94	517.56
山东	1562.22	1608.50	1656.93	1695.42
广东	1009.14	1050.82	1094.32	1135.36
海南	103.93	108.58	113.44	117.07
东部合计	7607.24	7849.22	8101.97	8302.96
山西	521.07	539.84	559.26	573.92
吉林	445.47	462.68	480.38	494.34
黑龙江	598.77	622.08	646.04	664.80
安徽	888.36	917.90	949.01	981.54
江西	587.84	606.50	625.95	645.10
河南	1406.10	1448.51	1492.79	1533.10
湖北	906.14	938.81	972.73	997.07
湖南	1018.34	1049.78	1082.82	1112.83
中部合计	6372.08	6586.09	6808.98	7002.70
重庆	465.64	472.44	479.82	486.98
四川	1345.61	1369.71	1395.53	1427.03
贵州	496.66	509.41	522.85	537.32
云南	602.38	628.02	654.70	680.00
西藏	33.37	35.09	36.86	38.47
陕西	586.49	604.96	624.10	639.02
甘肃	380.02	394.89	410.30	427.26
青海	62.38	65.60	68.92	72.60
宁夏	72.39	75.54	78.79	82.15
新疆	243.99	255.20	266.77	280.69
内蒙古	369.96	385.17	400.83	412.64
广西	641.54	660.97	681.48	698.14
西部合计	5300.43	5456.97	5620.95	5782.29

附表 3　　2016—2049 年缴费档次按每年 5% 提高后的档次标准

单位：元/年

年份	缴费档次					缴费补贴				
	100 元档	500 元档	1000 元档	1200 元档	2000 元档	100 元档	500 元档	1000 元档	1200 元档	2000 元档
2016	105.00	525.00	1050.00	1260.00	2100.00	31.50	63.00	102.38	118.13	181.13
2017	110.25	551.25	1102.50	1323.00	2205.00	33.08	66.15	107.49	124.03	190.18
2018	115.76	578.81	1157.63	1389.15	2315.25	34.73	69.46	112.87	130.23	199.69
2019	121.55	607.75	1215.51	1458.61	2431.01	36.47	72.93	118.51	136.74	209.67
2020	127.63	638.14	1276.28	1531.54	2552.56	38.29	76.58	124.44	143.58	220.16
2021	134.01	670.05	1340.10	1608.11	2680.19	40.20	80.41	130.66	150.76	231.17
2022	140.71	703.55	1407.10	1688.52	2814.20	42.21	84.43	137.19	158.30	242.72
2023	147.75	738.73	1477.46	1772.95	2954.91	44.32	88.65	144.05	166.21	254.86
2024	155.13	775.66	1551.33	1861.59	3102.66	46.54	93.08	151.25	174.52	267.60
2025	162.89	814.45	1628.89	1954.67	3257.79	48.87	97.73	158.82	183.25	280.98
2026	171.03	855.17	1710.34	2052.41	3420.68	51.31	102.62	166.76	192.41	295.03
2027	179.59	897.93	1795.86	2155.03	3591.71	53.88	107.75	175.10	202.03	309.79
2028	188.56	942.82	1885.65	2262.78	3771.30	56.57	113.14	183.85	212.14	325.27
2029	197.99	989.97	1979.93	2375.92	3959.86	59.40	118.80	193.04	222.74	341.54
2030	207.89	1039.46	2078.93	2494.71	4157.86	62.37	124.74	202.70	233.88	358.62
2031	218.29	1091.44	2182.87	2619.45	4365.75	65.49	130.97	212.83	245.57	376.55
2032	229.20	1146.01	2292.02	2750.42	4584.04	68.76	137.52	223.47	257.85	395.37
2033	240.66	1203.31	2406.62	2887.94	4813.24	72.20	144.40	234.65	270.74	415.14
2034	252.70	1263.48	2526.95	3032.34	5053.90	75.81	151.62	246.38	284.28	435.90
2035	265.33	1326.65	2653.30	3183.96	5306.60	79.60	159.20	258.70	298.50	457.69
2036	278.60	1392.98	2785.96	3343.16	5571.93	83.58	167.16	271.63	313.42	480.58
2037	292.53	1462.63	2925.26	3510.31	5850.52	87.76	175.52	285.21	329.09	504.61
2038	307.15	1535.76	3071.52	3685.83	6143.05	92.15	184.29	299.47	345.55	529.84
2039	322.51	1612.55	3225.10	3870.12	6450.20	96.75	193.51	314.45	362.82	556.33
2040	338.64	1693.18	3386.35	4063.63	6772.71	101.59	203.18	330.17	380.96	584.15
2041	355.57	1777.84	3555.67	4266.81	7111.35	106.67	213.34	346.68	400.01	613.35
2042	373.35	1866.73	3733.46	4480.15	7466.91	112.00	224.01	364.01	420.01	644.02
2043	392.01	1960.06	3920.13	4704.15	7840.26	117.60	235.21	382.21	441.01	676.22
2044	411.61	2058.07	4116.14	4939.36	8232.27	123.48	246.97	401.32	463.07	710.03
2045	432.19	2160.97	4321.94	5186.33	8643.88	129.66	259.32	421.39	486.22	745.54
2046	453.80	2269.02	4538.04	5445.65	9076.08	136.14	272.28	442.46	510.53	782.81
2047	476.49	2382.47	4764.94	5717.93	9529.88	142.95	285.90	464.58	536.06	821.95
2048	500.32	2501.59	5003.19	6003.83	10006.38	150.10	300.19	487.81	562.86	863.05
2049	525.33	2626.67	5253.35	6304.02	10506.70	157.60	315.20	512.20	591.00	906.20

附表4　　2016—2049 年缴费档次按每年 8％提高后的档次标准

单位：元/年

年份	缴费档次					缴费补贴				
	100 元档	500 元档	1000 元档	1200 元档	2000 元档	100 元档	200 元档	300 元档	400 元档	500 元档
2016	108.00	540.00	1080.00	1296.00	2160.00	32.40	64.80	105.30	121.50	186.30
2017	116.64	583.20	1166.40	1399.68	2332.80	34.99	69.98	113.72	131.22	201.20
2018	125.97	629.86	1259.71	1511.65	2519.42	37.79	75.58	122.82	141.72	217.30
2019	136.05	680.24	1360.49	1632.59	2720.98	40.81	81.63	132.65	153.06	234.68
2020	146.93	734.66	1469.33	1763.19	2938.66	44.08	88.16	143.26	165.30	253.46
2021	158.69	793.44	1586.87	1904.25	3173.75	47.61	95.21	154.72	178.52	273.74
2022	171.38	856.91	1713.82	2056.59	3427.65	51.41	102.83	167.10	192.81	295.63
2023	185.09	925.47	1850.93	2221.12	3701.86	55.53	111.06	180.47	208.23	319.29
2024	199.90	999.50	1999.00	2398.81	3998.01	59.97	119.94	194.90	224.89	344.83
2025	215.89	1079.46	2158.92	2590.71	4317.85	64.77	129.54	210.50	242.88	372.41
2026	233.16	1165.82	2331.64	2797.97	4663.28	69.95	139.90	227.33	262.31	402.21
2027	251.82	1259.09	2518.17	3021.80	5036.34	75.55	151.09	245.52	283.29	434.38
2028	271.96	1359.81	2719.62	3263.55	5439.25	81.59	163.18	265.16	305.96	469.14
2029	293.72	1468.60	2937.19	3524.63	5874.39	88.12	176.23	286.38	330.43	506.67
2030	317.22	1586.08	3172.17	3806.60	6344.34	95.17	190.33	309.29	356.87	547.20
2031	342.59	1712.97	3425.94	4111.13	6851.89	102.78	205.56	334.03	385.42	590.98
2032	370.00	1850.01	3700.02	4440.02	7400.04	111.00	222.00	360.75	416.25	638.25
2033	399.60	1998.01	3996.02	4795.22	7992.04	119.88	239.76	389.61	449.55	689.31
2034	431.57	2157.85	4315.70	5178.84	8631.40	129.47	258.94	420.78	485.52	744.46
2035	466.10	2330.48	4660.96	5593.15	9321.91	139.83	279.66	454.44	524.36	804.02
2036	503.38	2516.92	5033.83	6040.60	10067.67	151.02	302.03	490.80	566.31	868.34
2037	543.65	2718.27	5436.54	6523.85	10873.08	163.10	326.19	530.06	611.61	937.80
2038	587.15	2935.73	5871.46	7045.76	11742.93	176.14	352.29	572.47	660.54	1012.83
2039	634.12	3170.59	6341.18	7609.42	12682.36	190.24	380.47	618.27	713.38	1093.85
2040	684.85	3424.24	6848.48	8218.17	13696.95	205.45	410.91	667.73	770.45	1181.36
2041	739.64	3698.18	7396.35	8875.62	14792.71	221.89	443.78	721.14	832.09	1275.87
2042	798.81	3994.03	7988.06	9585.67	15976.12	239.64	479.28	778.84	898.66	1377.94
2043	862.71	4313.55	8627.11	10352.53	17254.21	258.81	517.63	841.14	970.55	1488.18
2044	931.73	4658.64	9317.27	11180.73	18634.55	279.52	559.04	908.43	1048.19	1607.23
2045	1006.27	5031.33	10062.66	12075.19	20125.31	301.88	603.76	981.11	1132.05	1735.81
2046	1086.77	5433.83	10867.67	13041.20	21735.34	326.03	652.06	1059.60	1222.61	1874.67
2047	1173.71	5868.54	11737.08	14084.50	23474.17	352.11	704.22	1144.37	1320.42	2024.65
2048	1267.60	6338.02	12676.05	15211.26	25352.10	380.28	760.56	1235.91	1426.06	2186.62
2049	1369.01	6845.07	13690.13	16428.16	27380.27	410.70	821.41	1334.79	1540.14	2361.55

附表5　　2016—2049 年缴费档次及补贴固定、基础养老金每年
提高 10％时，非满期缴费者不补缴保费和补缴且补贴
情况下城镇居民养老金支出预测额　　　单位：亿元

年份	100 元档		500 元档		2000 元档	
	补缴费有补贴	无补缴费	补缴费有补贴	无补缴费	补缴费有补贴	无补缴费
2016	611.25	575.24	760.01	604.90	1307.48	714.08
2017	741.93	697.03	932.28	738.84	1632.79	892.70
2018	870.83	819.18	1094.18	871.67	1916.15	1064.84
2019	1018.78	960.21	1277.80	1025.50	2231.05	1265.80
2020	1165.56	1102.06	1452.76	1179.22	2509.70	1463.16
2021	1380.26	1309.11	1716.63	1410.15	2954.54	1782.01
2022	1671.68	1591.26	2076.38	1729.96	3565.78	2240.41
2023	1972.85	1885.66	2436.38	2060.78	4142.26	2705.26
2024	2302.54	2215.71	2805.48	2431.45	4656.42	3225.40
2025	2671.34	2585.00	3216.81	2844.90	5224.26	3801.39
2026	3062.50	2976.80	3648.76	3279.59	5806.34	4393.94
2027	3564.08	3479.17	4209.26	3843.51	6583.69	5184.36
2028	4111.88	4027.93	4816.73	4455.11	7410.77	6027.23
2029	4752.40	4669.73	5527.89	5171.79	8381.90	7019.46
2030	5445.76	5364.54	6291.17	5941.33	9402.48	8064.05
2031	6217.78	6138.22	7136.93	6794.22	10519.60	9208.45
2032	7074.99	6997.29	8071.57	7736.88	11739.23	10458.73
2033	8015.51	7939.89	9091.10	8765.39	13049.55	11803.40
2034	9034.75	8961.43	10188.42	9872.62	14434.23	13225.99
2035	10158.84	10088.05	11393.86	11088.90	15939.00	14772.28
2036	11345.07	11277.01	12654.53	12361.34	17473.64	16351.96
2037	12693.52	12628.40	14089.24	13808.73	19225.81	18152.61
2038	14197.92	14135.93	15687.54	15420.54	21169.71	20148.17
2039	15801.73	15743.15	17381.96	17129.61	23197.56	22232.12
2040	17593.59	17538.55	19274.15	19037.05	25459.00	24551.86
2041	19690.08	19638.69	21496.75	21275.40	28145.74	27298.86
2042	21869.14	21821.51	23786.56	23581.39	30843.14	30058.16
2043	24267.46	24223.65	26301.92	26113.19	33789.21	33067.17

续表

年份	100 元档		500 元档		2000 元档	
	补缴费有补贴	无补缴费	补缴费有补贴	无补缴费	补缴费有补贴	无补缴费
2044	26911.04	26871.06	29069.97	28897.73	37015.32	36356.36
2045	29988.23	29952.02	32302.55	32146.59	40819.79	40223.11
2046	33593.42	33560.90	36099.74	35959.68	45323.57	44787.74
2047	37507.24	37478.28	40204.87	40080.13	50132.77	49655.54
2048	42027.05	42001.48	44949.41	44839.26	55704.38	55282.96
2049	47109.14	47086.76	50279.06	50182.66	61945.10	61576.28

附表 6　　2016—2049 年缴费档次及补贴固定、基础养老金每年
提高 10％时，非满期缴费者不补缴保费和补缴且
补贴情况下农村居民养老金支出预测额　　单位：亿元

年份	100 元档		500 元档		2000 元档	
	补缴费有补贴	无补缴费	补缴费有补贴	无补缴费	补缴费有补贴	无补缴费
2016	1544.18	1440.70	1957.45	1511.69	3478.38	1772.94
2017	1789.16	1671.68	2268.59	1762.52	4033.00	2096.83
2018	2048.42	1919.25	2586.02	2029.59	4564.54	2435.70
2019	2310.68	2172.97	2893.32	2300.12	5037.59	2768.04
2020	2612.05	2466.02	3243.69	2614.65	5568.29	3161.64
2021	3008.09	2851.01	3712.70	3036.07	6305.83	3717.14
2022	3359.63	3197.72	4102.38	3404.92	6835.88	4167.47
2023	3919.33	3746.57	4758.96	4014.79	7849.02	5001.88
2024	4508.96	4337.09	5406.01	4665.63	8707.36	5874.73
2025	5195.10	5024.10	6160.11	5423.49	9711.55	6893.36
2026	5978.95	5808.82	7020.33	6287.47	10852.86	8049.02
2027	6820.46	6651.20	7934.80	7205.67	12035.81	9246.24
2028	7839.73	7671.33	9049.67	8324.25	13502.54	10727.15
2029	8954.67	8787.12	10259.54	9537.81	15061.78	12300.50
2030	10230.98	10064.29	11642.49	10924.43	16837.17	14089.93
2031	11615.61	11449.76	13129.58	12415.16	18701.36	15968.06
2032	13158.67	12993.66	14779.36	14068.57	20743.89	18024.48
2033	14876.44	14712.27	16607.84	15900.65	22979.81	20274.18

续表

年份	100 元档		500 元档		2000 元档	
	补缴费有补贴	无补缴费	补缴费有补贴	无补缴费	补缴费有补贴	无补缴费
2034	16760.81	16597.47	18601.25	17897.65	25374.49	22682.59
2035	18804.55	18642.04	20747.43	20047.39	27897.67	25219.41
2036	21077.58	20915.89	23127.06	22430.56	30669.62	28004.92
2037	23528.72	23367.85	25674.53	24981.56	33571.61	30920.39
2038	26279.19	26119.13	28530.54	27841.08	36816.04	34178.24
2039	29350.31	29191.06	31714.25	31028.27	40414.09	37789.63
2040	32740.38	32581.94	35217.60	34535.09	44334.33	41723.14
2041	36575.71	36418.08	39182.38	38503.32	48775.51	46177.50
2042	40979.53	40822.68	43743.11	43067.48	53913.76	51328.86
2043	45725.35	45569.30	48627.83	47955.61	59309.62	56737.77
2044	51082.96	50927.69	54142.11	53473.28	65400.50	62841.61
2045	57114.12	56959.63	60346.32	59680.86	72241.58	69695.59
2046	64034.11	63880.40	67474.31	66812.20	80135.07	77601.91
2047	71928.59	71775.66	75608.33	74949.55	89150.63	86630.21
2048	80668.31	80516.15	84588.09	83932.63	99013.81	96506.08
2049	90762.45	90611.05	94972.82	94320.66	110467.99	107972.87

附表 7　2016—2049 年缴费档次与补贴每年提高 5％、基础养老金每年提高 10％时，非满期缴费者不补缴保费情况下每年城乡居民养老金总支出预测额　　单位：亿元

年份	100 元档		500 元档		2000 元档	
	补缴费有补贴	无补缴费	补缴费有补贴	无补缴费	补缴费有补贴	无补缴费
2016	2163.92	2017.46	2754.06	2123.15	4925.88	2512.09
2017	2551.84	2372.81	3290.27	2519.06	6007.85	3057.28
2018	2955.51	2746.18	3836.41	2934.69	7078.33	3628.42
2019	3384.29	3145.72	4407.34	3379.63	8172.39	4240.48
2020	3854.36	3586.94	5027.06	3875.11	9342.85	4935.61
2021	4495.38	4189.54	5890.39	4572.94	11024.36	5983.95
2022	5172.53	4831.55	6787.12	5318.27	12729.17	7109.50
2023	6080.29	5696.23	8005.65	6351.23	15091.43	8761.81

续表

年份	100 元档		500 元档		2000 元档	
	补缴费有补贴	无补缴费	补缴费有补贴	无补缴费	补缴费有补贴	无补缴费
2024	7044.85	6643.52	9216.70	7487.87	17209.59	10595.27
2025	8153.62	7734.46	10614.03	8808.37	19668.89	12760.65
2026	9390.99	8953.44	12174.82	10289.97	22419.93	15208.72
2027	10807.89	10351.44	13967.74	12001.49	25596.71	18074.04
2028	12464.30	11988.46	16074.94	14025.15	29362.92	21520.66
2029	14323.39	13827.99	18442.38	16308.33	33601.20	25436.55
2030	16412.92	15897.54	21104.90	18884.81	38372.46	29878.64
2031	18703.51	18167.82	24014.70	21707.13	43561.15	34732.62
2032	21255.99	20699.71	27254.84	24858.56	49331.99	40164.10
2033	24085.64	23508.58	30841.02	28355.22	55702.40	46191.97
2034	27177.75	26579.75	34743.74	32167.74	62588.33	52732.85
2035	30551.81	29932.79	38983.71	36317.17	70015.08	59813.17
2036	34236.27	33596.21	43594.16	40836.96	78033.35	67484.61
2037	38283.60	37622.54	48643.50	45795.83	86770.31	75875.44
2038	42819.98	42137.99	54310.49	51372.68	96598.23	85358.49
2039	47805.29	47102.79	60525.63	57499.45	107339.4	95761.6
2040	53333.63	52610.70	67413.33	64299.20	119229.9	107315.6
2041	59675.74	58932.51	75368.13	72166.54	133119.8	120870.9
2042	66717.02	65953.63	84193.39	80904.93	148510.5	135929.2
2043	74351.29	73567.80	93704.73	90329.70	164929.9	152017.4
2044	82909.88	82106.22	104388.2	100926.2	183433.4	170188.3
2045	92672.76	91848.62	116644.5	113094.4	204866.1	191283.7
2046	103988.2	103143.1	130973.7	127333.5	230286.9	216359.7
2047	116694.8	115828.1	147082.6	143349.2	258916.7	244633.1
2048	130976.2	130087	165208.7	161378.2	291192.4	276537.3
2049	147361.9	146449	186133.1	182200.7	328820.4	313775.1

附表8 2016—2049 年缴费档次与补贴每年提高 5%、基础养老金
每年提高 10% 时，非满期缴费者不补缴保费情况下
每年城乡居民养老金总支出中财政补贴预测额　单位：亿元

年份	100 元档		500 元档		2000 元档	
	补缴费有补贴	无补缴费	补缴费有补贴	无补缴费	补缴费有补贴	无补缴费
2016	2026.684	1992.885	2067.856	2000.258	2181.079	2020.535
2017	2380.117	2338.802	2431.635	2349.005	2573.31	2377.064
2018	2750.651	2702.344	2812.109	2715.496	2981.119	2751.662
2019	3146.373	3091.317	3217.748	3107.636	3414.031	3152.515
2020	3581.642	3519.93	3663.458	3540.034	3888.452	3595.321
2021	4170.955	4100.378	4268.282	4127.127	4535.929	4200.686
2022	4797.046	4718.358	4909.692	4752.315	5219.467	4845.697
2023	5632.528	5543.899	5766.856	5589.597	6136.257	5715.267
2024	6539.775	6447.159	6691.298	6506.067	7107.989	6668.064
2025	7581.438	7484.706	7753.094	7559.631	8225.148	7765.674
2026	8743.592	8642.618	8937.812	8735.865	9471.918	8992.292
2027	10073.04	9967.708	10293.5	10082.83	10899.75	10399.41
2028	11624.62	11514.81	11876.53	11656.91	12569.26	12047.67
2029	13365.49	13251.17	13652.86	13424.21	14443.13	13900.09
2030	15321.76	15202.83	15649.11	15411.24	16549.31	15984.38
2031	17468.34	17344.72	17838.89	17591.65	18857.9	18270.71
2032	19860.91	19732.54	20279.44	20022.69	21430.38	20820.61
2033	22514.62	22381.45	22985.93	22719.59	24282.02	23649.47
2034	25418.22	25280.22	25946.08	25670.08	27397.69	26742.19
2035	28590.9	28448.05	29179.17	28893.47	30796.92	30118.38
2036	32060.02	31912.32	32712.9	32417.48	34508.31	33806.7
2037	35874.33	35721.77	36597.11	36292	38584.76	37860.14
2038	40147.77	39990.39	40949.44	40634.67	43154.01	42406.44
2039	44847.08	44684.96	45734.54	45410.31	48175.07	47405.02
2040	50059.28	49892.45	51041.58	50707.93	53742.92	52950.49
2041	56026.35	55854.83	57121.16	56778.14	60131.91	59317.22
2042	62652.75	62476.59	63872.03	63519.7	67225.06	66388.26
2043	69850.49	69669.68	71200.73	70839.12	74913.89	74055.06

续表

年份	100 元档		500 元档		2000 元档	
	补缴费有补贴	无补缴费	补缴费有补贴	无补缴费	补缴费有补贴	无补缴费
2044	77914.93	77729.47	79413.41	79042.49	83534.25	82653.31
2045	87097.93	86907.75	88770.38	88390.01	93369.61	92466.23
2046	97712.45	97517.44	99595.16	99205.14	104772.6	103846.3
2047	109627.9	109427.9	111747.9	111347.9	117578.2	116628.1
2048	123015.1	122809.9	125403.4	124993	131971.3	130996.6
2049	138345.3	138134.6	141050.3	140628.9	148489	147488.3

附表9　2016—2049 年缴费档次与补贴每年提高8％、基础养老金

每年提高10％时，非满期缴费者不补缴保费情况下

每年城乡居民养老金总支出预测额　　　单位：亿元

年份	100 元档		500 元档		2000 元档	
	补缴费有补贴	无补缴费	补缴费有补贴	无补缴费	补缴费有补贴	无补缴费
2016	2169.02	2018.38	2776.01	2127.08	5009.89	2527.14
2017	2564.78	2375.38	3346.01	2530.10	6221.10	3099.51
2018	2979.00	2751.21	3937.58	2956.33	7465.39	3711.25
2019	3421.18	3154.15	4566.26	3415.96	8780.39	4379.50
2020	3907.99	3600.12	5258.06	3931.87	10226.65	5152.78
2021	4573.04	4210.89	6224.95	4664.89	12304.34	6335.74
2022	5278.94	4863.62	7245.47	5456.44	14482.79	7638.14
2023	6227.43	5746.28	8639.49	6566.86	17516.43	9586.79
2024	7234.33	6717.18	10032.92	7805.19	20332.37	11809.31
2025	8395.67	7840.10	11656.67	9263.47	23657.91	14501.78
2026	9696.72	9100.22	13491.80	10922.26	27458.57	17627.80
2027	11192.12	10552.08	15622.90	12865.80	31929.18	21380.80
2028	12947.09	12260.79	18154.61	15198.26	37319.53	26008.83
2029	14925.46	14190.54	21035.90	17870.07	43523.75	31411.63
2030	17158.86	16372.47	24318.20	20930.64	50666.22	37705.77
2031	19617.90	18777.16	27953.63	24331.98	58631.07	44775.01
2032	22370.10	21472.10	32054.07	28185.75	67693.34	52893.56
2033	25434.45	24476.28	36651.28	32523.78	77931.83	62140.43

续表

年份	100 元档		500 元档		2000 元档	
	补缴费有补贴	无补缴费	补缴费有补贴	无补缴费	补缴费有补贴	无补缴费
2034	28796.92	27775.62	41718.64	37319.18	89273.57	72441.70
2035	32480.69	31393.28	47292.72	42608.50	101804.46	83883.11
2036	36518.97	35362.47	53427.32	48445.47	115653.99	96593.93
2037	40972.42	39743.84	60226.07	54933.74	131084.01	110836.12
2038	45986.70	44683.02	67951.72	62335.87	148788.12	127302.45
2039	51520.98	50139.72	76531.65	70581.60	168576.74	145812.50
2040	57685.52	56223.50	86159.94	79862.01	190952.44	166857.24
2041	64800.23	63254.20	97442.84	90783.05	217575.24	192095.59
2042	72738.10	71104.75	110130.33	103094.38	247742.43	220823.63
2043	81376.75	79652.51	123968.25	116540.75	280714.89	252298.07
2044	91114.98	89295.80	139733.24	131896.77	318659.73	288678.24
2045	102299.11	100380.30	158111.87	149846.21	363515.82	331892.27
2046	115367.49	113343.74	179992.36	171274.69	417826.91	384474.06
2047	130137.37	128002.54	204989.08	195792.90	480460.77	445277.16
2048	146847.92	144594.98	233579.29	223874.34	552770.92	515640.80
2049	166186.48	163807.48	267223.72	256975.73	639064.26	599856.53

附表 10　　2016—2049 年缴费档次与补贴每年提高 8%、基础养老金每年提高 10% 时，非满期缴费者不补缴保费情况下每年城乡居民养老金总支出中财政补贴预测额

单位：亿元

年份	100 元档		500 元档		2000 元档	
	补缴费有补贴	无补缴费	补缴费有补贴	无补缴费	补缴费有补贴	无补缴费
2016	2027.86	1993.10	2070.21	2000.68	2186.67	2021.54
2017	2383.10	2339.39	2437.61	2350.19	2587.49	2379.87
2018	2756.07	2703.50	2822.95	2717.82	3006.86	2757.17
2019	3154.89	3093.26	3234.78	3111.53	3454.47	3161.76
2020	3594.02	3522.97	3688.21	3546.12	3947.23	3609.77
2021	4188.88	4105.30	4304.13	4136.98	4621.06	4224.08
2022	4821.60	4725.76	4958.80	4767.12	5336.10	4880.86
2023	5666.48	5555.45	5834.77	5612.70	6297.55	5770.14

续表

年份	100 元档		500 元档		2000 元档	
	补缴费有补贴	无补缴费	补缴费有补贴	无补缴费	补缴费有补贴	无补缴费
2024	6583.50	6464.16	6778.75	6540.07	7315.69	6748.81
2025	7637.29	7509.09	7864.81	7608.39	8490.46	7881.48
2026	8814.14	8676.49	9078.92	8803.61	9807.04	9153.19
2027	10161.71	10014.01	10470.84	10175.43	11320.93	10619.34
2028	11736.03	11577.66	12099.35	11782.60	13098.47	12346.18
2029	13504.43	13334.83	13930.74	13591.54	15103.09	14297.50
2030	15493.90	15312.43	15993.39	15630.44	17366.98	16504.97
2031	17679.36	17485.34	18260.92	17872.89	19860.22	18938.64
2032	20118.01	19910.78	20793.64	20379.18	22651.61	21667.26
2033	22825.89	22604.77	23608.46	23166.22	25760.52	24710.22
2034	25791.87	25556.19	26693.39	26222.02	29172.55	28053.05
2035	29036.03	28785.08	30069.42	29567.54	32911.27	31719.30
2036	32586.80	32319.91	33766.45	33232.68	37010.50	35742.79
2037	36494.82	36211.31	37838.10	37271.07	41532.12	40185.41
2038	40878.55	40577.70	42411.00	41809.30	46625.22	45196.18
2039	45704.54	45385.79	47449.47	46811.97	52248.03	50733.96
2040	51063.56	50726.17	53050.15	52375.37	58513.26	56910.67
2041	57208.92	56852.15	59486.31	58772.76	65749.14	64054.46
2042	64042.23	63665.31	66650.99	65897.14	73825.08	72034.68
2043	71471.75	71073.85	74443.25	73647.44	82614.87	80724.84
2044	79808.41	79388.60	83200.38	82360.76	92528.30	90534.20
2045	89319.40	88876.60	93213.31	92327.71	103921.58	101818.26
2046	100338.45	99871.43	104847.16	103913.12	117246.12	115027.78
2047	112730.00	112237.35	117952.21	116966.91	132313.29	129973.19
2048	126677.83	126157.92	132728.86	131689.04	149369.18	146899.61
2049	142689.45	142140.45	149738.56	148640.56	169123.61	166515.86

附表 11　　2016—2049 年国家财政收入和财政支出在不同增长
情况下的预测额　　单位：亿元

年份	按平均增长率增长		以 1999—2014 年周期增长率增长	
	财政收入	财政支出	财政收入	财政支出
2016	195698.94	211588.71	204584.88	208930.51
2017	231071.03	249817.87	250550.67	248908.69
2018	272836.54	294954.16	331750.26	306535.72
2019	322151.06	348245.52	396446.88	385423.17
2020	380379.06	411165.40	442910.67	469827.63
2021	449131.63	485453.43	537178.32	553412.88
2022	530311.05	573163.59	671457.01	672708.75
2023	626163.44	676720.93	757941.08	775573.26
2024	739340.92	798988.68	835226.90	863375.87
2025	872974.95	943347.37	907369.03	934641.09
2026	1030762.99	1113788.32	1102973.23	1080124.63
2027	1217070.82	1315023.99	1322461.66	1286519.20
2028	1437053.33	1552618.28	1619590.15	1532690.52
2029	1696797.13	1833140.33	2144474.22	1887537.11
2030	2003488.97	2164346.19	2562681.07	2373297.80
2031	2365614.59	2555393.26	2863028.67	2893030.21
2032	2793193.52	3017093.45	3472386.30	3407718.20
2033	3298056.27	3562212.14	4340380.18	4142299.43
2034	3894171.70	4205821.10	4899423.80	4775702.25
2035	4598033.50	4965715.26	5399008.79	5316359.28
2036	5429116.57	5862904.63	5865344.31	5755184.97
2037	6410415.82	6922195.28	7129753.74	6651020.44
2038	7569082.46	8172875.13	8548553.80	7921924.29
2039	8937175.20	9649523.78	10469228.69	9437759.03
2040	10552547.29	11392968.52	13862143.43	11622777.22
2041	12459893.84	13451413.23	16565483.66	14613917.52
2042	14711988.52	15881771.06	18506967.26	17814243.46
2043	17371143.69	18751238.09	22445929.40	20983507.67
2044	20510934.50	22139151.14	28056747.97	25506795.72

续表

年份	按平均增长率增长		以 1999－2014 年周期增长率增长	
	财政收入	财政支出	财政收入	财政支出
2045	24218234.66	26139181.37	31670474.24	29407063.30
2046	28595620.06	30861924.11	34899852.69	32736235.60
2047	33764206.93	36437956.75	37914302.44	35438366.97
2048	39867002.96	43021448.92	46087599.59	40954600.78
2049	4072864.13	50794425.17	55258896.54	48780371.32

附表 12　　基础养老金替代率目标水平下 2016—2026 年

各地方基础养老金发放标准　　单位：元/月

地区	2016 年	2017 年	2018 年	2019 年	2020 年	2021 年	2022 年
北京	315.05	353.47	396.56	444.91	499.15	560.01	628.29
天津	284.11	328.56	379.97	439.42	508.17	587.67	679.62
河北	170.09	194.26	221.85	253.37	289.36	330.46	377.41
辽宁	186.88	213.46	243.83	278.51	318.13	363.38	415.06
上海	353.87	389.64	429.02	472.39	520.14	572.71	630.60
江苏	249.78	283.71	322.25	366.03	415.75	472.23	536.37
浙江	323.50	358.83	398.02	441.49	489.70	543.18	602.50
福建	211.24	235.70	262.99	293.43	327.41	365.32	407.61
山东	198.42	225.26	255.74	290.34	329.62	374.21	424.84
广东	204.48	227.53	253.17	281.71	313.46	348.79	388.10
海南	165.52	186.37	209.83	236.26	266.00	299.50	337.21
山西	147.10	168.52	193.06	221.16	253.36	290.25	332.50
吉林	180.01	206.22	236.23	270.62	310.02	355.15	406.84
黑龙江	174.55	200.72	230.81	265.41	305.20	350.96	403.57
安徽	165.59	187.95	213.32	242.12	274.81	311.92	354.03
江西	168.93	188.33	209.96	234.07	260.95	290.91	324.32
河南	166.42	189.97	216.86	247.55	282.59	322.58	368.24
湖北	181.16	205.02	232.01	262.56	297.13	336.25	380.53
湖南	167.99	188.65	211.86	237.92	267.19	300.06	336.97
重庆	158.47	180.69	206.04	234.94	267.90	305.48	348.33
四川	156.09	177.89	202.73	231.04	263.30	300.06	341.96

续表

地区	2016 年	2017 年	2018 年	2019 年	2020 年	2021 年	2022 年
贵州	111.40	127.88	146.79	168.51	193.43	222.05	254.89
云南	124.51	141.09	159.89	181.19	205.32	232.68	263.67
西藏	122.89	140.24	160.05	182.65	208.45	237.89	271.48
陕西	132.46	151.58	173.46	198.50	227.16	259.95	297.48
甘肃	104.81	118.96	135.01	153.24	173.92	197.40	224.05
青海	121.61	138.81	158.44	180.85	206.43	235.62	268.94
宁夏	140.43	161.22	185.08	212.48	243.93	280.03	321.48
新疆	145.67	166.68	190.72	218.23	249.70	285.71	326.91
内蒙古	166.59	191.14	219.32	251.64	288.73	331.29	380.12
广西	145.00	161.80	180.55	201.48	224.83	250.88	279.96

地区	2023 年	2024 年	2025 年	2026 年
北京	704.89	790.83	887.25	995.42
天津	785.95	908.92	1051.12	1215.58
河北	431.02	492.25	562.18	642.04
辽宁	474.10	541.54	618.57	706.56
上海	694.34	764.53	841.80	926.89
江苏	609.24	691.99	786.00	892.77
浙江	668.30	741.28	822.24	912.04
福建	454.81	507.47	566.22	631.78
山东	482.32	547.58	621.66	705.77
广东	431.84	480.51	534.67	594.93
海南	379.67	427.48	481.31	541.91
山西	380.91	436.37	499.90	572.68
吉林	466.07	533.91	611.64	700.67
黑龙江	464.07	533.65	613.65	705.64
安徽	401.83	456.09	517.67	587.56
江西	361.56	403.08	449.37	500.97
河南	420.36	479.85	547.76	625.29
湖北	430.63	487.33	551.50	624.12
湖南	378.42	424.98	477.25	535.96
重庆	397.20	452.92	516.45	588.89

续表

地区	2023 年	2024 年	2025 年	2026 年
四川	389.71	444.13	506.14	576.82
贵州	292.60	335.88	385.56	442.60
云南	298.80	338.60	383.71	434.83
西藏	309.83	353.58	403.52	460.51
陕西	340.43	389.57	445.82	510.18
甘肃	254.29	288.61	327.57	371.79
青海	306.98	350.40	399.95	456.52
宁夏	369.07	423.69	486.41	558.40
新疆	374.06	428.00	489.73	560.36
内蒙古	436.15	500.44	574.20	658.83
广西	312.41	348.61	389.01	434.10

参考文献

［1］郑功成：《中国社会保障 30 年》，人民出版社 2008 年版。

［2］安东尼·B. 阿特金森、约瑟夫·E. 斯蒂格利茨：《公共经济学》，蔡江南等译，上海三联书店 1992 年版。

［3］郑功成：《中国社会保障改革与发展战略——理念、目标与行动方案》，人民出版社 2008 年版。

［4］尼古拉·巴尔：《福利国家经济学》，郑秉文、穆怀中等译，中国劳动社会保障出版社 2003 年版。

［5］郑功成：《中国社会保障制度变迁与评估》，中国人民大学出版社 2002 年版。

［6］郑功成：《中国社会保障改革与发展战略》（养老保险卷），人民出版社 2011 年版。

［7］杨翠迎：《中国农村社会保障制度的研究》，中国农业出版社 2003 年版。

［8］世界银行：《防止老年化危机：保护老年人及促进增长的政策》，中国财政经济出版社 1996 年版。

［9］于洪：《社会保障筹资机制研究》，上海世纪出版集团 2008 年版。

［10］张欣、郭士征：《中国社会保障体系：改革与和谐发展》，上海财经大学出版社 2007 年版。

［11］郑军：《农村社会养老保险政策透析与问题解答》，西南交通大学出版社 2010 年版。

［12］马春文、张东辉：《发展经济学》，高等教育出版社 2010 年版。

［13］米红：《农村社会养老保障理论、方法与制度设计》，浙江大学出版社 2007 年版。

［14］庚国柱：《保险学》，首都经济贸易大学出版社 1999 年版。

［15］苏明：《中国农村发展与财政政策选择》，中国财政经济出版社 2003 年版。

［16］刘贵平：《养老保险的人口学研究》，中国人口出版社 1999 年版。

［17］林毓铭：《社会保障与政府职能研究》，人民出版社 2008 年版。

［18］杨燕绥、阎中兴：《政府与社会保障——关于政府社会保障责任的思考》，中国劳动社会保障出版社 2007 年版。

［19］郭士征：《社会保障研究》，上海财经大学出版社 2005 年版。

［20］段家喜：《养老保险制度中的政府行为》，社会科学文献出版社 2007 年版。

［21］李连友：《基本养老保障制度中政府作用研究》，湖南人民出版社 2004 年版。

［22］袁志刚、宋铮：《人口年龄结构、养老保险制度与最优储蓄率》，《经济研究》2000 年第 11 期。

［23］邓大松：《从公共政策的角度看政府在社会保障中的职能》，《经济评论》2001 年第 6 期。

［24］杨翠迎、孙珏妍：《推行新农保，瞻前顾后很重要》，《中国社会保障》2010 年第 7 期。

［25］牟放：《西方国家农村养老保险制度的主要特点》，《经济研究参考》2006 年第 23 期。

［26］庚国柱、杨翠迎、丁少群：《农民的风险谁来担》，《中国保险》2001 年第 3 期。

［27］陆解芬：《论政府在农村养老社会保险体系建构中的作用》，《理论探讨》2004 年第 3 期。

［28］贾宁、袁建华：《基于精算模型的"新农保个人账户替代率研究"》，《中国人口科学》2010 年第 3 期。

［29］刘钧：《社会保障水平的理论思考》，《东北财经大学学报》2003 年第 5 期。

［30］杨翠迎、何文炯：《社会保障水平与经济发展的适应性关系研究》，《公共管理学报》2004 年第 6 期。

［31］华黎:《农村养老保险的财政学分析:基于城乡社会保障统筹视角》,《财政研究》2010 年第 3 期。

［32］杨德清、董克用:《普惠制养老金——中国农村养老保障的一种尝试》,《中国行政管理》2008 年第 3 期。

［33］郭光芝、杨翠迎、冯广刚:《国家新农保制度中政府财政责任的动态评估——基于国际经验的比较分析》,《人口与经济》2014 年第 2 期。

［34］王冰:《农民养老保险探讨》,《武汉大学学报》1987 年第 4 期。

［35］陈淑君:《新型农村社会养老保险的财政支持研究》,《学术交流》2009 年第 7 期。

［36］陈姣娥:《论政府在农村社会养老保险制度中的缴费责任》,《人口与经济》2006 年第 3 期。

［37］林毓铭:《社会保障预期与居民消费倾向分析》,《学术研究》2002 年第 12 期。

［38］周绍斌:《论农民养老中的政府职能》,《人口学刊》2003 年第 1 期。

［39］尹焕三:《政府在农村社会保障体系建设中的职能定位》,《国家行政学院学报》2004 年第 2 期。

［40］郭光芝、杨翠迎:《地方社会保障的财政责任与经济发展关系的研究》,《西北人口》2010 年第 6 期。

［41］陈少晖:《农村社会保障:制度缺陷与政府责任》,《福建师范大学学报》(哲学社会科学版)2004 年第 4 期。

［42］周彦虎:《建立新型农村社会养老保险制度的思考》,《四川劳动保障》2008 年第 11—12 期。

［43］王增文、邓大松:《德国农村养老保险制度演进》,《中国社会保障》2009 年第 11 期。

［44］余丽生:《浙江:新型农村养老保险改革破题》,《中国财政》2009 年第 16 期。

［45］尚长风:《农村养老保险制度的财政学反思》,《南京大学学报》(哲学·人文科学·社会科学版)2004 年第 5 期。

［46］徐通:《农村养老保险中的政府责任》,《农村工作通讯》2008
年第 7 期。

［47］郝二虎、陈小萍:《农村养老保险制度的财政学探讨》,《理论
探讨》2008 年第 3 期。

［48］赵殿国:《积极推进新型农村社会养老保险制度建设》,《经济
研究参考》2008 年第 32 期。

［49］赵云、潘小炎:《广西新型农村养老保险制度建设的可行性分
析》,《经济研究导刊》2010 年第 5 期。

［50］李永杰、游炳俊:《论社会保障中的政府责任》,《华南师范大
学学报》(社会科学版) 2004 年第 1 期。

［51］徐颖、李晓林:《中国社会养老保险替代率水平研究述评》,
《求索》2009 年第 9 期。

［52］高海天、李金静:《中外农村养老保险制度的比较研究》,《改
革与开发》2010 年第 14 期。

［53］战梦捷、杨洁:《新型农村养老保险制度亟待解决的问题》,
《特区经济》2010 年第 2 期。

［54］邓大松、薛惠元:《新农保财政补助数额的测算与分析——基于
2008 年的数据》,《江西财经大学学报》2010 年第 2 期。

［55］李晓云、范冰洁:《山东淄博新型农村养老保险现状实证分
析》,《财经问题研究》2010 年第 7 期。

［56］谢冰、张旭:《我国农村养老保险存在的问题及对策分析》,
《劳动保障世界》(理论版) 2010 年第 6 期。

［57］张时玲:《中日农村养老保险制度的比较及其启示》,《经济社
会体制比较》2008 年第 4 期。

［58］邱东、李东阳、张向达:《养老金替代率水平及其影响的研
究》,《财经研究》1999 年第 1 期。

［59］陈书宏:《中国农村养老保险中的政府责任》,《知识经济》
2008 年第 9 期。

［60］郑军、张海川:《日本农村养老保险制度建设对我国的启示——
基于制度分析的视角》,《农村经济》2008 年第 7 期。

［61］段东平:《公共财政支持农村养老保险的思考》,《财会研究》

2009 年第 20 期。

［62］陈格楠、韩凤芹：《农村养老保险的国际经验》，《云南农业》2009 年第 11 期。

［63］宋艳：《我国农村养老保险制度改革研究》，《农业经济》2010 年第 6 期。

［64］杨翠迎、孙珏妍、冯广刚：《中国社会保障发展战略子课题：农民养老保险制度研究》，上海财经大学课题组，2010 年。

［65］The International Social Security Association，"The Social Security Protection of Older Women：The Hidden Issue of the End of the Century"，*Ageing International*，Vol. 24，No. 4，1997.

［66］Wilfried Boroch，"Social Policy as an Institutional Transformation Problem"，*Intereconomics*，Vol. 31，No. 3，1996.

［67］Robert Haveman，Andrei Romanov，"Assessing the Maintenance of Savings Sufficiency Over the First Decade of Retirement"，*International Tax and Public Finance*，Vol. 14，No. 4，2007.

［68］James Pemberton，"National and International Privatization of Pensions"，*European Economics Review*，Vol. 44，No. 10，2000.

［69］Gerry Fitzpatrick，Assessment of Organizational Structure of KRUS，*Poland Post – Accession Rural Support Project*（PARSP）2005.

［70］Adema，W. and M. Ladaique，"How Expensive is the Welfare State?"*OECD Social*，*Employment and Migration Working Papers*，No. 92，2009.

［71］William Tompson，Robert Price，The Political Economy of Reform：Lessons from Pensions，Product Markets and Labour Markets in ten OECD Countries，2009.

［72］Jarna Bach – Othman，*Pension Contribution Level in France*，Finnish Centre for Pensions，2009.

［73］Marja Kiviniemi，*Pension Contribution Level in Finland*，Finnish Centre for Pensions，2009.

［74］Peter Biström，Tapio Klaavo，Ismo Risku and Hannu Sihvonen，*Pension Expenditure，Contributions and Funds Until the Year* 2075，Finnish Centre for Pensions, 2005.

[75] Choi, J. , *Pension Schemes for the Self - Employed in OECD Countries*, OECD Social, Employment and Migration Working Papers, No. 84, 2009.

[76] Jarna Bach - Othman, *Pension Contribution Level in Germany*, Finnish Centre for Pensions, 2009.